REVISTA TRIMESTRAL DE

DIREITO PÚBLICO

ISSN 2237-1796

64

MALHEIROS EDITORES

INSTITUTO DE DIREITO ADMINISTRATIVO PAULISTA
IDAP

Revista Trimestral de Direito Público

ISSN 2237-1796

Órgão do

IDAP

Publicação trimestral de
MALHEIROS EDITORES LTDA.
Rua Paes de Araújo, 29, cj. 171
CEP 04531-940 – São Paulo, SP – Brasil
Tel.: (11) 3078-7205 – Fax.: (11) 3168-5495
Diretor responsável: Álvaro Malheiros
Diretora: Suzana Fleury Malheiros

Assinaturas e comercialização:
CATAVENTO DISTRIBUIDORA DE LIVROS S.A.
Rua Conselheiro Ramalho, 928
CEP 01325-000 – São Paulo, SP – Brasil
Tel.: (11) 3289-0811 – Fax.: (11) 3251-3756
Supervisão Gráfica: Vânia Lúcia Amato
Editoração Eletrônica: Cicacor Editorial

SUMÁRIO

DOUTRINA

RACIONALIDAD Y FORMAS EN EL DERECHO ADMINISTRATIVO – LA RACIONALIDAD EN LAS DECISIONES JUDICIALES 5
– Guido Santiago Tawil

LA SALUD MENTAL ENFOCADA DESDE LA PERSPECTIVA DE LA SALUD PÚBLICA 16
– Alejandra Beatriz Petrella

REFLEXÕES SOBRE O MANDADO DE SEGURANÇA COLETIVO 29
– José Tadeu Neves Xavier

ASPECTOS DA RESCISÃO DOS CONTRATOS ADMINISTRATIVOS 55
– Heraldo Garcia Vitta

PARECERES

"IMPEACHMENT" – REQUISITOS JURÍDICOS 73
Pedro Estevam Alves Pinto Serrano

CRIME DE RESPONSABILIDADE 98
– Celso Antônio Bandeira de Mello e Fabio Konder Comparato

ESTUDOS E COMENTÁRIOS

CONTRATAÇÕES PÚBLICAS: PLANEJAMENTO E PMI – PROCEDIMENTOS DE MANIFESTAÇÃO DE INTERESSE 103
– Rodrigo Eduardo Ferreira

A DISCRICIONARIEDADE NO PROCESSO ADMINISTRATIVO DISCIPLINAR FEDERAL 126
– Nuno Roberto Coelho Pio

MEMÓRIA RTDP

"PODER" REGULAMENTAR ANTE O PRINCÍPIO DA LEGALIDADE 145
– Celso Antônio Bandeira de Mello

EMPRESAS ESTATAIS E REGIME ADMINISTRATIVO (SERVIÇO PÚBLICO – INEXISTÊNCIA DE CONCESSÃO – DELEGAÇÃO – PROTEÇÃO AO INTERESSE PÚBLICO) 153
– Geraldo Ataliba

ESTRUTURA, NATUREZA E EXPANSIVIDADE DAS NORMAS CONSTITUCIONAIS 170
– Raul Machado Horta

JURISPRUDÊNCIA COMENTADA

A ADMINISTRAÇÃO PÚBLICA E O DEVER DE PROMOÇÃO DE MEDIDAS EM ESTABELECIMENTOS PRISIONAIS PARA DAR EFETIVIDADE AO PRINCÍPIO DA DIGNIDADE DA PESSOA HUMANA (Comentários ao Acórdão do STF nos autos do Recurso Extraordinário n. 592.581) 187
– Marcella Querino Mangullo, Mateus Camillo R. da Silveira e Ricardo Teixeira Lage

RACIONALIDAD Y FORMAS EN EL DERECHO ADMINISTRATIVO – LA RACIONALIDAD EN LAS DECISIONES JUDICIALES

GUIDO SANTIAGO TAWIL

Doutor pela Universidade de Buenos Aires (Direito Administrativo) – Professor Titular Regular (por concurso) de Direito Administrativo da Faculdade de Direito da Universidade de Buenos Aires – Professor Titular de Regulações Econômicas Setoriais (Eletricidade, Água, Telecomunicações e Gás) no Programa de Especialização em Direito Administrativo Econômico da Universidade Católica Argentina – Professor Titular de Regulação Econômica no Curso de Especialização em Direito Administrativo da Universidade Nacional de Tucumán – "Visiting Scholar", Universidade da Califórnia em Berkeley (U. C. Berkeley – 1987-1978) – Professor convidado pela Universidade Andina Simón Bolivar (1998) – Professor Extraordinário convidado pela Universidade Católica de Salta (2001) – Membro do Instituto de Direito Administrativo da Academia Nacional de Direito de Buenos Aires

1. Introducción

Algunos acontecimientos recientes nos llevan nuevamente a reflexionar sobre el papel que juegan las formas[1] y el modo en que se desarrollan los conceptos en el derecho administrativo.

1. Ver, al respecto, lo expuesto en nuestros trabajos titulados "¿El fin de la garantía de impugnación en materia licitatoria?", en *Estudios de Derecho Administrativo en Homenaje al Profesor Julio Rodolfo Comadira*, Academia Nacional de Derecho y Ciencias Sociales de Buenos Aires, Buenos Aires, Instituto de Derecho Administrativo, Buenos Aires, 2009, pp.. 453 y ss., reproducido en *El Derecho*, Suplemento de Derecho Administrativo del 30 de marzo de 2007, pp. 2-8 y "A propósito del 75º aniversario de *La Ley*, su influencia en nuestra especialidad y el futuro del procedimiento administrativo", *Suplemento Extraordinario 75 Aniversario*, *La Ley*, Buenos Aires, agosto/2010, pp. 88 y ss.

Con frecuencia observamos declaraciones sobre la necesidad de importar tal o cual institución política, jurídica o económica y los efectos beneficiosos que ese elíxir produciría en nuestra sociedad, como si de su recepción dependiera mágicamente la solución de todos nuestros problemas o el reordenamiento de nuestras instituciones.

Más allá del atractivo indudable que a lo largo de la historia parece suscitar – aún en individuos racionales – la búsqueda de una receta que nos acerque a la perfección o a la inmortalidad o, inclusive, el menos ambicioso objetivo de sentirse parte de una corriente de avanzada, lo cierto es que – en la mayor parte de las ocasiones – la enunciación de tales ambiciosas soluciones no constituyen más que una expresión de deseos que en la práctica solo sirve para ocultar la necesidad de realizar esfuerzos significativos y no exentos de costos (políticos, económicos, etc.) para alcanzar soluciones verdaderamente efectivas. Más aún, en gran parte de los supuestos, la implementación de tales soluciones no solo tiene por objeto ocultar las responsabilidades propias sino que ella termina generando inconvenientes aún más serios que los que supuestamente intenta enmendar.

En algunos casos, la recepción de una institución podrá importar un progreso. En otros, claramente no.

Pero tanto en uno como en otro supuesto su examen debe efectuarse en forma orgánica y desapasionada, entendiendo tanto el contexto en el que se originó la institución en cuestión como aquel imperante en la sociedad a la que se lo pretende transplantar, verificando su compatibilidad (o incompatibilidad) con las instituciones existentes, los efectos positivos y negativos que su implementación podría producir y asumir que ninguna institución – por mejor que ella sea – producirá por sí sola un cambio relevante en el sistema.

Podremos estar o no de acuerdo con un sistema de jurisdicción administrativa o judicial; con el reconocimiento de una legitimación amplia o restringida; con tal o cual mecanismo de participación pública; con uno u otro sistema económico o político pero en cualquier caso debemos asumir que la mayor parte de las innovaciones no producirá mas que un efecto cosmético ya que no será la simple emisión de nuevas normas o la búsqueda del cambio permanente las que mejorarán el funcionamiento de los sistemas, sino su consolidación, depuración organizada y, muy especialmente, su debido acatamiento a lo largo del tiempo.

2. La tentación de regular. La regulación instintiva o inorgánica

Si bien no resulta correcto generalizar, lo cierto es que no todo proceso legislativo o regulatorio es consecuencia de un análisis serio y meditado de las necesidades públicas, los defectos que la normativa existente presenta, el examen de los costos y beneficios que la nueva regulación produciría y el debate público imprescindible que ella en general requiere.

En algunos casos, tales presupuestos se cumplen. En la mayor parte de los supuestos, ello no es así.

Desde hace algún tiempo, venimos denunciando la preocupación que nos genera la consagración exagerada de las formas, como si – más allá del loable propósito que su incorporación persigue[2] – ellas dejaran de ser un medio para alcanzar

2. Una mayor transparencia, la debida tutela del debido proceso, garantizar la competencia, etc.

el objetivo perseguido para transformarse en un fin en sí mismo.

Del mismo modo que, en materia de control, las soluciones formales se transforman en innumerables supuestos en un modo de lavar culpas u ocultar responsabilidades (ya que, como venimos sosteniendo desde hace tiempo, el que no sabe controlar controla las formas[3]); en el campo de la regulación resulta mas fácil propugnar permanentemente el cambio y culpar a otros de los fracasos[4] que asumir las propias culpas y esforzarse por conseguir que la regulación existente se cumpla.

Así, frente a una crisis – sea ella una inundación, un terremoto o cualquiera resultante de la propia inestabilidad política o económica que caracteriza a nuestras naciones – la solución que invariablemen-

3. Si tal o cual sello ha sido incorporado, si el papel tiene nueve gramos o es de color celeste, etc. Del mismo modo, para ver si un ente de control cumple adecuadamente sus objetivos, recurrimos al control de metas cuantitativas y no cualitativas o en lugar de auditar la calidad del servicio bajo control constatamos cuantas sanciones se impusieron.

4. Ni más ni menos que la teoría de la "revolución permanente" que parece caracterizar a nuestros políticos y gobernantes – cualesquiera sea su color político – y que tanto daño ha causado a nuestro pueblo sin advertir que, en los sistemas exitosos, el progreso es en general consecuencia de la estabilidad institucional y el cumplimiento de las normas existentes. En definitiva, del respeto al contrato, a la palabra empeñada. Unos meses atrás, en el justo homenaje que la Facultad de Derecho de la UBA realizó a tres eximios maestros como los profesores Rodolfo Bullrich, Isaac Halperin y Carlos Suarez Anzorena recordábamos las siguientes palabras expresadas por Bullrich hace casi ocho décadas: "Hace muchos años, Juan Agustín García, en su *Introducción al estudio de las ciencias sociales argentinas* (ed. 1899, cap. III), manifestaba que dos de las fuerzas, entre las varias que señala que habían precedido la evolución de la sociedad argentina eran: el desprecio de la ley y el sentimiento de la futura grandeza del país... Los hechos han confirmado la exactitud del aserto de ese pensador. Han sido dos fuerzas negativas. El desprecio de la ley ha retardado y retarda aún el progreso de nuestras instituciones. Se ha olvidado que la vida colectiva no se puede desarrollar armónicamente, si todas las personas no se encuentran sometidas a una misma disciplina y que la viveza de algunos, al pretender escapar a la obligación de la norma, al par que traba la marcha de la sociedad, quiebra el principio de igualdad. Y ello no ha sucedido por incapacidad de nuestra raza, sino por un exceso de suspicacia que hay que combatir. Esta situación está muy bien descripta por Francisco Grandmontagne, cuando en una de sus pintorescas pláticas entre don Prudencio Amarrete y don Sinforoso Robledal, le hace decir al primero de los personajes que "los ingleses no son, por don especial de la naturaleza, mejores ni peores que nosotros, los latinos. Es un cuento creer otra cosa. Lo que ocurre, mi amigo, es que han comprendido las ventajas de la disciplina, imponiendo la fuerza de palo; de una justicia pareja y severa no tienen de la libertad nuestro concepto anárquico de potros chúcaros. Jamás saltan el alambrado de la libertad de los demás". El sentimiento de la futura grandeza del país, fuerza que fue positiva en un principio, se convirtió poco a poco en negativa. La futura grandeza que fue entrevista como una posibilidad de cumplimiento sencillo, ya que para ello solo era menester aprovechar la naturaleza, nos llevó a una situación contraria. Se creyó que habíamos alcanzado la meta. Se creyó que el mundo entero estaba pendiente de nuestras actividades y de nuestra riqueza, y esa falsa suficiencia, si no nos hizo desperdiciar en absoluto el patrimonio moral y material que nos habían legado nuestros mayores, nos colocó por lo menos en un punto muy distante del que debíamos ocupar, si no hubiéramos olvidado que el trabajo honesto, conciente y constante, es la única fuerza que dignifica la vida y permite al hombre cumplir la razón de ser de su existencia" (Rodolfo Bullrich, *Importancia del derecho administrativo en las bases fundamentales de su organización*, Imprenta Lotito y Barberis, Buenos Aires, 1935, p. 10, reproducida en Guido Santiago Tawil, "En recuerdo del profesor Rodolfo Bullrich", *Suplemento de Derecho Administrativo, Diario El Derecho*, 30 de noviembre de 2012).

te parece siempre surgir es la sanción de una nueva norma o regulación destinada a extirpar la crisis, la miseria y la ineptitud del mundo real por simple mandato legislativo o regulatorio. Poco importa si lo que ha dado origen a esa crisis o situación ha sido el no acatamiento de las normas existentes y la ausencia de un sistema que incentive en la práctica a su cumplimiento. La sanción o promulgación de esa norma legal, reglamentaria o acto administrativo demostraría "que se ha atacado el problema" y que ese funcionario o cuerpo legislativo han hecho lo que debían hacer. Si ello es insuficiente, si la nueva norma o regulación tampoco se cumple (como no se cumplió la anterior), ese no es su problema. El legislador y el administrador han hecho lo que debían. A lo sumo propondrán en el futuro la emisión de una nueva norma o regulación para remediar el nuevo incumplimiento y así sucesivamente.

Ese escenario, exagerado en el relato para mostrar lo peligroso de la tendencia, se presenta en los más variados países y momentos. Las crecientes demandas de la sociedad, la exposición pública de los actos de gobierno, la fiscalización permanente de los medios de prensa y – por qué no decirlo – el progresivo ocaso de los planes de gobierno – cuando ellos existen – por los calendarios electorales y el barómetro de las encuestas no hacen sino exacerbar esas reacciones instintivas, dando lugar a lo que hemos dado en llamar *la tentación de regular*, cuyo resultado no es mas que una regulación instintiva, inorgánica o no racional,[5] producto justamente – por paradójico que ello parezca – de la ausencia de una verdadera política regulatoria.

Examinemos tan sólo un par de ejemplos teóricos que, si bien no reflejan estrictamente casos reales, se asemejan en extremo a varios producidos en el pasado.

Un funcionario despierta por la mañana y tras leer el periódico asume – con sincera y legítima preocupación – que el uso excesivo de la sal o el azúcar es dañino para la salud. Frente a las décadas de ingentes esfuerzos realizados por decenas de médicos sin resultados descollantes, el funcionario advierte que cuenta con la llave para la inmortalidad – en el caso la solución al problema – y decide prohibir o limitar su producción o distribución.

Otro funcionario visita su provincia y en un pueblo determinado es advertido por un integrante de la comunidad local de los perjuicios que el cultivo de determinado vegetal ha producido en el desarrollo de otro vegetal o la crianza de un animal que sirve naturalmente de sustento a su comunidad. Como consecuencia de ello, decide inmediatamente restringir la siembra del primero.

La prohibición o introducción de restricciones a la realización de determinadas actividades, industrias o explotación de recursos no son ajenas a nuestra historia.

Medidas de esa naturaleza – susceptibles de generar inconvenientes impensados al tiempo de la emisión de la norma – han dado lugar a célebres precedentes en nuestra historia jurisprudencial[6] y ge-

5. Por evitar el crudo término de "regulación espasmódica", probablemente mucho más realista.

6. Como el reflejado en el conocido caso "Empresa Mate Larengeira Méndez S.A. y otros s/ recurso de amparo", *Fallos*: 269:393, del 7 de diciembre de 1967, en función de la prohibición de cosechar la producción de yerba mate y realizar todas las tareas ulteriores y complementarias a la cosecha durante 1966 establecida por el decreto 1921/66 con el objeto de colocar los excedentes de arrastre y mantener el precio del producto (mediante la restricción de su oferta). Con buen

nerado encendidos debates en tiempos recientes.[7]

Los ejemplos mencionados presentan un elemento común: el no asumir que en sistemas económicos complejos y estrechamente vinculados como los predominantes en la actualidad, la concesión de un privilegio, la imposición de una barrera o el otorgamiento de una simple autorización son susceptibles de afectar – de modo muy distinto – a diferentes actores del sistema.

Frente a la lógica preocupación que ejemplos típicos de regulación instintiva como los señalados generan,[8] la solución parece encontrarse en fomentar mecanismos que coadyuven a una mayor racionalidad en la toma de decisiones regulatorias.

Obsérvese, por ejemplo, lo que ocurre en los Estados Unidos de América.

Tras la sanción en 1980 de la conocida ley de reducción del trabajo en papel (PRA),[9] el Congreso creó la Oficina de Información y Cuestiones Regulatorias (OIRA)[10] dependiente de la Oficina de Administración y Presupuesto (OMB).[11]

Encabezada por un Administrador – designado por el presidente con acuerdo del Senado[12] – la OIRA desarrolla y fiscaliza la implementación de las políticas estatales en diversas áreas incluyendo la reducción de los requerimientos de trabajo en papel, la fiscalización de las políticas relativas al derecho a la privacidad, la calidad de la información, los programas estadísticos y la revisión de los proyectos de norma bajo la Orden Ejecutiva n. 12.866.

Suscripta por el presidente Clinton el 30 de septiembre de 1993, la Orden Ejecutiva n. 12.866 sobre planificación y regulación regulatoria importó una admisión inusual de los serios problemas que el sistema regulatorio presentaba en los Estados Unidos[13] y el inicio de un ambicioso

criterio y confirmando las sentencias de las dos instancias anteriores, nuestro mas alto tribunal ratificó la suspensión de su aplicación por considerar que tal medida excedía las facultades reglamentarias del Poder Ejecutivo y vulneraba los derechos de trabajar y comerciar libremente, de recoger y transportar los frutos o productos del trabajo y de gozar de la propiedad así adquirida (considerando 6º).

7. Como aquel a que dieran lugar las restricciones a la exportación de carnes dispuesta por la Secretaría de Comercio. Sobre medidas de esa naturaleza, ver lo expuesto en nuestro trabajo titulado "La intervención del Estado en la actividad privada", en Ana Piaggi (Dir.), *Tratado de la Empresa*, AbeledoPerrot, Buenos Aires, 2009, pp. 850 y ss.

8. Presentes – como hemos dicho – en todo tiempo y lugar. Nótese, por ejemplo, el debate suscitado en Europa frente a la decisión de Dinamarca de restablecer unilateralmente los controles fronterizos desconociendo el acuerdo de Schengen frente a la creciente inmigración proveniente de África del Norte. Ver "Dinamarca da un golpe a la Europa sin fronteras", *El País*, diario del 12 de mayo de 2011, p. 5.

9. *Paperwork Reduction Act*. Ver, al respecto, lo expuesto en nuestro trabajo titulado "Avances regulatorios en América Latina: una evaluación necesaria", *El Derecho*, *Suplemento de Derecho Administrativo* del 28 de junio de 2000.

10. *Office of the Information and Regulatory Affairs*.

11. *Office of Management and Budget (OMB)*, integrante del gabinete norteamericano.

12. Ese Administrador es, en la actualidad, el destacado administrativista norteamericano Cass R. Sunstein, profesor de la Universidad de Harvard, anterior profesor de la Universidad de Chicago entre 1981 y 2008 – contemporáneo allí del presidente Obama – y destacado especialista en derecho administrativo y políticas regulatorias.

13. La Orden Ejecutivo n. 12.866 comienza textualmente del siguiente modo: "El pueblo norteamericano merece un sistema regulatorio que trabaje para ellos, no contra ellos: un sistema regulatorio que proteja y mejore la salud, la seguridad, el medioambiente, el bienestar y mejore la

programa destinado a superarlos. A ese fin, definió los principios y filosofía a seguir en materia regulatoria[14] y estableció ciertos mecanismos básicos de planificación.[15]

Cada agencia debe remitir a la OIRA su plan regulatorio antes del 1º de junio de

performance de la economía sin imponer costos inaceptables e irrazonables para la sociedad; políticas regulatorias que reconozcan que el sector privado y los mercado privados son el mejor motor para el crecimiento económico; enfoques regulatorios que respeten el rol del Estado, los gobiernos locales y regulaciones que sean efectivas, consistentes, sensibles y entendibles. No contamos con ese sistema regulatorio en la actualidad. Con esta Orden Ejecutiva, el Gobierno Federal comienza un programa para reformar y hacer más eficiente el proceso regulatorio. Los objetivos de esta Orden Ejecutiva son fijar los alcances de una planificación y coordinación respecto a las regulaciones nuevas y las existentes; reafirmar la primacía de los entes federales en el proceso de decisión regulatoria; restaurar la integridad y legitimación del proceso de revisión y fiscalización regulatorios; y hacer el proceso más accesible y abierto para el público. A fin de alcanzar esos objetivos, el proceso regulatorio será conducido de modo tal que cumplir con los requerimientos legales y atendiendo debidamente la discrecionalidad otorgada a los entes federales".

14. Estableció así que los entes federales sólo pueden promulgar aquellas regulaciones que fueran requeridas por ley, resultaran necesarias para interpretar la ley o fueran necesarias para una necesidad pública imperante debido a las fallas de los mercados privados en proteger o mejorar la salud y seguridad de la población, el medio ambiente o el bienestar del pueblo norteamericano. En el proceso de decisión respecto a regular y cómo regular, los entes deben evaluar todos los costos y beneficios de las distintas alternativas regulatorias existentes, incluyendo la alternativa de no regular. El examen de los costos y beneficios debe incluir tanto medidas cuantitativas como cualitativas y deben seleccionar aquellas alternativas regulatorias que maximicen los beneficios netos (incluyendo potencial económico, de medio ambiente, seguridad y salud pública y otras ventajas), a menos que una ley exija seguir otro esquema regulatorio (Orden Ejecutiva n. 12.866, sección 1). A fin de asegurar la consistencia entre los programas regulatorios y los principios expuestos, la Orden Ejecutiva n. 12.866 exige a los entes reguladores (i) identificar el problema que pretende solucionar y su relevancia; (ii) determinar si las regulaciones existentes o alguna otra ley ha creado, o contribuido al referido problema y si tales regulaciones (o leyes) deben ser modificadas para alcanzar el objetivo perseguido; (iii) identificar y determinar todas las alternativas existentes a esa regulación incluyendo el otorgamiento de incentivos económicos para estimular una conducta determinada; (iv) en la determinación de las prioridades regulatorias, cada agencia debe determinar el grado de naturaleza de los riesgos existentes; (v) cuando se ha determinado que la regulación es la mejor alternativa para alcanzar los objetivos propuestos, debe diseñar la regulación del modo más efectivo en materia de costos, considerando incentivos para la innovación, consistencia, predictibilidad, costos de ejecución y cumplimiento, flexibilidad, impactos distributivos y equidad; (vi) cada agencia debe evaluar tanto los costos y beneficios de la regulación; (vii) cada agencia debe hacer sus decisiones en la mejor información razonablemente obtenible en materia científica, técnica, económica respecto a la necesidad y las consecuencias de la regulación propuesta; (viii) cada agencia debe identificar y evaluar todas las formas alternativas de regulación y en la medida de lo posible especificar los objetivos de cumplimiento; (ix) en la medida de lo posible, antes de imponer requerimientos regulatorios que puedan afectar entes estatales, las agencias deben requerir la adición de las entidades estatales que pudieran ser afectadas; (x) cada agencia debe evitar regulaciones que sean inconsistentes, incompatibles o se superpongan con otras regulaciones; (xi) cada agencia debe diseñar su regulación del modo tal que produzca el menor costo (*burden)* a la sociedad, incluyendo individuos, negocios de distinta envergadura y otras entidades, teniendo en cuenta, entre otros elementos y en la medida de lo posible, los costos de la acumulación regulatoria; (xii) cada agencia debe diseñar su regulación para que sea simple y de fácil comprensión, con el objetivo de minimizar el potencial de incertidumbre y litigiosidad que pudiera resultar de tal incertidumbre (Orden Ejecutiva n. 12.866, sección 1, apartado b).

15. A fin de establecer un sistema de planificación y revisión regulatoria eficiente, la Orden

cada año[16] y las restantes agencias deben notificar rápidamente cuando entiendan que alguna de las propuestas regulatorias presentadas colisiona con sus propias políticas o acciones a ser adoptadas por ella, correspondiendo al Administrador del OIRA hacer saber cuando considere que algunas de las acciones propuestas son inconsistentes con las prioridades establecidas.[17] Los planes desarrollados por las agencias deben ser incluidos en la agenda regulatoria unificada a ser publicada anualmente en el mes de octubre.

Como consecuencia de ello, la OIRA produce anualmente una Agenda Unificada de Acciones Federales Regulatorias y Desregulatorias que compila la agenda de los distintos entes federales para el año siguiente. Al comenzar cada año el Administrador de la OIRA indica los "elementos uniformes de información" que cada uno de los entes debe incluir.

En cumplimiento de la Orden Ejecutiva n. 12.866, la OMB emitió el 17 de septiembre de 2003 su circular A-4 en la que intenta guiar a los entes reguladores en las mejores prácticas regulatorias, modificando documentos ya emitidos en 1996 y 2001.

Este documento[18] define las bases de lo que supondría un buen análisis regulatorio, estableciendo cuando es necesario, cuáles son los elementos básicos a examinar, los mecanismos regulatorios alternativos, los enfoques analíticos,[19] sus efectos sobre la regulación, la identificación y medición de los costos y beneficios y el modo en que ello debe ser realizado, las tasas de descuento aplicables a fin de uniformar el análisis efectuado en el mismo tiempo y lugar, los requerimientos analíticos especializados y el modo en que

Ejecutiva n. 12.866 otorgó al vicepresidente de los Estados Unidos el rol de asesor principal y coordinador del desarrollo y presentación de las recomendaciones en materia de planificación y revisión regulatoria, a las agencias federales el rol de reguladores y a la OMB y la OIRA la carga de guiar a las agencias y asistir al presidente, vicepresidente y demás funcionarios en la planificación regulatoria y la revisión de la regulación individual existente (Orden Ejecutiva n. 12.866, sección 2). Entre los mecanismos de planificación, la regulación mencionada incluye (i) una reunión anual del vicepresidente con quienes encabezan los entes regulatorios a fin de alcanzar un entendimiento sobre las prioridades y coordinar los esfuerzos regulatorios a seguir el próximo año; (ii) el establecimiento de una agenda regulatoria unificada conforme las pautas fijadas por el administrador de la OIRA; (iii) un plan regulatorio aprobado personalmente por los funcionarios máximos del ente regulador y que contenga, como mínimo, una declaración de los objetivos y prioridades regulatorias del ente; (iv) una descripción breve de las acciones regulatorias planeadas, incluyendo, en lo posible, las alternativas a ser consideradas y los costos y beneficios anticipados; (vi) un sumario del fundamento legal para cada acción; (vii) una declaración de la necesidad de cada acción y como ella coadyuvará a la reducción de los riesgos para la salud, seguridad o medio ambiente; y (viii) el cronograma preliminar propuesto por la agencia.

16. Cada acción regulatoria debe contener, como mínimo, un número de identificación regulatoria y una breve descripción de la acción a adoptar, la autoridad legal para adoptar esa acción, cualquier fecha de vencimiento que ya tuviera y el nombre y número de teléfono del funcionario responsable (Orden Ejecutiva n. 12.866, sección 4, b).

17. Los eventuales conflictos entre agencias o entre ellas y la OMB o la OIRA son resueltos por el Presidente o por el Vicepresidente a pedido del primero (cfr. Orden Ejecutiva n. 12.866, sección 7).

18. Desarrollado por la OMB y debatido y revisado posteriormente por profesores de las universidades de Chicago, Harvard, Duke y Stanford, entre otras.

19. Incluyendo tanto los análisis de costo y beneficio (BCA) y de costo y efectividad (CEA).

debe reportarse contablemente los costos y beneficios regulatorios involucrados.

El Administrador del OIRA encabeza, asimismo, un grupo de trabajo regulatorio integrado por representantes de distintas agencias y destinado a examinar técnicas de regulación innovativas, métodos, eficacia y utilidad de mecanismos comparativos de regulación, etc.[20]

Más allá de su mayor o menor complejidad, el ejemplo norteamericano permite advertir que lejos de responder a un capricho del legislador, el buen o mal día que haya tenido el funcionario o el resultado de discusiones domésticas, los procesos de regulación no solo pueden sino que deben necesariamente ser procesos reflexivos y racionales.

Diferentes elementos, costos y beneficios deben ser debidamente evaluados al tiempo de regular y, en la medida en que la interdependencia económica de nuestra sociedad es cada vez mayor, todo cambio debe efectuarse con particular cuidado.

Pretender solucionar problemas puntuales —como la suba o baja en el precio de un producto o el desbalance de caja estatal— con medidas restrictivas a la exportación, producción o importación que no han sido objeto de estudio suficiente, asume particular gravedad y resultan susceptibles de producir problemas aún mayores que aquellos que les dieron origen.[21]

3. La racionalidad en las decisiones judiciales

Como bien se sabe, la lectura de un fallo no siempre refleja adecuadamente las razones que dieron lugar a una decisión. En buena parte de las ocasiones, las declaraciones efectuadas por los magistrados intentan justificar teóricamente la solución adoptada en el caso concreto a fin de superar situaciones puntuales que interpretan como injustas y deben ser remediadas.

Desafortunadamente, no son escasas las ocasiones en que los tribunales pecan por exceso al formularlas. Examinadas en teoría, esas declaraciones pueden resultar muy atractivas, pero contrastadas con la realidad en un contexto fáctico diferente resultan susceptibles de generar problemas de igual o mayor envergadura que los que legítimamente perseguían enmendar.

Un ejemplo interesante de ello podría producirse en caso de seguirse linealmente y sin reservas la visión desarrollada por nuestro más alto tribunal[22] en fallos tales como Más Consultores[23] e Ingeniería

20. Orden Ejecutiva n. 12.866, sección 4.

21. Como es sabido, un exportador puede pasar una vida intentando crear un mercado y perderlo con una simple medida irreflexiva o irracional. Asimismo, un empresario local puede decidir arriesgar gran parte de su capital en la producción de un producto cuyo ingreso se encuentra limitado como consecuencia de una barrera arancelaria y perderlo todo cuando ella es finalmente levantada.

22. Sobre el tema de la importancia del elemento forma en el contrato administrativo y los efectos de su incumplimiento en la jurisprudencia de la Corte ver el excelente estudio de Fabián Canda titulado "La importancia del elemento forma en el contrato administrativo (Consecuencias de su omisión en la jurisprudencia de la Corte Suprema de Justicia de la Nación)", en *Cuestiones de Contratos Administrativos en Homenaje a Julio Rodolfo Comadira*, Ediciones, RAP, Buenos Aires, 2007, pp. 35 y ss.

23. CSJN, "Más Consultores Empresas Sociedad Anónima c. Santiago del Estero, Provincia de, Ministerio de Economía s/ cobro de pesos", *Fallos*: 323:1515, del 1 de junio de 2000. Como bien señala Canda ("La importancia...", ob. cit., p. 43), es a partir de este caso – donde se alegaba la inexistencia de habilitación presupuestaria y licitación pública – en que la Corte comienza

Omega,[24] ratificada por la Corte en su composición actual en CASE SACIFIE c/ Gobierno de la Ciudad de Buenos Aires,[25] causa vinculada con la rescisión de un contrato de concesión para la construcción, conservación y explotación de centros geriátricos municipales en el ámbito de la Ciudad de Buenos Aires.

Examinemos, por ejemplo, lo ocurrido en este último caso.

Conforme surge del dictamen de la Procuración General de la Nación, la actora había iniciado un reclamo por cobro de pesos en virtud del incumplimiento en el pago de las sumas de dinero derivadas del contrato de concesión para la construcción, conservación, explotación de dos centros geriátricos municipales. Si bien existía expreso reconocimiento de la efectiva ejecución del contrato, el Gobierno de la Ciudad de Buenos Aires reconvino solicitando la nulidad del contrato por considerar que se había incurrido en violación a las disposiciones de las Leyes 17.520 y 13.064 en cuanto la contratación nunca fue declarada de interés público, no se ejercieron las opciones entre licitación publica y concurso de proyectos integrales para determinar la forma más conveniente de contratar, no se respetaron las previsiones legales en cuanto al pago del precio por medio de los certificados de obra, no se contempló la concurrencia de un representante técnico de la contratista de la obra, ni de ordenes de servicio o cualquier otro medio de comunicación entre las partes y tampoco se previó un régimen de sanciones. Asimismo, la contratación original debió – por resultar sumamente gravosa – ser renegociada.

Los tribunales civiles de primera y segunda instancia hicieron lugar a la acción y rechazaron la reconvención. Remitiéndose al Dictamen de la Procuración General, la Corte hizo lugar a la queja por denegación del recurso extraordinario y revocó la sentencia de la alzada.[26]

Para así resolver, concluyó que si bien los agravios de la apelante remitían al examen de cuestiones de hecho, prueba y derecho público local propio de los jueces de la causa y ajenas al recurso extraordinario, correspondía apartarse de ese principio por arbitrariedad en cuanto se había omitido considerar las disposiciones contenidas en las Leyes 17.520 y 13.064, no advirtiéndose – en particular – que los pliegos de la licitación no cumplían con las leyes entonces vigentes y que las cláusulas del contrato se apartaban notoriamente de las reglas generales en la materia.

Basándose en la sujeción de la Administración al principio de legalidad, la falta de declaración de interés público y otros defectos concluyó que el acto debía considerarse irregular y ser anulado en sede judicial sin que obstara para ello que las obligaciones derivadas del contrato fueran declaradas cumplidas por la Administración.

a señalar que el incumplimiento de las formas no determina ya únicamente la negación de la existencia del vínculo contractual sino también la pérdida del derecho que el contratista perseguía como consecuencia de ello.

24. CSJN, "Ingeniería Omega Sociedad Anónima c. Municipalidad de la Ciudad de Buenos Aires", *Fallos*: 323:3924, del 5 de diciembre de 2000, en donde además de ratificar la doctrina sentada en "Más Consultores", negó la posibilidad de percibir las sumas reclamadas en base a la doctrina del enriquecimiento sin causa por no haber basado su pretensión en ella sino en el incumplimiento contractual.

25. *Fallos* 333:1922, del 5 de diciembre de 2010.

26. Con la disidencia de las juezas Highton de Nolasco y Argibay.

Como expresamos anteriormente, el relato de los hechos no siempre permite conocer de debida manera lo que ocurrió en realidad.

Por esa razón, mal podríamos evaluar si la decisión adoptada en el caso ha sido la correcta. Menos aún, saber si la verdadera razón que motivó la decisión del alto tribunal fue el asumir que existían conductas no transparentes susceptibles de ser investigadas en sede penal.

Ninguna duda cabe que todo esfuerzo destinado a incrementar la transparencia en la contratación estatal y asegurar el debido cumplimiento del principio de legalidad debe ser estimulado.

Sin embargo, los fallos en cuestión sientan ciertos principios generales que, aplicados indiscriminadamente pueden dar lugar a excesos,[27] generando consecuencias de gravedad, ciertamente no deseadas por quienes propugnaron la solución mencionada.

Con excepción de aquellos supuestos de connivencia criminal entre el contratista y funcionarios de la Administración – que, como tales, deberían denunciarse, probarse y castigarse – ¿qué debe hacerse en aquellos supuestos en que se detectan irregularidades durante el proceso de contratación?[28] ¿Corresponde que el contratista asuma los costos de ese incumplimiento aún resultándole ajeno y habiendo cumplido con las prestaciones requeridas?[29]

¿Significa ello que todo aquél que participa en un proceso licitatorio debe efectuar un control independiente, autónomo y permanente de la regularidad del proceso licitatorio y su posterior ejecución contractual a riesgo de verse sujeto a las consecuencias de una irregularidad? En un mundo ideal ello suena muy bien pero en la vida real resulta impracticable.

¿Puede pedírsele a un oferente que no se presente en una licitación que pudiera no ajustarse en algún aspecto – aún menor – al ordenamiento vigente cuando sus competidores lo harán? ¿Qué un contratista no realice inversiones ante la incertidumbre de no saber si se las pagarán después? ¿Qué

27. Así, por ejemplo, Canda ("La importancia del…", ob. cit., p. 47) trae a colación el caso "Carl Chung Ching Kan" (*Fallos*: 324:3019, del 25 de septiembre de 2011) referido a un neurocirujano extranjero que habiendo viajado al país para dictar conferencias y cursos operó cuatro pacientes graves derivados por la provincia de La Pampa y luego se le negó el pago por no haberse efectuado licitación ni cumplido con los requisitos para la contratación directa. La aplicación de la doctrina referida en este caso concreto constituyó un claro exceso ya que – como bien acota Canda – "el efecto moralizador que parecía dimanar de la Corte, orientada a desalentar la realización de contrataciones de espaldas a la juridicidad, concurrencia, publicidad e igualdad que caracterizan a los procedimientos de selección, no se advierten en el caso. En efecto, no es dable exigir de un profesional extranjero que viene al país a dar conferencias y efectuar operaciones médicas el conocimiento acabado de una normativa provincial en materia contractual, por lo que pensamos que una acción de enriquecimiento sin causa resultaría claramente procedente, sin que pudiera imputársele al médico mala fe o culpa alguna. Este precedente demuestra la necesidad de evaluar caso por caso el supuesto conocimiento del vicio de forma por el accionante, cuando se trata de obtener una reparación con fundamento en el enriquecimiento sin causa".

28. Nótese que las irregularidades pueden ser de distinto tipo. Desde groseras a menores que, ante la maraña normativa, aún avezados especialistas bien podrían no detectarlas.

29. En tal sentido, la doctrina de la Corte en la materia sumada a la exigencia de máxima diligencia (adicionalmente al lógico requerimiento de buena fe) para admitir el enriquecimiento sin causa podría derivar en la consecuencia referida en el texto.

limite el cumplimiento de las obligaciones a su cargo en el supuesto que durante la ejecución del contrato la Administración no se haya ajustado estrictamente al régimen legal vigente?[30] ¿Cómo juega ello frente a la visión predominante en la especialidad que, aún cuando admite la aplicación de la *exceptio non adimpleti contractus,* lo hace en forma mas restrictiva que en el derecho privado?[31]

¿Hasta dónde corresponde al administrado controlar la legalidad del accionar administrativo en forma independiente? ¿No es ello responsabilidad de la propia Administración? ¿Qué responsabilidad asumirán los abogados cuando un cliente les pida que ratifiquen en una opinión legal que se cumplen todas las normativas aplicables?

Extendamos el mismo razonamiento a un ámbito diferente. ¿Qué ocurre con los actos de alcance individual? ¿Deberían los administrados empezar a resistir el cumplimiento de los actos que presentan alguna irregularidad?[32] ¿Podrá alguien imputarles el día de mañana haberlo cumplido mal y negarse a aceptar las consecuencias derivadas de ese acto? ¿Podrá suponer ello la pérdida de un empleo, la invalidez de una transferencia de dominio o la lesión de algún otro derecho fundamental? ¿Cómo juegan en este proceso la presunción de legitimidad y el principio de ejecutoriedad que caracterizan al acto administrativo?

Las preguntas formuladas previamente podrán parecer en algunos casos exageradas y ojalá así sean entendidas. Pero lo cierto es que una aplicación indiscriminada de la doctrina mencionada – probable en la tentación siempre existente en los sistemas continentales de formular afirmaciones dogmáticas y genéricas – bien podría derivar en situaciones como las que se plantean.

En todos los ámbitos de la actuación estatal, sea ella la actividad administrativa, la actividad legislativa o la actividad judicial deben primar la reflexión y la racionalidad.

La regla debe ser la consistencia y la previsibilidad. Los cambios – en numerosas ocasiones bienvenidos – deben ser debidamente meditados y sólo implementados una vez que los costos y beneficios de esas decisiones han sido debidamente examinados.

No son ellas, por cierto, las prácticas que predominan en la actualidad. Más sencillo resulta en general aparentar que actuamos para solucionar los problemas que obrar para modificar efectivamente la realidad. La acción es muchas veces silenciosa pero infinitamente más efectiva. Los incumplimientos siempre tendrán más difusión que los cumplimientos. Pero son estos últimos aquellos que debemos estimular y de los cuales dependerá el verdadero progreso y bienestar de nuestra sociedad.

30. Nuevamente, en la dinámica de la contratación administrativa existen cotidianamente atrasos, formalidades no cumplidas y otras irregularidades que no resultan necesariamente consecuencia de actos de corrupción o conductas poco transparentes.

31. Ver así, por ejemplo, Miguel S. Marienhoff, *Tratado de derecho administrativo*, III-A, 4ª ed. actualizada, Bs. As., 1994, pp. 376 y ss.

32. Si bien en materia de nulidades se señala mayoritariamente que el acto que presenta una nulidad manifiesta carece de presunción de legitimidad y, por ende, no goza de ejecutoriedad (CSJN, "Pustelnik", *Fallos*: 293:333, y "Barraco Aguirre", *Fallos*: 302:1503 [a *contrario sensu*], entre muchos otros; *Dictámenes*, 233:329); escasos son los supuestos en que un profesional responsable recomendará a su cliente no cumplir con un acto o reglamento en base a ello.

LA SALUD MENTAL ENFOCADA DESDE LA PERSPECTIVA DE LA SALUD PÚBLICA

ALEJANDRA PETRELLA[1]

Juíza de Primeira Instância do Contencioso Administrativo
e Tributário da Cidade de Buenos Aires, Titular do *Juzgado* n. 12

A modo de introducción

A partir de la extrema judicialización de las demandas sociales que se dirime ante el fuero contencioso administrativo de la CABA [*Ciudad Autonoma de Buenos Aires*], comencé a plantearme que el derecho administrativo clásico resultaba insuficiente para el abordaje de las causas en las que me tocaba intervenir en mi calidad de Magistrada. Tal circunstancia, con más la vinculada a la internalización de los tratados internacionales por conducto del art. 75, inc. 22, de la Constitución Nacional Argentina, me permitieron utilizar esta herramienta como fuente de interpretación. En definitiva, derecho administrativo constitucionalizado, considero permite una nueva mirada con enfoque en los Derechos Humanos y propone comenzar a abordar otros temas, por caso, la salud pública, dentro de la que se enmarca la salud mental.

He de comenzar este trabajo proponiendo al lector una reflexión: ¿resultaría imaginable que cada vez que nos enfermáramos, nos encerraran – sin nuestro consentimiento? Por caso, a quienes padecen enfermedades crónicas: un diabético, un hipertenso, un enfermo de cáncer. Sin embargo, sólo a partir del estigma (en términos de Erving Goffman: atributo profundamente desacreditador) que pesa sobre la locura, a la persona con padecimientos mentales (en adelante PPM) se la encierra y se la aísla de la sociedad. Podría pensarse que sólo se encierra al loco peligroso para sí o para terceros. Sin embargo, sólo el 10% de las personas de las que están encerradas en manicomios son peligrosas. Entonces, ¿porqué como sociedad *naturalizamos* que se prive de bienes jurídicos – la libertad y/o el patrimonio – a otros seres humanos?

I. Desde antaño, el confinamiento del loco está estrechamente ligado a su con-

1. <apetrella@jusbaires.gov.ar>.

dición social: el loco pobre era apartado y el pudiente ocultado. Es Foucault quien advierte que en la historia de la sinrazón, la locura es percibida en el horizonte social de la pobreza, de la incapacidad de trabajar, de integrarse al grupo. Comienza así a vislumbrarse la locura como un problema de la ciudad, un problema social, cuya asimilación – como reacción institucional propia del S XVII – culmina en el confinamiento de los locos. Comienza a disponerse el aislamiento para excluir a quien – aun sin saber por qué – es diferente. El confinamiento se "inventa" – en términos de Foucault[2] – con ese fundamento. Es en la época clásica, cuando comienza a formarse un hálito de culpabilidad y de silencio alrededor de la locura, se crea la figura del confinamiento – creación institucional propia del S XVII – apareciendo así, desde sus orígenes una clara relación entre locura y pobreza. Había pobres buenos/tolerados y pobres malos/locos. Durante más de cien años se encerró a los locos junto con los enfermos venéreos, con un criterio que relacionaba la moral y la alienación. En relación con ello, puede advertirse como – desde siempre – la locura fue una "enfermedad social".

Básicamente el concepto de la locura como fundamento del apartamiento de ciertos individuos se refleja luego en el dictado de los códigos civiles de sesgo liberal que los privan de sus derechos (la libertad y el patrimonio). *El mundo evolucionó creyendo al loco como incapaz.* Esta mirada solo comienza a modificarse en los últimos tiempos con el dictado de leyes de desmanicomialización que establecen claramente que la persona con padecimientos mentales es un sujeto de derecho. Así, Basaglia, en Italia, Amarante, en Brasil, y aun Goldemberg, en Argentina (a quien llamaba el desmanicomializador de Lanús) comenzaron con experiencias en tal sentido. Sin embargo, *ninguna experiencia tendiente a modificar la mirada que posee la sociedad y el propio Estado sobre un colectivo de personas vulnerables es posible, sin el acompañamiento de una clara política de salud pública en la materia.*

II. Corresponde detenerse en este punto a fin de formular una *construcción social* de la salud mental.

Las PPM constituyen el colectivo más vulnerable de la sociedad: estigmatizados, incomprendidos y temidos son presa fácil de abuso físico, psicológico y sexual; de graves violaciones a sus derechos humanos (en adelante DDHH).[3] Cuando al loco se lo aísla – a través del encierro – en ejercicio del monopolio del uso de la fuerza que ostenta el Estado, se lo despoja de la categoría de "hombre normal". Pero esa categorización deriva de que "el alejamiento voluntario de la razón" debía ser corregido mediante medidas disciplinarias. El manicomio comienza así como una medida de aislamiento, luego de castigo y posteriormente con el nacimiento de la hegemonía psiquiátrica como un lugar de recuperación. Nace la "institución total" para encuadrar este encierro curativo, allí se aparta a grupos de personas, contra su voluntad y se les administra una rutina formal. No se les permite elegir ***nada*** de lo vinculado a sus vidas. Y de esto es cómplice el propio Estado en su rol de garante de la "seguridad común".

Volviendo a Foucault, la solución de encierro y consiguiente control del loco

2. Foucault, ob. cit., 124.

3. Cf. Organización Panamericana de la Salud. *Derechos Humanos y Salud. Personas con Discapacidad Mental*, disponible en <http/// www.paho.org>.

fue política y no médica. El traspaso al médico al poder, bajo la certificación del diagnóstico, de privar de libertad al loco, fija las condiciones de posibilidad para instaurar un conocimiento objetivo de la locura, esto es, pensar al loco como un objeto de la naturaleza. Este traspaso tiene como consecuencia una nueva medicina mental basada en el conocimiento médico. Este confinamiento del "loco" es criticado por el autor citado por consistir en una forma de violencia, haciéndole perder su carácter de sujeto y convirtiéndolo en un mero objeto de estudio.[4] Sin embargo hay una fuerte subjetividad que vincula las prácticas discursivas y extradiscursivas acerca de qué es lo sano y qué es lo enfermo en una sociedad. Si se relaciona esto con el proceso histórico al cual se hiciera referencia, se pueden colegir las facetas:

1. La que vincula los conceptos de normal y patológico como una invención del gobierno neoliberal que emergió en Europa y que se despliega en el país a partir de fines del S XIX, caracterizado por la constitución de una serie de dispositivos de medicalización de las poblaciones a efectos de lograr la normalización de éstas. En esta etapa se conforma la matriz de las futuras políticas públicas que incidieron en los procesos de subjetivación en el país.

2. La mutación histórica que se produce a partir de la década del 70, que pone en crisis las formas y los dispositivos de subjetividad construidos a lo largo del siglo, pero no abolió la memoria de la construcción de esas subjetividades. Ello, en tanto ciertos conceptos acuñados en el pasado tienen efectos en el presente aun cuando la realidad social sea distinta,

3. La etapa actual, con nuevos procesos de subjetivación basados en una nueva idea de los conceptos de normal y patológico dando origen a la crisis de las formas tradicionales de abordaje sobre la locura. La intervención sobre la denominada "enfermedad mental" y los dispositivos de encierro imponen una nueva conceptualización de ésta. Resulta importante incorporar nuevas formas de subjetividad basadas en la construcción social de un imaginario "nosotros" bajo una nueva manera de ver el sufrimiento psíquico en orden a las transformaciones sociales ocurridas en el país en las últimas décadas.[5]

4. Por desgracia, la comprensión de la locura todavía está lejos de ser completa. En el siglo XXI, el tratamiento de los trastornos mentales sigue siendo un problema mundial con demasiados flecos por resolver. Durante los últimos cincuenta años, las condiciones de vida y de salud de gran parte de los ciudadanos del mundo han mejorado espectacularmente, pero este notable progreso del bienestar físico ha ido acompañado de un progresivo deterioro de la salud mental. El proceso se inició en los años cincuenta en el mundo desarrollado y ahora cobra fuerza en los países en vías de desarrollo. Por caso, sólo en la Ciudad de Buenos Aires, los dos neuropsiquátricos estatales albergan más de mil camas cada uno, y el noventa por ciento de los enfermos han permanecido internados por más de un año.[6]

La relación entre la carga de morbilidad (12%) y el gasto público en salud mental (en adelante SM) – menos del

4. Foucault Michel, ob. cit.

5. Cf. interpretación propia de las propuestas de Murillo Susana en sus clases sobre "Construcción Social de la salud mental" en el marco del curso de posgrado FCOS, y sus obras citadas en la bibliografía.

6. Fuente *Vidas Arrasadas*, informe del CELS.

1% – es sumamente desproporcionada en la mayoría de los países del mundo, y más del 40% de éstos no tienen una política pública de salud mental. Tampoco se cubren los trastornos mentales de la misma manera que el resto de las enfermedades. Hay más de 400 millones de personas en el mundo con patologías mentales que deben enfrentarse a la problemática de su propia enfermedad y del estigma social. Para todo ello la respuesta más adecuada es una estrategia de salud pública.

Más allá de los movimientos, lo cierto es que no hay posibilidad de crear bases alternativas al modelo asilar si no se encuentra un modelo alternativo que cuente con consenso en la sociedad civil. Hoy conviven en nuestra salud pública el viejo modelo asistencial y el desarrollo psicologizante con las alternativas que plantea la nueva ley en un marco sanitario absolutamente fragmentado debido a la coexistencia de regímenes públicos, privados y de obras sociales en materia de salud. A partir de la incorporación de los Tratados Internacionales a la Constitución de 1994, la aprobación del Plan Nacional de Salud Mental en 1998 y los fallos emblemáticos de la CSJN referidos a SM (Tufano, RMJ), los de la Corte Interamericana de DDHH (Ximenes Lopez c/Brasil,[7] Furlan[8] y Víctor Congo c/ Ecuador[9]), hasta el dictado en el año 2010 de la Ley Nacional de Salud Mental-LNSM[10] que modifica el paradigma de las PPM estableciendo su condición de sujetos de derecho y modificando la presunción que pesaba sobre ellos: son personas capaces excepto que se establezca – y con respecto a qué actos concretos – que no lo son cambia drásticamente la perspectiva de abordaje de la temática, así como el rol del Estado.

Así, la persona con padecimientos mentales pasa a ser un sujeto de derecho, y, yo agregaría, en extremo grado de vulnerabilidad, tornándose susceptible de una tutela especial. Y es desde esta perspectiva que entiendo debe intervenir el Estado y el derecho administrativo constitucionalizado.

En el marco del derecho público, la cuestión se vincula necesariamente a temas que aborda el derecho público ya que a las personas con padecimientos mentales: 1) se los priva de sus derechos electorales y patrimoniales (temas que no abordaré por ser propios del derecho político o civil); 2) se los priva de su libertad, y, por esta relación casi necesaria existente entre pobreza y locura, se los confina en hospitales públicos. Entonces adquiere relevancia uno de los nuevos temas del derecho administrativo constitucionalizado, que es el del derecho a la salud enmarcado en la salud pública.

En 2010 se sanciona en Argentina la Ley Nacional de Salud Mental que propone un cambio de paradigma en las políticas públicas de SM. En su art. 3º define a la SM como un proceso determinado por componentes históricos, socioeconómicos, culturales, biológicos y psicológicos cuya preservación y mejoramiento implican una construcción social vinculada a la concreción de los derechos humanos y sociales de las personas.

III. Hecha esta introducción, cabe resaltar que considero que el derecho administrativo debe incorporar temáticas vinculadas a los Derechos Económicos Sociales y Culturales. En Argentina, a partir de la incorporación de los tratados internacionales como derecho interno,

7. <www.laleyonline.com.ar>, AR/JUR/11786/2006, CTDH, 4-VII-2006.

8. CIDDHH, sent. Del 31/08/12

9. V. CIDH, Informe Nro. 63/99, Caso 11.427.

10. Ley nro.26.657, *B.O.* 32041 del 3.12.2010.

hay consenso en que éstos son fuente del derecho administrativo. Sin embargo, los temas vinculados a los derechos sociales todavía no han sido suficientemente receptados por institutos de derecho público. Por caso, la perspectiva de la salud pública y dentro de ella la de la salud mental. En el punto, los tratados internacionales se interesan por el rol del Estado en materia.

El plexo normativo vinculado al tema se estructura con el general vinculado al derecho a la salud, y, dentro de éste, el específico referido a la SM. Incluso dentro de éste, el que incorpora estos derechos al ámbito de protección que abarca la salud pública y convierte al Estado en garante de los mismos:

1. En cuanto a los instrumentos internacionales, se consideran parte integrante de la Ley de Salud Mental que los incorpora en su art. 2º. La ley se integra con los "Principios de Naciones Unidas para la protección de los enfermos mentales y el mejoramiento de la atención de la salud mental"[11] consagrando dos pilares fundamentales como derechos que hacen a la dignidad humana: el de desmanicomialización y el de desjudicialización. Propender a la concreción de tales derechos debe ser el camino a emprender.

2. El art 75, inc. 22, incorpora diez tratados internacionales con rango constitucional y puntualmente con referencia a la temática cabe precisar: Convención americana de los derechos y deberes del hombre (art.11); Declaración Universal de los derechos Humanos (art. 25.1); Pacto internacional de derechos económicos, sociales y culturales (art.12, incs. 1, 2 y 13); Convención Interamericana para la eliminación de todas las formas de discriminación contra las personas con discapacidad (aprobada por Ley 26.378). Entre sus principios destaca "la importancia de incorporar las cuestiones relativas a la discapacidad como parte integrante de las estrategias pertinentes de desarrollo sostenible". Otros instrumentos internacionales que si bien no son tratados constitucionalizados integran la LSM son: la Declaración de Luxor (Declaración sobre los derechos humanos de los enfermos mentales, aprobada el 17.1.1989 en el Congreso del Nilo, Egipto); la Declaración de Viena (Conferencia Mundial de Derechos Humanos, 1993); la Recomendación de la Comisión Interamericana de Derechos Humanos sobre la promoción y protección de los derechos de las personas con discapacidad mental (CIDH,1991); la Declaración de Caracas, adoptada por la Conferencia sobre la Reestructuración de la Atención Psiquiátrica en América Latina dentro de los Sistemas Locales de Salud (Silos), convocada por la Organización Mundial de la Salud/Organización Panamericana de la Salud (OMS/OPS), en Caracas, Venezuela, el 14.11.1990; la Recomendación de la Comisión Interamericana de Derechos Humanos sobre la Promoción y Protección de los Derechos de las Personas con Discapacidad Mental, aprobada por la CIDH en su 111º período extraordinario de sesiones, el 4.4.2001; y la Declaración de Montreal sobre la discapacidad intelectual, adoptada por la Conferencia de la Organización Panamericana de la Salud/Organización Mundial de la Salud (OPS/OMS), el 6.10.2004.

IV. A fin de comprender la perspectiva desde la cual habré de partir para formular mi línea de análisis, señalo los tres ejes en los que se funda mi mirada:

1. El primero refiere a entender a la salud como un derecho fundamental enmarcado en el plexo de los derechos sociales, entre los cuales se da una rela-

11. Adoptado por la Asamblea General en su Res. 46/119 del 17.12.1991.

ción de complementación y acumulación. Resulta imprescindible vincular a la salud con el resto de los derechos económicos, sociales y culturales, interrelacionándolos, integrándolos e interpretándolos de manera directa y/o subsidiaria. Por caso, los derechos a la vivienda, al trabajo, y a la educación se vinculan de manera necesaria con el derecho a la salud en tanto no pueden garantizarse y/o reclamarse sin el aseguramiento de este último. Desde la órbita de los derechos humanos la salud se erige en un bien colectivo y social, "directriz en la orientación de la igualdad de oportunidades en el acceso al sistema sanitario, y en la priorización y distribución de los recursos disponibles".[12]

Tanto la Constitución Nacional en su art. 42 – si bien no lo hace expresamente – cuanto la Constitución de la Ciudad de Buenos Aires en su art. 20 consagran el derecho a la salud como un derecho social y su interpretación armónica desde el plexo constitucional y aun del supralegal que emerge de los tratados internacionales reconocidos por el art. 75, inc.22, de la Carta Magna, permite encuadrarlo de manera sistémica entre los citados derechos.

Sin embargo, y concretamente con respecto al tema de la salud a la luz del sistema interamericano de los DDHH, la convención no lo recoge expresamente como un derecho si no que consagra en su art. 5º la protección a la integridad física, pero sí lo hace su protocolo adicional – conocido como de San Salvador – que dispone el derecho a la salud, entendida ésta como el derecho al más alto nivel de bienestar físico, mental y social. Sí lo hace la Declaración Americana en su art. 11. Se podría afirmar que el DS no es reconocido de manera totalmente autónoma si no como subsidiario al derecho a la vida o a la integridad física. Ello hace que necesariamente deba ser interpretado de manera integral con el resto del plexo de los DESC, ya que – y este análisis excedería la temática propuesta – habría que ponderar si podría plantearse un litigio de manera directa ante el sistema Interamericano (como sí está previsto para los casos de violación a los derechos al trabajo o a la educación) o debería hacérselo por vías alternas o subsidiarias.[13]

Sin perjuicio de ello, debe regularse la incorporación de las personas con padecimientos mentales al ingreso laboral, educación y vivienda.

En este eje resulta interesante advertir – siguiendo el voto del Dr. Balbín en el proceso colectivo ACYJ C/GCBA S/ AMPARO en los que se dedujo una acción de amparo invocando la violación al derecho a la salud – que la protección de este derecho (entre los DDFF) tiene un efecto generalizado porque incide potencialmente sobre todos los que se encuentran en la misma situación, por lo tanto no es un derecho subjetivo sino colectivo en los términos del art. 43 CN y 14, 2º párr., de la Constitución de la Ciudad Autónoma de Buenos Aires-CCABA. El grupo comprende un colectivo particularmente

12. Marisa Aizemberg, "Notas sobre la Ley n. 26.682 de Reproducción asistida. Aportes para el camino hacia su reglamentación. Informe Preliminar publicado por el Observatorio de Salud de la facultad de Derecho de la Universidad de Buenos Aires", p. 3, <www.derecho.uba.ar/.../informe-preliminar-sobre-la-ley-nacional-de-fertilización-asistida>, marisaaizemberg.blogspot.com.ar/publicaciones.

13. V. Informe "Acceso a la Justicia como garantía de los derechos económicos, sociales y culturales: estudio de los estándares del sistema interamericano de derechos humanos", OEA Documentos Oficiales. OEA/Ser. L/V/II, 129oc.4, 7.9.2007.

desprotegido y vulnerable. El derecho es a la vez individual que colectivo porque su objeto es colectivo – protección de la salud – e índice en el campo social en términos plurales y relevante (protección de los sectores más vulnerables). En la citada sentencia se interrelacionan derecho a la salud con el derecho al ambiente y a la vivienda.[14]

2. El segundo importa considerar que la falta de atención frente al padecimiento psicofísico constituye una violación al derecho a la dignidad humana.[15]

Fundamentalmente, suprimirle a alguien sus derechos civiles es violatorio de la dignidad humana. Cabe presisar que el orden positivo del derecho internacional de los derechos humanos encuentra su soporte en la dignidad humana, valor intrínseco del ser humano. De ella se derivan el resto de los derechos de toda persona.[16] La Protección Internacional de los Derechos Humanos viene experimentando una considerable expansión en las últimas décadas. En las normas de derecho internacional reguladoras de los Derechos Humanos es frecuente la referencia a la dignidad de la persona humana. Otras fuentes constitucionales están dadas por los arts. 14 y 28 de la CN.

La dignidad humana, imprime una inequívoca preferencia por la protección de las personas en situación de marginalidad, vulnerabilidad, desventaja, exclusión y pobreza, entre otras expresiones, como la de minorías, siempre insuficientes, desde que – como lo ha dicho la Comisión Interamericana de Derechos Humanos – la extrema pobreza y la exclusión constituyen una violación de la dignidad humana.[17] En tal sentido, tanto la Convención sobre los derechos de las personas con discapacidad (CDPD) cuanto la Convención sobre la eliminación de todas las formas de discriminación contra las personas con discapacidad, incorporadas a nuestro derecho interno por las leyes 26.378 y 25.280 prevén un nuevo modelo respecto de la concepción de las personas con discapacidad basado en la autonomía y la dignidad. En tal sentido la CDPD en sus arts. 1º y 3º habla de la promoción del respeto de la dignidad inherente a las personas con discapacidad.

El reconocimiento a la salud como derecho positivo ya no admite discusión y por ende, debe protegerse a la minoría vulnerable que carezca de ella. La perspectiva de la salud como bien colectivo hace propia la dimensión social y provoca una afectación pluriindividual. El derecho a la vida digna implica el derecho a la calidad de vida y conlleva los derechos a la salud, a la integridad física y psicológica, su preservación y adecuado mantenimiento. La Corte Suprema de Justicia de la Nación ha reconocido este derecho como bien fundamental toda vez que quien está gravemente enfermo no puede seguir un plan de vida propio.[18]

En la estructura de los derechos humanos trascendentales el derecho a la

14. Cf. Expte. 25818/0 sent. Del 13.12.2012, y Carlos Balbín, *Tratado de Derecho Administrativo*, T. III., 1ª ed., Bs.As., LL, 2010, pp. 367, 433, y ss.).

15. Por ejemplo, esta es la perspectiva que emana de la Ley n. 26.657 de Salud Mental en sus arts. 1º a 3º.

16. Así lo establecen en Pacto Internacional de Derechos Civiles y Políticos y el de Derechos Económicos Sociales y Culturales en sus Preámbulos.

17. Rolando Gialdino, "Dignidad Humana y Derechos Humanos", en *Investigaciones de Derecho Comparado*, C.S.J.N., 2/3, 2000, p. 563.

18. *Fallos* 323:4931, "Asociación Esclerosis Múltiple de Salta c/ E. N. y otros s/ amparo".

dignidad de la vida conlleva como componente el derecho a la salud. El derecho a la vida incluso se subordina al derecho a la dignidad de la vida, ya que la dignidad es un derecho tan absoluto que no puede existir vida si en ella falta dignidad. El derecho a la inviolabilidad (a su dignidad) de la vida es un derecho inexcepcionable; le corresponde a cada hombre o mujer – a todos – por su condición de ser humano. Vale desde siempre y para siempre.[19] Este es el enfoque que ha dado la Corte Internacional de DDHH en sus pronunciamientos.

Nuestra Corte Suprema de Justicia en distintos pronunciamientos en punto al derecho a la salud mental que dictó – aun antes de sancionarse la LSM – resalta que debe respetarse el derecho a la dignidad de las personas internadas.[20] También instrumentos internacionales dan cuenta de los principios rectores para el desarrollo de la atención de la salud mental en las Américas y recomiendan la superación del modelo asistencial basado en el hospital psiquiátrico y su reemplazo por acciones de salvaguarda de los derechos humanos e inclusión social de las personas afectadas por trastornos mentales.[21]

Por ende, la necesaria relación entre derecho a la salud mental y los restantes derechos sociales; así como la extrema vulnerabilidad psicosocial que afecta a quienes padecen patologías mentales conlleva a la necesaria realización por parte de los Estados de acciones que garanticen la protección de sus derechos humanos y libertades fundamentales. La omisión de tales acciones podría vulnerar el derecho a la dignidad humana.

Así se ha pronunciado la Sala I CAyT en la sentencia dictada con motivo de la judicialización de las condiciones del neuropsiquiátrico femenino Dr. Braulio Moyano, al condenar al estado de la ciudad de Buenos Aires a diseñar un plan que dote al hospital de condiciones de habitabilidad que respeten la dignidad de las personas internadas y asegure una adecuada atención.[22]

3. Consiste en incluir a las políticas sanitarias como políticas de Estado. Esto así, en tanto adoptar una posición respecto a la incorporación del derecho a la salud como inserto en el plexo de los derechos sociales, y entender su vinculación con el principio de dignidad humana resulta imprescindible por cuanto implica sostener la decisión política de cada Estado de intervenir activa y sustantivamente para asegurar a toda la población no sólo la promoción y protección de la salud, sino también el derecho a la atención de la enfermedad, en forma igualitaria en cantidad y calidad. Este es el enfoque de derechos que otorga al tema la Constitución de la Ciudad de Buenos Aires[23] al enunciar como principio que la salud es una inversión social prioritaria, y hacerlo dentro del capítulo denominado "Políticas Especiales" en el que se enuncian los de-

19. Cf. C. Fed. Mar del Plata, "Recalde, Norberto *vs.* Dirección de Bienestar de la Armada", 17.6.1999, *DJ* 2000-1-78.

20. CSJN, *RMJ*, sent. del 19.2.2008.

21. V. Declaración de Caracas (aprobada el 14.11.1990 por la OPS/OMS en el marco de la Conferencia regional para la reestructuración de la atención psiquiátrica en América Latina) y Principios de Brasilia (Principios rectores para el desarrollo de la atención de la salud mental en las Américas. Promulgados en la Conferencia regional para la reforma de los servicios de salud mental: 15 años después de Caracas, 9.11.2005).

22. *Acuña Ma. Soledad c/ GCABA s/ amparo*, expte. 15558/13.

23. Art. 20 ss. y conc. de la Constitución de la Ciudad Autónoma de Buenos Aires (en adelante CCABA).

rechos fundamentales que la Constitución consagra y que el Estado debe garantizar, resultando éstos claramente operativos en tanto no puede invocarse la falta de reglamentación para no efectivizarlos.[24]

El art. 32 de la LSM establece que, de manera progresiva y en un plazo no mayor a tres años, el Poder Ejecutivo debe incluir en el presupuesto un incremento en las partidas presupuestarias destinadas a salud mental hasta alcanzar el 10% del presupuesto total en salud.

En el ámbito de la salud pública se manifiestan dos paradigmas relevantes: uno, individual-restrictivo con eje en la clínica y el otro, social-expansivo cuyo eje es la epidemiología. El modelo clínico (en el que se basa el Modelo Médico Hegemónico) se ocupará del hombre aislado de su contexto vital, sin tomar en cuenta su ecosistema e intentará explicar la enfermedad sobre la base del marco teórico biológico. A diferencia de éste, el modelo salubrista busca explicar los fenómenos emergentes del proceso salud-enfermedad partiendo de que el ser humano es inseparable de sus circunstancias socioeconómicas, psicosociales y culturales. Desde la óptica define la salud como la situación de relativo bienestar físico, psíquico, espiritual, social y ambiental (el máximo posible en cada momento histórico y circunstancia sociocultural determinada); debe tenerse en cuenta que dicha situación es producto de la interacción permanente y recíprocamente transformadora entre las personas y sus ambientes, comprendiendo que todos estos componentes integran a su vez el complejo sistema de la trama de la vida.[25]

Por otro lado, en el Protocolo de San Salvador, antes mencionado, se reconoce expresamente a la salud como un bien público y el sistema interamericano prevé deberes a cumplir por el Estado; entre éstos los de promover, proveer y facilitar la salud imponen la necesidad de incorporarlos a las políticas públicas y aprobar presupuestos consonantes con ellas. Incluso, tal como sostuvo la CIDDHH en Ximenes Lopes c/ Brasil, el deber del estado de fiscalización y regulación concretamente en el caso de la salud mental es independiente de si la entidad que presta el servicio es pública o privada.

V. Apuntes sobre las leyes y la salud pública. el rol del Estado:

Desde su acepción terminológica, la salud pública alude tanto al estado sanitario en que se encuentra un país cuanto al conjunto de servicios públicos o privados que tienen por finalidad mantener o mejorar el buen estado sanitario.

Clásicamente, los Estados debieron cubrir la asistencia sanitaria de sus habitantes desde dos ángulos:

a) El público y gratuito, regulado por el derecho administrativo; generalmente deficiente por falta de presupuesto, masivo, impersonal, segmentado y fragmentado, pudiendo corresponder a la órbita nacional, provincial o municipal.

b) El privado y con cargo, reglado por el derecho civil y el comercial.

Tengo para mí que esta clasificación – a la luz de los TI y la doctrina y jurisprudencia que emana de ellos – se ha vuelto obsoleta. Hoy el servicio público de la salud es un servicio social en tanto debe satisfacer una necesidad colectiva.

Debe considerarse que la asistencia sanitaria se enfoca desde la perspectiva del servicio público. En materia de salud las políticas públicas deben considerar un

24. El art. 10 de la CCABA establece la que se ha denominado "cláusula cerrojo" en tanto establece que la falta de reglamentación no puede tornar inoperativa una norma.

25. Alejandra Petrella, revista *Clepios*.

diseño acorde a la normativa vigente y el presupuesto debe ser consonante con ella. Por ello, coincido con el Dr. Corti[26] en tanto sostiene que la omisión presupuestaria en materia de derechos sociales – en el caso el de la salud – constituye una violación al principio financiero sustantivo de razonabilidad.

Desde hace años, médicos salubristas han sostenido que la solución a los problemas en la atención de la salud depende de: "(...) a) la concepción social con que se los enfoque, b) de la política en materia de salud que el país debe explicitar en función de ese enfoque, y c) de los recursos que se destinen para su servicio, en relación con aquella concepción y esa política".[27]

Si traspolamos lo dicho a la temática de la salud mental, la ley nacional resalta los presupuestos mínimos para el diseño de las políticas públicas, y de ellos no puede estar ausente el Estado y la regulación bajo normas de derecho administrativo.

Por eso, entiendo que adoptar una posición respecto a la incorporación del derecho a la salud mental como inserto en el plexo de los derechos sociales, así como entender su vinculación con el principio de dignidad humana resulta imprescindible por cuanto implica sostener la decisión política de cada Estado de intervenir activa y sustantivamente para asegurar a toda la población no sólo la promoción y protección de la salud, sino también el derecho a la atención de la enfermedad, en forma igualitaria en cantidad y calidad. Este es el enfoque de derechos que otorga al tema la Constitución de la Ciudad de Buenos Aires al enunciar como principio que la salud es una inversión social prioritaria, y hacerlo dentro del capítulo denominado "Políticas Especiales" en el que se enuncian los derechos fundamentales que la Constitución consagra y que el Estado debe garantizar, resultando éstos claramente operativos en tanto no puede invocarse la falta de reglamentación para no efectivizarlos.

El informe de la OMS sobre salud mental en el mundo, del año 2001, daba cuenta de que los gobiernos son tan responsables de la salud mental de las poblaciones como de la salud física y que deben velar por la aplicación de políticas de salud mental fundadas en los instrumentos internacionales.

La presunción de capacidad – que modifica y se incorpora al art. 152, ter, del Código Civil – transforma una práctica instaurada en tanto incluye la evaluación de este principio general por parte de un grupo de profesionales. Por ende, en base a un informe psicosociobiológico – y no ya con la mera evaluación de un profesional médico – se dirimirá si el padecimiento mental de una persona lo condiciona en su calidad de vida, y en tal caso, un juez dispondrá eventualmente qué derechos podrían serle limitados. Pero a tal determinación debe abocarse el equipo interdisciplinario (art. 13). La privación de la libertad de un ser humano por el mero hecho de padecer sufrimiento mental es claramente violatoria del derecho a la dignidad humana y así lo establece la ley al enumerar los derechos que lo asisten.

En este aspecto, la LSM resignifica el principio de la desinstitucionalización, que también prevén la Carta Magna local y la ley de Salud Mental vigente en la Ciudad.[28] A la vez que aborda otro para-

26. Horacio Corti, *Derecho Constitucional Presupuestario*, Buenos Aires, 2007, LexisNexis.

27. Elena Italo, *Las leyes de obras sociales y prestaciones médicas, La política sanitaria y la salud*, Publicación Especial de Anales de Medicina, Buenos Aires, 1973, p.7.

28. Ley 448 de la CABA de Salud Mental.

digma constituido por el cambio de eje del hospital monovalente, con fundamento de validez en la salud integral como derecho humano fundamental, viéndose así reflejado el respeto por la dignidad humana.

Destaco que la ley nacional se integra con los "Principios de Naciones Unidas para la protección de los enfermos mentales y el mejoramiento de la atención de la salud mental"[29] consagrando dos pilares fundamentales como derechos que hacen a la dignidad humana: el de desmanicomialización y el de desjudicialización. Propender a la concreción de tales derechos debe ser el camino a emprender.

En orden a lo hasta acá expuesto, y tal como surge de los instrumentos internacionales reseñados, es necesario establecer redes de servicios comunitarios que reemplacen progresivamente los manicomios y aseguren la atención integral y multidisciplinaria de las personas con padecimientos mentales. Deviene así fundamental el rol del Estado en el cumplimiento de las acciones pendientes, derivadas por caso, de la Declaración de Caracas. Los servicios públicos de salud mental deben afrontar nuevos desafíos jurídicos, técnicos y culturales, para ello debe incluirse a esta problemática en la agenda de los gobiernos.

VI. Puntualizados estos ejes, me referiré – en base a ellos y a las pautas que considero surgen de la legislación nacional y local – al *modelo sanitario* que entiendo garantiza técnica e ideológicamente el derecho a la salud mental:

VI.1 El sistema debe ser *público*, en el sentido de que exista una garantía de acceso equitativo a la atención, a prestaciones planificadas en base a necesidades consensuadas socialmente; independientemente de si es prestado por personas públicas o privadas.

VI.2 El modelo debe ser *comunitario* en tanto la resolución de los problemas de salud mental se realice en la comunidad en la que el individuo vive, sin desinsertarlo de la misma.

VI.3 El sistema debe ser *universal y equitativo* con fundamento en el principio de proporcionalidad, o sea la provisión de cuidados debe estar relacionada al grado de necesidad.

VI.4 El modelo debe prestar *atención integral y mulltidisciplinar* a los problemas en punto a la naturaleza biospicosocial de los mismos.

VI.5 Debe respetar la responsabilidad asistencial territorializada, por caso, teniendo en cuenta la singularidad de los asistidos, tal como reza la manda constitucional local.

Una vez diseñadas las políticas públicas acordes a la nueva LSM, con un presupuesto consonante, el mejor modo de remediar la afectación a los DESC – por caso la SM – como lo establece la Sala I en el citado fallo Acuña, es el litigio estructural en tanto:

1) el caso se enfoca en la línea jurisprudencial referida a la efectividad y exigibilidad de los DESC que la Sala ya había expuesto en numerosos precedentes referidos al derecho a la salud;

2) en estos juicios – al existir un estrecho vínculo entre la protección del derecho y la actividad administrativa – se redefinen aspectos de las políticas públicas diseñadas por el Estado siempre del marco del respeto a la división de Poderes, justamente esto caracteriza al litigio estructural;

3) particularmente la situación de que da cuenta el expte. es el resultado de políticas públicas desarrolladas durante

29. Adoptado por la Asamblea General en su Res. 46/119 del 17.12.1991.

décadas que condujeron a la segregación de las PPM.

No cabe duda, a la luz de lo hasta aquí reseñado, que la salud mental constituye un bien jurídico tutelado por la Administración, entendiendo por tal algo considerado valioso para la mayoría de la población y por ello merecedor de tutela judicial. Este derecho – directamente entroncado con el derecho a la vida o a su preservación – tiene raigambre constitucional, y el Estado debe garantizarlo.

Por su parte, la Corte se ha encargado de destacar que "la protección de la salud no sólo es un deber estatal impostergable, sino que exige una inversión prioritaria".[30] Y la idea fuerza que recorre todos los decisorios del Tribunal es aquella que enfatiza "que el Estado Nacional ha asumido compromisos internacionales explícitos orientados a promover y facilitar las prestaciones de salud y que dicha obligación se extiende a sus subdivisiones políticas y otras entidades públicas que participan de un mismo sistema sanitario".[31]

El derecho a la salud mental y su tratamiento por parte de los agentes públicos de salud dista de ser un derecho al que puede accederse en forma efectiva. Para que la ley nacional no devenga una simple declaración del derecho formulado en la Constitución – tal como ha sucedido en la Ciudad de Buenos Aires con la Ley 448 – se debe plantear cuál la responsabilidad o actitud del Estado ante tal situación. Debe instalarse el tema entre los operadores del derecho, abrirse las puertas al debate y crearse dependencias que propicien el cumplimiento de la ley.

VII. Conclusión

El art. 13 del Dec. 603/2013 – reglamentario de la LSM – prevé el cierre de los manicomios para el año 2020, conforme el consenso de Panamá adoptado por la conferencia regional de SM convocada por la OPS en 2010.

El estigma social que pesa sobre la locura es una construcción colectiva que señala a alguien que alguna vez en su vida fue diagnosticado por un trastorno mental. Sin embargo, es necesario cambiar la mirada para entender que ese diagnóstico no define lo que alguien "es" o "puede hacer". Este es el cambio de paradigma propuesto por la ley: el de la persona con padecimientos mentales como sujeto de derecho. A partir de ello, deben mutar necesariamente los conceptos de cronicidad, lucidez y hospitalización por cuanto conllevan decisiones vinculadas a posibles restricciones de los derechos fundamentales de esas personas.

Dada la magnitud del problema, de etiología multifactorial y la estigmatización y discriminación que provoca, considero que la respuesta más adecuada es una estrategia de salud pública. Además, la salud mental debe ser reconocida como un derecho humano fundamental y garantizado en los términos constitucionales. Por caso, la propia Ciudad la ha reconocido dentro del capítulo "Políticas Especiales", e incluida como política pública.

Cualquier reforma al sistema sanitario, empieza por el estado. Y por ende, el derecho administrativo no puede estar ausente.

Los cuatro paradigmas que propone la nueva LSM: que la PPM pasa de ser incapaz a sujeto de derecho, la desjudicialización de la problemática, la desinstitucionalización de los pacientes y el cierre

30. *Fallos*, 323:1339.

31. CSJN, "Orlando, Susana Beatriz c/ Provincia de Buenos Aires y otros s/ amparo", sent. del 24.5.2005, registro del Tribunal O.59. XXXVIII (Originario) y "Sánchez, Norma Rosa c/ Estado Nacional y otro s/ amparo", sent. del 20.12./2005, registro del Alto Tribunal S. 730.

para el año 2020 de los manicomios (u hospitales monovalentes) implican un rol activo del Estado.

La relación necesaria entre pobreza y salud mental hace que, por caso, en Buenos Aires, los más necesitados son los que deben acudir a paliar sus dolencias a los neuropsiquiátricos de la Ciudad. Cuando se recorren los muros de los hospitales Borda, Moyano y Tobar García cabe repensar si no resulta imprescindible construir otras condiciones para las personas allí internadas. Nuevos procesos que permitan aliviar el dolor que los inmoviliza, ampliando las herramientas socio terapéuticas que refuercen sus posibilidades de acceder a un cierto bienestar. No se trata de forzarlos a transitar determinado camino cerrado, si no del diseño de estrategias relevantes a fin de empujar a un ciudadano hacia el margen que implica la enfermedad mental.

Hoy la construcción desmanicomializadora importa un enfoque fáctico que no se adecua al plexo normativo vigente.

Las leyes implican un significativo avance, pero insuficiente. El cambio debe abarcar a la salud pública y como tal implica comprometer a la sociedad en su conjunto.

Atento lo expuesto, es esperable que las Administraciones locales impulsen acciones que prevengan la exclusión social de los enfermos mentales y garanticen su atención integral y coordinada dentro del sistema, como modo de cumplir con la manda no solo legal sino también constitucional.

Ya en la década del 70, Guillermo Muñoz hablaba del rol sanitario del Estado, por cuanto la salud es un componente indiscutido del bienestar general; y al referirse el tema cerró así una de sus conferencias: "Es sabido que una compleja y sumamente vigorosa trama de interacciones vincula la fisonomía sanitaria, económica y social de toda comunidad. Ello determina que diversos sectores de la población, por razones que trascienden sus reales posibilidades de acción, vean peligrosamente reducido el acceso a la solución de sus problemas de salud.

"Hoy en nuestro país, esas interacciones determinan que el Estado tenga en material de salud – componente indiscutido del bienestar general – una responsabilidad primaria e indelegable.

"Este ensanchamiento de la actividad administrativa sanitaria no implica una posible estatización de toda la actividad vinculada con el sector. Es, sencillamente, una consecuencia del rol que le compete al Estado en esta materia, en la cual, el recíproco condicionamiento y la coordinación entre la actividad pública y la privada debe ser cada día más intensa y eficaz".

REFLEXÕES SOBRE O MANDADO DE SEGURANÇA COLETIVO

José Tadeu Neves Xavier

Advogado da União. Doutor e Mestre em Direito pela Universidade Federal do Rio Grande do Sul – UFRGS. Professor e Coordenador de Cursos de Pós-Graduação da Faculdade IDC. Professor da Faculdade Fundação do Ministério Público – FMP. Professor da Escola da Magistratura do Trabalho do Rio Grande do Sul – FEMARGS

1. Considerações introdutórias. 2. A natureza jurídica do Mandado de Segurança Coletivo. 3. A problemática do objeto do Mandado de Segurança Coletivo: 3.1 Os direitos/interesses transindividuais – 3.2 Os direitos/interesses tutelados pelo Mandado de Segurança Coletivo: a posição da doutrina e a opção adotada pela Lei 12.016/2009. 4. A legitimidade ativa para a impetração do Mandado de Segurança Coletivo: 4.1 Legitimidade dos partidos políticos – 4.2 Legitimidade das organizações sindicais, entidades de classe e associações – 4.3 O requisito da pertinência temática. 5. Questões procedimentais do Mandado de Segurança Coletivo: 5.1 A necessidade de prévia oitiva do Advogado Público para a concessão de liminar no Mandado de Segurança Coletivo – 5.2 O procedimento do Mandado de Segurança Coletivo – 5.3 Litispendência e Mandado de Segurança Coletivo – 5.4 A coisa julgada na Ação de Mandado de Segurança Coletivo: 5.4.1 A coisa julgada no Mandado de Segurança Coletivo e as ações individuais em curso. 6. Considerações finais.

Resumo: A Lei 12.016/2009 trouxe algumas alterações importantes na matéria pertinente ao Mandado de Segurança Coletivo, esclarecendo sobre a legitimidade ativa e o objeto deste *writ*, e proporcionando a sua renovação. Entretanto, apesar do esforço legislativo, alguns aspectos desta garantia constitucional ainda geram dúvidas que precisam ser enfrentadas para que se possa obter a sua otimização, em especial no concernente ao seu procedimento e a sua eficácia.

Palavras-chaves: Mandado de Segurança, Mandado de Segurança Coletivo, Processo Civil, Processo coletivo, Direitos coletivos.

Abstract: Law 12.016/2009 brought some important changes in the Collective Writ of Mandamus, providing greater insight into the active legitimacy and the object of this writ, as well its renewal. However, despite the legislative effort, some aspects of this constitutional guarantee still raise questions that must be addressed to achieve its optimization, particularly with regard to its procedure and its effectiveness.

Key words: Injunction, Injunction collective, Civil procedure, Collective process, Collective rights.

1. Considerações introdutórias

Após mais de meio século de existência, a Lei 1.533/1951 se despediu de nosso ordenamento jurídico com o advento da Lei 12.016/2009 que, apesar de causar certa decepção entre os estudiosos do Mandado de Segurança, reascendeu alguns debates que já se encontravam desgastados, mas que ainda não tinham alcançado um desfecho satisfatório. Não restam dúvidas que a atual legislação mandamental ficou bem aquém das expectativas, pois em relação ao Mandado de Segurança Individual praticamente limitou-se a repetir a dicção da regulamentação anterior, já cansada e em grande parte despida de efetividade, e a incorporar entendimentos jurisprudenciais que já estavam consagrados em súmulas dos Tribunais Superiores, o que levou José Maria Tesheiner, com seu espírito crítico e refinado, a questionar se ainda precisamos do Mandado de Segurança.[1]

No entanto, no que diz respeito ao Mandado de Segurança Coletivo, o legislador mostrou um pouco mais de ousadia, atrevendo-se a ensaiar, pela primeira vez em nosso ordenamento jurídico, um início de regulamentação sobre esta matéria que, já há certo tempo, clamava por uma atenção mais cuidadosa em termos legislativos.

A tutela dos direitos coletivos é um dos temas mais tormentosos de nosso direito processual, tendo despertado a atenção de diversos doutrinadores que buscam identificar a melhor forma de tratamento jurídico a ser dispensada a este assunto. Há, inclusive, propostas legislativas de criação de um Código de Processo Civil Coletivo, num nítido reconhecimento da importância que a matéria tem assumido nos últimos tempos, como instrumento essencial na concretização do ideal de obtenção de um processo civil efetivo e apto a responder prontamente às necessidades da sociedade atual. Nas palavras de Fredie Didier Jr. e Hermes Zaneti Jr., "as ações coletivas são tendentes a fomentar participação democrática. Ocorre, por meio delas, uma democracia pontuada, exercida através do Poder Judiciário".[2]

Podemos, em linhas gerais, dividir a evolução normativa da proteção processual dos direitos coletivos no direito nacional em três fases: (a) anterior à Constituição Federal de 1988, onde encontramos a previsão legislativa referente à Ação Popular (Lei 4.717/1965) e à Ação Civil Pública (Lei 7.347/1985); (b) fase estabelecida pela Carta Constitucional de 1988, com a criação do Mandado de Segurança Coletivo e; (c) a terceira, propiciada pelo advento do Código de Proteção e Defesa do Consumidor, em 1990.

O Mandado de Segurança Coletivo, embora criado com a Constituição de 1988, ainda carecia de regulamentação, tarefa agora levada a cabo pela Lei 12.016/2009. A dicção constitucional

1. "Ainda precisamos do mandado de segurança?", *Revista Brasileira de Direito Processual*, n. 69, p.11.

2. *Curso de Direito Processual Civil: processo coletivo*, vol. 4, Salvador, Juspodivm, 2007, p. 45.

inserta no art. 5º, LXX, relativa a este *writ* coletivo se limitava a estabelecer a possibilidade deste vir a ser impetrado por (a) partido político com representação no Congresso Nacional, (b) organização sindical, entidade de classe ou associação legalmente constituída e em funcionamento há pelo menos um ano, em defesa dos interesses de seus membros ou associados.[3]

Entretanto, mesmo na ausência de regulamentação, o referido texto era considerado como norma de eficácia plena, ou seja, auto-aplicável, por força da disposição contida no § 1º do art. 5º: "as normas definidoras dos diretos e garantias fundamentais têm aplicação imediata". Assim, apesar da inexistência de regulamentação infraconstitucional, era possível a impetração desta garantia coletiva. Construções doutrinárias e jurisprudenciais, fundadas nas peculiaridades que caracterizam os direitos coletivos, se encarregaram de apresentar soluções às dificuldades que surgiram quando da necessidade de pôr em prática essa demanda especial.[4]

2. A natureza jurídica do Mandado de Segurança Coletivo

O tema do Mandado de Segurança Coletivo apresenta, de plano, a necessidade de exposição de sua natureza, ou seja, exige que se identifique nele uma variação do Mandado de Segurança tradicional ou forma diferenciada de tutela coletiva, integralmente desvinculada da modalidade individual.

Numa visão pragmática, fundamental e indispensável para uma compreensão útil, no caminho de um verdadeiro processo civil de resultado, o Mandado de Segurança Coletivo representa variação da sua forma individual, apenas com objeto específico, que é o interesse coletivo,[5] razão pela qual todos os requisitos

3. CF, art. 5º (...), "LXX. O mandado de segurança coletivo pode ser impetrado por: a) partido político com representação no Congresso Nacional; b) organização sindical, entidade de classe ou associação legalmente constituída e em funcionamento há pelo menos um ano, em defesa dos interesses de seus membros ou associados".

4. Segundo Fernando da Fonseca Gajardoni a efetividade do Mandado de Segurança Coletivo decorria da combinação de vários diplomas normativos com os quais mantinha certa afinidade processual, explicando: "a) quanto à legitimidade para a impetração, empregava-se o disposto o art. 5º, LXX, da CF (partidos políticos e sindicatos, associações e entidades de classe), embora na doutrina houvesse quem admitisse ampliação deste rol por uma norma infraconstitucional; b) quanto ao procedimento a base era toda encontrada na Lei 1.533/1951, com as eventuais alterações e limitações impostas pelas Leis 4.348/1964 e 5.021/1966; c) quanto ao objeto entendia-se que a regência era dada pelo art. 81 do CDC (Lei 8.078/1990), que conceituava os direitos e interesses metaindividuais; d) quanto às regras de competência, vingou o entendimento de que eram aplicáveis as disposições das Constituições Federais (arts. 102, I, 'd', 108, I, 'c', 109, 114 e IV, e 121) e Estadual sobre o tema, além das regras constantes da Lei 1.533/1951 (especialmente art. 2); e) finalmente, entendia-se que as regras de coisa julgada eram tidas da combinação do CDC (arts. 103 e 104) com a Lei da Ação Civil Pública (art. 16 da Lei 7.347/1985), relação de coordenação esta que leva a doutrina a apontar a existência de um microssistema processual coletivo daí derivado" (*Comentários à nova lei do Mandado de Segurança*, São Paulo, Método, 2009, pp. 94-95.

5. Filiado a este entendimento, visualizando este *writ* coletivo como apenas uma variante da sua modalidade individual, Inácio de Carvalho Neto aponta: "a distinção entre o mandado de segurança coletivo e o *writ* individual, portanto, está apenas na natureza do direito protegido. Este cuida do direito líquido e certo de natureza individual; aquele, do direito coletivo' e o conceitua como 'um remédio constitucional que visa a proteger

e pressupostos necessários para autorizar o manuseio dessa garantia constitucional na sua versão individual devem se fazer presentes.[6] Sem se descuidar, no entanto, de seu conteúdo diferenciado, o que acaba por lhe atribuir determinadas peculiaridades procedimentais.

A existência de legitimação específica – partidos políticos, organização sindical, entidade de classe e associações – é uma adequação da atuação ativa para a impetração da ação ao seu objeto. Em síntese, o que qualifica este *writ* como instrumento processual coletivo é o seu conteúdo, sendo a legitimidade ativa diferenciada uma decorrência deste.

Como já salientado, a natureza coletiva também deverá se refletir no tratamento procedimental e nas peculiaridades referentes aos efeitos práticos desta importante ferramenta constitucional.

3. A problemática do objeto do Mandado de Segurança Coletivo

Desde a sua criação pela Constituição Federal de 1988, o Mandado de Segurança Coletivo vinha mantendo acesa a discussão sobre a exata dimensão de seu conteúdo. Polêmica essa que é perfeitamente compreensível, face à natural dificuldade que a nossa doutrina encontra de se libertar da visão tradicional do processo civil como âmbito essencialmente de discussão de interesses individuais.

O processo coletivo ainda é matéria recente e carece de adequada lapidação, que somente será levada a contento quando passar a ser entendido de forma autônoma, como disciplina específica e dotada de conteúdo próprio. É necessário que a nossa compreensão jurídica passe a vê-lo como ramo específico do processo, desapegando-se da sedutora técnica simplista de visualizá-lo como a mera versão do processo individual com conteúdo plural.

A doutrina, por muito tempo, divergiu sobre a exata dimensão do objeto deste *writ*. Para alguns, tal garantia constitucional seria apta a trazer ao processo a discussão de qualquer direito coletivo *lato sensu*, o que inclui os direitos difusos, coletivos ou individuais homogêneos. Para outros, seria restrita à proteção de interesses coletivos em sentido estrito e individuais homogêneos. De modo a sistematizar a compreensão da matéria, no tópico seguinte serão definidos os interesses transindividuais e, posteriormente, serão analisadas estas duas grandes correntes doutrinárias. Após, será analisada a opção legislativa da Lei 12.016/2009.

direito líquido e certo coletivo, não amparável por *habeas corpus* ou *habeas data*, quando o responsável pela ilegalidade ou abuso de poder for autoridade ou agente de pessoa jurídica no exercício de atribuições do Poder Público" (*Manual do Processo Coletivo, Ação Civil Pública, Ação Popular, Mandado de Segurança Coletivo*, 2ª ed., Curitiba, Juruá, 2008, p. 173). Este autor, em outra passagem de sua obra, reitera o seu entendimento de forma mais enfática: "de ver-se, assim, que o mandado de segurança coletivo nada mais é do que um simples mandado de segurança, proposto, entretanto, coletivamente pelas pessoas legitimadas" (p. 168).

6. Nesta mesma linha, Cássio Scarpinella Bueno enfatiza: "é correto o entendimento de que o art. 5º, LXX, da Constituição Federal não criou outra figura ao lado do MS tradicional, mas apenas hipótese de legitimação para a causa. Daí porque os requisitos de direito material do MSC continuam a ser os da CF 5º LXIX: proteção contra ameaça ou lesão a direito líquido e certo, não amparado por *habeas corpus* ou *habeas data*, por ato ilegal ou abusivo de autoridade" (*A nova Lei do Mandado de Segurança*, São Paulo, Saraiva, 2009, pp. 121-122).

3.1 Os direitos/interesses transindividuais

Os direitos e interesses transindividuais,[7] além de evidentemente escaparem à tradição liberal/individualista, colocam-se como indispensáveis à sobrevivência contemporânea.[8] Tratam-se de direitos que atingem toda a coletividade, referentes a categorias inteiras de indivíduos e que exigem intervenção ativa, não somente negação ou impedimento de violação, mas sim impondo uma atividade. Contrariamente a um direito excludente, negativo e repressivo, com feição liberal, tem-se um direito comunitário, positivo, promocional, de cunho transformador.[9]

O ponto central da questão deixa de ser o individual, passando a atingir predominantemente o coletivo (*lato sensu*), pois a socialização e a comunitarização dos interesses transindividuais têm papel fundamental.[10]

Estes *novos interesses* ocupam o espaço, até então vazio, entre os antagô-

7. Mauro Cappelletti refere, ao tratar do assunto, "que no campo jurídico o Estado Social incorporou novos direitos das mais variadas ordens, direitos sociais dos pobres, os direitos sociais dos trabalhadores, os direitos sociais das crianças e dos velhos, das mulheres, dos consumidores, do meio ambiente, etc." ("Acesso à Justiça", *Revista do Ministério Público*, n. 18, p. 9).

8. Francois Ost, ao analisar a vinculação entre interesse e direito subjetivo, explica: "A. O interesse, estando na base dos principais conceitos jurídicos, mesmo na de direito subjetivo, tem, assim, um caráter onipresente, aparecendo, desta forma, para além das pretensões asseguradas pela ordem jurídica; B. Paralelamente a esta onipresença e, talvez em consequência mesmo desta presença constante, a noção de interesse se caracteriza por uma imprecisão no seu significado, o que implica uma recorrente confusão e, mesmo, identificação entre interesse e direito; C. De outro lado, o interesse adquire, como noção funcional ou operatória, uma leveza (*souplesse*) que contrasta com a rigidez própria do direito subjetivo. Assim é que, à titularidade exclusivista do direito subjetivo se contrapõe a titularidade difusa, indeterminada ou coletiva dos interesses; da mesma forma, os interesses estão vinculados a valores novos especificados, apontando para objetivos abertos, ampliados; D. Por fim, o interesse incorpora um traço subversivo, apontando novos atores, novos objetos, bem como implica uma relativização de direitos tradicionais – o caso da propriedade que vê agregada à noção de função social, assumindo um interesse difuso da coletividade – é exemplar. A preferência pela utilização do termo direito apenas para o âmbito dos interesses juridicamente protegidos que têm sua titularidade ligada ao indivíduo aponta para os vínculos que se estabelecem entre a noção de direito e sua projeção como direito individual, uma tradição vinculada ao liberalismo. Assim, direito seria aquele fato juridicamente definido para o qual temos uma titularidade e um sujeito definidos, além de um objeto perfeitamente delimitado, ou seja, identifica-se com a noção de direito subjetivo. Há, entre direito e interesse, uma vinculação na qual a preponderância daquele se reflete na negação deste. Ou seja: a hegemonia do direito subjetivo implica a desqualificação do interesse como portador de alguma relevância jurídica" (*Entre Droit et non Droit: l'intérêt – Essai sur le fonsctions qu'exerce la notion d'intérêt en droit prive*, Bruxelles, Facultés Universitaires Saint-Louis, 1990, pp. 106-107).

9. Neste sentido José Luis Bolzan de Morais, *Do Direito Social aos Interesses Transindividuais: o Estado e o Direito na ordem contemporânea*, Porto Alegre, Livraria do Advogado, 1996, p. 96.

10. Conforme observam Luiz Rodrigues Wambier e Rita de Cássia Corrêa de Vasconcelos, os direitos coletivos *lato sensu* "situam-se no campo dos direitos que pertencem a todos, mas que não são públicos, no sentido tradicional deste vocábulo. São, isto sim, transindividuais ou metaindividuais, derivados da massificação da vida em sociedade e do surgimento de novas 'modalidades' de conflitos em relação aos quais o sistema processual centrado na iniciativa exclusiva do titular do direito subjetivo não tem como fornecer respostas eficazes" ("O mandado de segurança na disciplina da Lei 12.016, de 7.8.2009", *Revista de Processo*, vol. 177, pp. 201-202).

nicos interesses individuais e os públicos, transcendendo ao particular, mas sem se tornarem públicos, caracterizados assim como *metaindividuais*.[11]

A identificação dos direitos coletivos *lato sensu* é tarefa complexa, pois, na lição de Ada Pelegrini Grinover, a matéria comporta diversos graus de coletivismo, abrangendo desde os mais espalhados, passando por outros mais restritos e chegando a interesses individuais que, por sua homogeneidade, podem receber tratamento coletivo.[12] Neste sentido, Fredie Didier Jr. e Hermes Zaneti Jr. Se referem a direitos/interesses essencialmente coletivos (difusos e coletivos em sentido estrito) e direitos acidentalmente coletivos (individuais homogêneos).[13]

Esta é a forma como o Código de Defesa do Consumidor, em seu art. 81, parágrafo único, cataloga a matéria dividindo o gênero direitos/interesses coletivos em três espécies, *in verbis*: "A defesa coletiva será exercida quando se tratar de: I – interesses ou direitos difusos, assim entendidos, para efeitos deste código, os transindividuais, de natureza indivisível, de que sejam titulares pessoas indeterminadas e ligadas por circunstância de fato; II – interesses ou direitos coletivos, assim entendidos para efeitos deste código, os transindividuais, de natureza indivisível, de que seja titular grupo, categoria ou classe de pessoas ligadas entre si ou com a parte contrária por uma relação jurídica base; III – interesses ou direitos individuais homogêneos, assim entendidos os decorrentes de origem comum".[14]

Nesta linha, seguindo a definição fixada pela norma consumerista, interesses ou direitos difusos podem ser entendidos como os transindividuais, de natureza indivisível, de que sejam titulares pessoas indeterminadas e ligadas por circunstâncias de fato. Assim, Nelson Nery Junior aponta que a *indeterminação* é a característica básica dos interesses e direitos difusos, destacando que o termo *difuso* não foi criação da doutrina moderna, já sendo conhecido dos romanos, pois Scialoja já se referia a ele como direitos públicos, que não se concentram no povo considerado como entidade, mas que tem por próprio titular cada um dos participantes da comunidade.[15] Assim, algumas

11. No comentário de Lourival Gonçalves de Oliveira: "nestes termos, não cabe ao Estado defendê-los em juízo e nem mesmo cabe a um determinado indivíduo fazê-lo, no que pese não se poder negar por vezes venha a ocorrer a identidade com o interesse deles" ("Interesse processual e mandado de segurança coletivo", *Revista de Processo*, vol. 56, p. 79).

12. "Mandado de segurança coletivo: legitimação e objeto", *Revista de Direito Público*, n. 93, jan.-mar. 1990, p. 20.

13. *Curso de Direito Processual Civil: direitos coletivos*, vol. 4, Salvador, Juspodivm, p. 73.

14. Esta mesma classificação tem sido seguida pelos projetos de Código de Processo Civil Coletivo, o que indica que deve se consolidar como definitiva.

15. "Mandado de Segurança: instituto que não alterou a natureza do mandado de segurança já constante das Constituições anteriores – Partidos políticos – *Legitimidade ad causam*", *Revista de Processo*, vol. 57, p. 151. Ao definir interesses difusos, Rodolfo de Camargo Mancuso afirma serem eles "interesses metaindividuais, que, não tendo atingido o grau de agregação e organização necessários à sua afetação institucional junto a certas entidades ou órgãos representativos dos interesses já socialmente definidos, restam em estado fluido, dispersos pela sociedade civil como um todo (*v.g.*, o interesse à pureza do ar atmosférico), podendo, por vezes, concernir a certas coletividades de conteúdo numérico indefinido (*v.g.* consumidores). Caracterizam-se: pela indeterminação dos sujeitos, pela indivisibilidade do objeto, por sua intensa litigiosidade interna e por sua tendência à transição ou mutação no tempo

características podem ser traçadas sobre esta categoria de direitos/interesses: (a) indivisibilidade do objeto. Não há como se fracionar o objeto. Os direitos/interesses difusos são concomitantemente de um e de todos. Não há que se falar em soma de interesses privados, mas síntese; (b) indeterminação dos sujeitos. Não há como se individualizar os sujeitos abrangidos pelos interesses/direitos difusos; (c) intensa conflituosidade interna, também chamada de conflituosidade máxima. Os interesses/direitos difusos envolvem sempre dois polos contrapostos muito fortes, o que torna difícil a solução do caso; (d) mutação no tempo. Os interesses/direitos difusos provocam, via de regra, um forte impacto social, sendo manchete muitas vezes nos noticiários. Todavia, com o passar do tempo, o interesse pelos mesmos se reduz. Eles deixam de ter a relevância que outrora tiveram.

Os interesses coletivos em sentido estrito, por sua vez, são aqueles transindividuais de natureza indivisível de que seja titular grupo, categoria ou classe de pessoas ligadas entre si ou com a parte contrária por uma relação jurídica base. José Marcelo de Menezes Vigliar,[16] ao tratar do tema, refere que "são os interesses que compreendem uma categoria determinada, ou pelo menos determinável de pessoas, dizendo respeito a um grupo, classe ou categoria de indivíduos ligados por uma mesma relação jurídica-base (ou básica, como preferem alguns autores) e não apenas por meras circunstâncias fáticas, como acontecia na modalidade de interesses transindividuais analisada (interesses difusos)". Assim, pode-se declinar como características dos interesses/direitos coletivos em sentido estrito: (a) indivisibilidade do objeto; (b) determinação dos sujeitos; (c) conflituosidade interna, mas em grau mais reduzido do que nos interesses/direitos difusos; (d) vinculação dos sujeitos por uma relação jurídica base; e, finalmente, (e) mutação no tempo em grau também mais reduzido.

A distinção mais marcante entre os direitos/interesses difusos e os coletivos em sentido estrito é, portanto, a determinabilidade destes últimos, que ficam vinculados a certos grupos ou categorias de pessoas. Como destacam Fredie Didier Jr. e Hermes Zaneti Jr., nos direitos/interesses coletivos em sentido estrito o que interessa para fim de tutela jurisdicional é a possibilidade de identificar o grupo, categoria ou classe, vez que a tutela se revela indivisível, e a tutela coletiva não está à disposição dos indivíduos que serão beneficiados.[17]

Os interesses/direitos individuais homogêneos caracterizam-se por não serem transindividuais e por decorrem de origem comum. Teori Albino Zavascki,[18] ao tratar do tema, refere: "há interesses individuais que, considerados em seu con-

e no espaço" (*Interesses Difusos: Conceito e Legitimação para Agir*, São Paulo, Ed. RT, 1997, pp. 124-124). Do mesmo modo, José Marcelo de Menezes Vigliar leciona que "difusos são os interesses em que os titulares não são passíveis de ser determinados ou determináveis e se encontram ligados por meras circunstâncias de fato, ainda que não muito precisas. São interesses indivisíveis e, embora comuns a uma categoria mais ou menos abrangente de pessoas, não se pode afirmar, com precisão, a quem pertençam tampouco a parcela destinada a cada um dos integrantes desse grupo indeterminado" (*Ação Civil Pública*, 3ª ed., São Paulo, Atlas, 1999, p. 47).

16. *Ação Civil Pública*, cit., p. 51.

17. *Curso de Direito Processual Civil: processo coletivo*, cit., p. 75.

18. "O Ministério Público e a defesa dos interesses individuais homogêneos", *Revista MPRGS* 29/39.

junto, passam a ter significado ampliado, de resultado maior que a simples soma das posições individuais, e cuja lesão compromete valores comunitários privilegiados pelo ordenamento jurídico".

Em relação a esta espécie de tutela coletiva, o Código de Defesa do Consumidor mostrou-se bastante econômico, omitindo-se de propiciar uma definição normativa mais detalhada. Entretanto, fica evidenciado que a sua posição é a de um direito/interesse materialmente individual, mas que, pelas peculiaridades que encerra, ganha dimensão processual coletiva. A inspiração do legislador consumerista, para a identificação desta modalidade de direito coletivo *lato sensu*, é encontrada nas *class actions for damages*, existentes no direito norte-americano.[19]

Nesta modalidade de direito coletivo, ao contrário das anteriormente analisadas, haverá o envolvimento de uma quantidade de pessoas passíveis de identificação, embora esta em geral somente se mostre viável em fase posterior, quando da execução da sentença coletiva. Tal determinação decorrerá exatamente da demonstração de existência de um vínculo decorrente da origem comum. Nesta hipótese, portanto, estamos frente a direitos cindíveis, que serão atribuídos a cada um dos interessados, exatamente na proporção que lhes for devida, de acordo com a extensão do dano individualmente experimentado.[20]

Em síntese, as características dos interesses individuais homogêneos são: (a) divisibilidade do objeto; (b) determinação dos titulares; (c) vinculação dos titulares em razão de origem comum.

3.2 Os direitos/interesses tutelados pelo Mandado de Segurança Coletivo: a posição da doutrina e a opção adotada pela Lei 12.016/2009

A idoneidade deste *writ* coletivo para tutelar interesses e direitos difusos sempre foi um dos temas que mais despertaram o interesse por parte da doutrina no âmbito do Mandado de Segurança Coletivo.

A Lei 12.016/2009 adotou, acertadamente, a posição restritiva, sustentada por Ovídio Baptista da Silva, nos exatos termos do art. 21, parágrafo único, *verbis*: "Os direitos protegidos pelo mandado de segurança coletivo podem ser: I – coletivos, assim entendidos, para efeito desta Lei, os transindividuais, de natureza indivisível, de que seja titular grupo ou categoria de pessoas ligadas entre si ou com a parte contrária por uma relação jurídica básica; II – individuais homogêneos, assim entendidos, para efeito desta

19. Fredie Didier Jr. e Hermes Zaneti Jr., ao se debruçarem sobre o estudo dos direitos coletivos, ressaltam a importância da identificação dos direitos individuais homogêneos como categoria processual própria: "sem sua criação pelo direito positivo nacional não existiria possibilidade jurídica de tutela 'coletiva' de direitos individuais com natural dimensão coletiva em razão da sua homogeneidade, decorrente da massificação/padronização das relações jurídicas e das lesões daí recorrentes. A 'ficção jurídica' atende a um imperativo de direito, realizar com efetividade a Justiça frente aos reclames da vida contemporânea" (*Curso de Direito Processual Civil: processo coletivo*, cit., p. 76).

20. Luiz Manuel Gomes Junior e Rogério Favreto indicam exemplos de concretização dos direitos individuais homogêneos: "danos de pequeno valor (delitos de bagatela), que são aqueles que não justificam, sob o ponto de vista econômico, o ajuizamento de uma demanda individual; ou determinadas situações fáticas, submetidas a uma mesma disciplina jurídica (consórcios, aquisição de um determinado bem, etc.), que justificam o tratamento coletivo" (*Comentários à nova Lei do Mandado de Segurança*, São Paulo, Ed. RT, 2009, p. 194).

Lei, os decorrentes de origem comum e da atividade ou situação específica da totalidade ou de parte dos associados ou membros do impetrante".

Tal disposição normativa, quando define os interesses coletivos em sentido estrito e individuais homogêneos, reproduz, na verdade, as definições já existentes no Código de Defesa do Consumidor. Por outro lado, põe fim à discussão anteriormente existente de cabimento do Mandado de Segurança Coletivo para a tutela de direitos difusos.[21]

Há que se entender a omissão legislativa referente à categoria de direitos difusos como proposital, com a clara intenção de afastá-los do alcance da tutela do Mandado de Segurança Coletivo.[22]

21. Ao tecerem comentários sobre a sistemática normativa atual Darlan Barroso e Luciano Alves Rossato criticam a posição adotada pelo legislador: "de fato, a constitucionalidade de tal limitação é questionável. Como sabemos, em termos de direitos fundamentais – ainda mais se tratando de garantia –, entendemos que não compete ao ordenamento processual infraconstitucional limitar aquilo que foi concebido para a aplicação de forma abrangente e ampla. A sorte do jurisdicionado está no fato de existirem outros meios semelhantes para a defesa coletiva de direitos difusos – como a ação civil pública, a ação popular e, não tão especial e eficaz, a genérica ação pelo rito ordinário. E mais: não há vedação para que os direitos difusos sejam defendidos por meio de mandado de segurança individual. Qualquer pessoa que estiver sofrendo violação de um direito de natureza difusa, por ato de autoridade, poderá, em nome próprio e em vista de benefício exclusivamente para si, impetrar mandado de segurança individual na defesa de tal direto comum a outras pessoas" (*Mandado de Segurança*, São Paulo, Ed. RT, 2009, pp. 89-90).

22. Em sentido contrário, Teori Albino Zavaski (*Comentários à nova Lei do Mandado de Segurança*, Coordenadores: Napoleão Nunes Maia Filho, Caio Cesar Vieira Rocha e Tiago Asfor Rocha Lima, São Paulo, Ed. RT, p. 287).

4. A legitimidade ativa para a impetração do Mandado de Segurança Coletivo

De acordo com o disposto no art. 5º, LXX, da CF, a Ação de Mandado de Segurança Coletivo pode ser impetrada por partido político, com representação no Congresso Nacional, ou por organização sindical, entidade de classe ou associação, desde que constituída e em funcionamento há pelo menos um ano, atuando na defesa de seus membros ou associados.

Apesar da matéria já vir indicada na Constituição Federal, alguns pontos ainda geravam incertezas. Assim, a Lei 12.016/2009, no *caput* do seu art. 21, à luz do Texto Constitucional, detalhou a legitimação ativa para a impetração deste *writ* estabelecendo que "o mandado de segurança coletivo pode ser impetrado por partido político com representação no Congresso Nacional, na defesa de seus interesses legítimos relativos a seus integrantes ou à finalidade partidária, ou por organização sindical, entidade de classe ou associação legalmente constituída e em funcionamento há, pelo menos, 1 (um) ano, em defesa de direitos líquidos e certos da totalidade, ou de parte, dos seus membros ou associados, na forma dos seus estatutos e desde que pertinentes às suas finalidades, dispensada, para tanto, autorização especial".

Parte da doutrina discutia sobre a melhor forma de compreensão desta norma constitucional no concernente à identificação das legitimidades para a propositura. Para alguns, a sua interpretação deve ser realizada de forma restritiva, ou seja, a legitimidade dos Partidos Políticos, organizações sindicais, entidades de classe e associações seria exclusiva. Mas há autores que discordam desta interpretação restritiva, entendendo que outras normas poderiam ampliar o rol de legitimados para este *writ* coletivo, ou poderia ser deduzida do próprio Texto Constitucional a identificação de outros entes também dotados desta legitimação.

Assim, ganhou espaço entre os autores a discussão sobre a legitimidade do Ministério Público para o ajuizamento da Ação de Mandado de Segurança Coletivo. Esta titularidade decorreria dos termos da própria Carta Constitucional que, em seus arts. 127 e 129, III, atribui, respectivamente, a este ente a defesa dos direitos difusos e coletivos. Desta forma, a legitimidade do Ministério Público para a propositura desta ação mandamental coletiva decorreria destas disposições constitucionais especialmente direcionadas a apontar as atribuições institucionais deste órgão ministerial, e não do art. 5º, LXX, da Carta Constitucional.[23]

Em que pese a solidez destes argumentos no sentido de atribuir esta legitimação ao Ministério Público, a Lei 12.016/2009 não a contemplou.

Cabe salientar que esta atribuição especial de legitimação específica representa caso de substituição processual ou legitimidade extraordinária, onde há possibilidade que alguém atue em juízo, em nome próprio, na defesa de interesse alheio. Trata-se, portanto, de típica exceção à regra geral de legitimidade ordinária consignada no art. 18 do Diploma Processual Civil [*de 2015;* art. 6º do CPC/1973], no sentido de que ninguém pode pleitear em nome próprio direito alheio.

Nestes casos de legitimação especial não há a necessidade de verificação de prévia autorização assemblear, pois a atribuição para a impetração do *writ* coletivo advém do próprio texto normativo – Constituição Federal e Lei 12.016/2009. Este, inclusive, já era o entendimento predominante nos Tribunais Superiores mesmo antes da atual legislação.[24] Entretanto, como oportunamente explicam Darlan Barroso e Luciano Alves Rossato, por questões internas, políticas ou administrativas, as entidades legitimadas constitucionalmente para a impetração do Mandado de Segurança Coletivo poderão dispor em seus estatutos sobre a necessidade de alguma espécie de autorização para que seus gestores possam iniciar a demanda.[25]

4.1 Legitimidade dos partidos políticos

O Texto Constitucional atribuiu legitimação especial aos partidos políticos

23. Marta Casadei Momezzo é enfática ao defender a legitimidade do Ministério Público para a propositura da Ação de Mandado de Segurança Coletivo (*Mandado de Segurança Coletivo: Aspectos Polêmicos*, São Paulo, LTR, 2000, p. 65).

24. Neste sentido a manifestação do STJ: "Recurso ordinário. Mandado de segurança coletivo. Substituição processual. Sindicato. Defesa do direito de parte de seus representados. Desnecessidade de autorização expressa. Possibilidade. Retorno dos autos. 1. Já está pacificado no âmbito desta e. Corte e no c. Supremo Tribunal Federal que a entidade de classe tem legitimidade ativa, na qualidade de substituto processual, para pleitear direitos de parte da categoria, independentemente de autorização destes. II. Precedentes desta e. Corte e do Excelso Pretório. Recurso ordinário provido para, afastando a preliminar de ilegitimidade ativa, determinar que a Corte de origem prossiga no julgamento do *mandamus*" (STJ, 5ª T., ROMS 19.278-GO, rel. Min. Felix Ficher, j. 6.3.2007).

25. *Mandado de Segurança*, cit., p. 92. Os autores frisam que esta eventual necessidade de autorização interna específica representa mero pressuposto relativo à capacidade processual da parte, como ocorre com a verificação de poderes de qualquer pessoa jurídica, em qualquer modalidade de ação (por exemplo, o estatuto de uma associação poderá prever que a assinatura de uma procuração *ad judicia* apenas se dê com a autorização de algum órgão interno) (pp. 92-93).

para a defesa judicial de direitos coletivos por meio do Mandado de Segurança Coletivo. A razão deste deferimento especial reside, na feliz síntese de Nelson Nery Junior, na função política exercida por estes entes.[26]

Os partidos políticos têm natureza de pessoa jurídica de direito privado – art. 44, V, do CC –, com liberdade de criação, fusão, incorporação e extinção e caráter nacional, assumindo a condição de entidades essenciais para a conservação do Estado Democrático de Direito, pois se destinam a assegurar, no interesse do regime democrático, a autenticidade do sistema representativo e a defender os direitos fundamentais definidos na Constituição Federal (art. 1º da Lei 9.096/1995).

Na atribuição de legitimidade especial para a impetração do Mandado de Segurança Coletivo, a Constituição exige apenas que tenham representação no Congresso Nacional, ou seja, basta, para atender a este pressuposto de legitimação, que ocorra a existência de um Deputado Federal ou de um Senador vinculado ao partido.

No passado houve debate jurídico sobre a necessidade de o partido político manter essa representação no Congresso Nacional durante todo o curso da demanda coletiva. Não chegou a haver enfrentamento direto sobre esta questão especificamente para o caso do Mandado de Segurança Coletivo, mas o e. Supremo Tribunal Federal, ao analisar ações diretas de inconstitucionalidade, onde se tem a mesma exigência para a legitimação dos partidos políticos, chegou a entender que a perda superveniente da representação parlamentar acarretava a extinção do processo.[27] Entretanto, em decisão posterior, revisou o entendimento e assumiu o posicionamento de que tal requisito de legitimação deve ser verificado apenas no momento da propositura da ação direta de inconstitucionalidade.[28]

No entanto, o fato deste *writ* coletivo representar uma garantia constitucional acarreta a necessidade de uma interpretação diferenciada, comprometida com a sua maior efetividade possível. Acreditamos, portanto, que no caso dos partidos políticos a verificação da existência de representação no Congresso Nacional também deva ser realizada apenas no momento da propositura da ação. Eventual perda superveniente da representação parlamentar não será causa adequada para a extinção deste *writ* coletivo.[29]

Note-se que, em relação às agremiações partidárias não há necessidade

26. "Mandado de Segurança Coletivo: instituto que não alterou a natureza do mandado de segurança já constante das Constituições anteriores...", cit., p. 156.

27. "Ação direta de inconstitucionalidade. Partido político que, no curso do processo, vem a perder a representação parlamentar no Congresso Nacional. Fato superveniente que descaracteriza a legitimidade ativa da agremiação partidária (CF, art. 103, VIII). Matéria de ordem pública. Possibilidade de reconhecimento, *ex officio*, pelo relator da causa. Ação direta prejudicada. Precedentes AGRADI 2.2002, 2.613, 2.735" (ADI 2822AgR-SP, Tribunal Pleno, rel. Min. Sydney Sanches, j. 23.4.2003).

28. "Agravo regimental em ação direta de inconstitucionalidade. 2. Partido político. 3. Legitimidade ativa. Aferição no momento de sua propositura. 4. Perda superveniente de representação parlamentar. Não desqualificação para permanecer no polo ativo da relação processual. 5. Objetividade e indisponibilidade da ação. 6. Agravo provido" (ADI 2618 AgR-Arg, Tribunal Pleno, rel. Min. Carlos Velloso, rel. para o acórdão Min. Gilmar Mendes, j. 12.8.2004).

29. Em sentido contrário manifestam-se Darlan Barroso e Luciano Alves Rossato, *Mandado de Segurança*, cit., p. 97.

da verificação de prévia constituição e funcionamento há pelo menos um ano. Há autores, no entanto, como Inácio de Carvalho Neto, que firmaram entendimento no sentido da possibilidade de o Partido Político que não tenha representação no Congresso Nacional, mas tenha sido constituído e esteja em funcionamento há pelo menos um ano, vir a impetrar o Mandado de Segurança Coletivo valendo-se da forma de associação.[30] Não comungamos deste entendimento, uma vez que o Texto Constitucional deve ser interpretado de forma sistemática e coerente. Se há regra específica em relação aos partidos políticos, fica afastada a disposição relativa à legitimação pertinente às Associações, pois aqueles não podem ser tidos como meras formas associativas, mas sim como entes dotados de características próprias que justificam este tratamento diferenciado.

Por outro lado, ainda em relação à legitimação das entidades partidárias, antes da legislação atual não havia a indicação sobre a abrangência da sua titularidade para a impetração desta demanda mandamental, ou seja, não se definia se os partidos políticos poderiam atuar de forma ampla, defendendo qualquer interesse coletivo, ou se ficaria restrito à atuação na defesa dos interesses de seus integrantes.

Muitos autores perfilhavam entendimento no sentido de amplitude da legitimidade ativa dos Partidos Políticos, face à ausência de limitação no Texto Constitucional. As agremiações políticas, na impetração do *writ* coletivo, atuariam como verdadeiros guardiões do direito objetivo em geral, sem restrições relativas ao tema versado na demanda coletiva. Ada Pelegrini Grinover, *v.g.*, defendeu de forma enfática a ampla atuação dos Partidos Políticos como titulares de legitimidade para a impetração do Mandado de Segurança Coletivo, afirmando que esta "somente pode sofrer a restrição decorrente do texto constitucional, consistente na falta de representação no Congresso Nacional".[31] De fato, a inexistência de especificação sobre a atuação dos partidos políticos como autores desta ação mandamental chama a atenção, uma vez que em relação às organizações sindicais, entidades de classe e associações o constituinte delimitou expressamente a legitimação de tais entidades à propositura de Mandado de Segurança Coletivo para a defesa dos interesses de seus membros ou associados.

Este tratamento diferenciado entre a legitimidade dos partidos políticos e das demais formas associativas (entidades sindicais, entidades de classe e associações) também pode ser atribuído à distinção existente entre estes entes. As formas associativas em questão têm sua razão de existência na tutela dos interesses e necessidades de seus associados, o que acaba por moldar a sua legitimidade para a propositura da demanda coletiva. Esta situação, entretanto, não se repete quando se trata de partidos políticos, que assumem uma natureza associativa de caráter integralmente diverso. Estes não encontram o motivo de existência no interesse específico de seus filiados/associados, mas sim têm como objetivo atuar na defesa de interesses externos. Esta é, inclusive, a dicção estabelecida na Lei Orgânica dos Partidos Políticos (Lei 9.096/1995, art. 1º), indicando, como já destacado anteriormente, que estas entidades destinam-se a assegurar, no interesse do regime democrático, a autenticidade do sistema

30. *Manual de Processo Coletivo...*, cit., p. 188.

31. "Mandado de Segurança Coletivo...", cit., p. 19.

representativo e a defender os direitos fundamentais, definidos na Constituição.

Nelson Nery Junior reforça tal entendimento pondo em destaque dois aspectos: (a) a legitimidade dos Partidos Políticos atribuída pelo Texto Constitucional para a propositura deste *writ* coletivo encontra *ratio essendi* na função política exercida por estes entes e; (b) a exigência de representação no Congresso Nacional. Neste contexto, levando-se em consideração estes dois fatores, pode ser concluído que a legitimação dos partidos políticos nada tem a ver com os interesses coletivos ou individuais de seus membros e sim para defesa de interesses da coletividade em geral.[32]

O texto normativo atual define que a legitimidade dos Partidos Políticos para a impetração do Mandado de Segurança Coletivo fica restrita à "defesa de seus integrantes ou à finalidade partidária". Encerra-se, portanto, a celeuma doutrinária e jurisprudencial sobre esta questão. Esta, inclusive, já era a posição que vinha sendo assumida pelo Supremo Tribunal Federal anteriormente ao advento da legislação que atualmente regula este *writ* coletivo.[33]

Entretanto, note-se que não se está afirmando que o partido político fique atrelado na sua legitimação para este *writ* coletivo à defesa de interesses legítimos relativos aos seus integrantes, pois não se pode olvidar da referência normativa à *finalidade partidária*. Logo, a entidade partidária poderá impetrar Mandado de Segurança Coletivo visando à proteção de direitos líquidos e certos, violados por atos de autoridade, mesmos que estes não pertençam especificamente aos seus filiados, quando esta matéria estiver em consonância com os seus fins institucionais, constituindo objeto programático desta agremiação.

4.2 Legitimidade das organizações sindicais, entidades de classe e associações

Em relação à legitimidade das organizações sindicais, entidades de classe e associações, a legislação estabelece que esta fica restrita à "defesa de direitos líquidos e certos da totalidade, ou parte, dos seus membros ou associados, na forma dos seus estatutos e desde que pertinente às suas finalidades, dispensado, para tanto, autorização especial".

Como já ressaltado anteriormente, a atuação das entidades associativas na impetração do Mandado de Segurança Coletivo é hipótese de legitimidade autônoma, ou seja, especial, própria ou extraordinária, entendida como tal a atuação em nome próprio, embora buscando a afirmação de direito ou interesse alheio. Não há coincidência entre os sujeitos da relação material e o titular da legitimidade processual, de forma que alguém comparece em juízo para defender em nome próprio interesse alheio. Na síntese precisa formulada por Lourival Gonçalves de Oliveira: "a legitimação extraordinária conferida ao

32. "Mandado de Segurança: instituto que não alterou a natureza do mandado de segurança já constante das Constituições anteriores...", cit., p. 156.

33. "Constitucional. Processual civil. Mandado de segurança coletivo. Impugnação de exigência tributária. IPTU. 1. Uma exigência tributária configura interesse de grupo ou classe de pessoas, só podendo ser impugnada por eles próprios, de forma individual ou coletiva. Precedente: RE 213.631, rel. Min. Ilmar Galvão, *DJU* 7.4.2000. 2. O partido político não está, pois, autorizado a valer-se do Mandado de segurança coletivo para, substituindo todos os cidadãos na defesa de interesses individuais, impugnar majoração de tributo. 3. Recurso extraordinário conhecido e provido" (RE 196184, rel. Min. Ellen Gracie, j. 27.10.2004).

substituto processual não é, como na regra, fundada no interesse material deste, dependendo do resultado que se venha atribuir a interesse material do substituído. Ela é decorrente de outra relação na qual o substituto é institucionalmente destinado à satisfação de interesses comuns de seus substituídos. Nestes termos, não vem pela substituição para defender a obtenção do interesse próprio, dependente da satisfação do interesse dos substituídos, mas única e tão somente pretender o sucesso daquele".[34]

Não se deve confundir esta legitimação com aquela prevista no art. 5º, XXI, da CF, que estabelece a possibilidade das entidades associativas agirem em nome de seus associados, pois neste caso trata-se de mera representação, ou seja, situação onde a entidade está atuando em juízo para a defesa de interesses alheios e em nome alheio, caso que, inclusive, exige a prévia autorização específica de seus membros.

Entendida a questão nestes termos, o requisito da prévia autorização dos membros da associação, indicado no parágrafo único do art. 2º-A, da Lei 9.494/1997 ("nas ações coletivas propostas contra a União, os Estados, o Distrito Federal, os Municípios e suas autarquias e fundações, a petição inicial deverá obrigatoriamente estar instruída com a ata da assembléia da entidade associativa que a autorizou, acompanhada da relação nominal dos seus associados e indicação dos respectivos endereços") não tem aplicabilidade a esta espécie de *writ* coletivo.[35] Esta disposição trata de casos onde a entidade associativa atua como representante dos interesses dos seus associados.

Como reforço a este entendimento no sentido da inaplicabilidade desta exigência de autorização dos associados aos casos de legitimidade para a Ação de Mandado de Segurança Coletivo, cabe ainda lembrar que não poderia o direito infraconstitucional criar restrições ao Texto Constitucional.

O entendimento no sentido de que a atuação das associações para a utilização no Mandado de Segurança Coletivo deve ser considerada como forma de "legitimidade extraordinária" já vinha consignado no verbete da Súmula 629 do STF, nos seguintes termos: "A impetração de mandado de segurança coletivo por entidade de classe em favor dos associados independe da autorização destes".[36]

34. "Interesse processual e mandado de segurança coletivo", cit., p. 82. E o autor explica: "este entendimento é perfeitamente aplicável no exame. A substituição no Mandado de Segurança Coletivo permite verificar o interesse material do substituído consubstanciado na defesa da categoria pelos sindicatos da classe por sua entidade ou do atendimento da destinação estatutária das associações, enquanto promova a satisfação dos interesses dos substituídos".

35. Neste sentido o seguinte acórdão do STJ: "Penal. Agravo Regimental no Recurso Ordinário em Mandado de Segurança. Autorização expressa de seus associados, dispensável. Incidência da Súmula 266/STF. Agravo conhecido e parcialmente provido. 1. Consoante entendimento do Superior Tribunal de Justiça, em Mandado de Segurança Coletivo, dispensa-se a autorização expressa ou a relação nominal dos associados substituídos, uma vez que as associações atuam em regime de substituição processual autônoma. 2. 'Não cabe mandado de segurança contra lei em tese' (Súmula 266/STF). 3. Agravo regimental conhecido e parcialmente provido para afastar a obrigatoriedade de autorização expressa ou a relação nominal dos associados no caso de Mandado de Segurança Coletivo" (STJ, 5ª T., Ag. Reg. no RMS 15854-SP, rel. Min. Arnaldo Esteves Lima, j. 29.9.2009).

36. Angélica Arruda Alvim e Eduardo Arruda Alvim, sob a natureza da legitimidade especial para a impetração do Mandado de Segurança, observam ainda: "no que diz respeito à tutela dos interesses individuais homogêneos, pode-se,

A expressão "organizações sindicais" compreende os sindicatos, as federações e confederações sindicais, tanto de empregadores como de empregados do setor privado ou público. A legitimidade atribuída a estas entidades para a impetração do Mandado de Segurança Coletivo está em consonância com a atribuição que lhe é taxada pelo Texto Constitucional, no seu art. 8º, III, ao estabelecer que "ao sindicato cabe a defesa dos direitos e interesses coletivos ou individuais da categoria, inclusive em questões judiciais e administrativas".

As entidades de classe são associações que congregam profissionais vinculados à determinada atividade, ficando sua legitimidade para a impetração do Mandado de Segurança Coletivo restrita à defesa dos interesses dos membros da categoria.[37]

Tanto no caso das entidades sindicais, como nas entidades de classe, não há vinculação ao requisito da prévia constituição há um ano, pois nestes existe certo rigor formal em relação a sua criação, o que tornaria muito improvável que estes viessem a ser constituídos apenas para obter a legitimação para a utilização do Mandado de Segurança Coletivo.

A referência às "associações" tem caráter residual, compreendendo todas as demais formas associativas que ficam abrangidas pela regra constitucional da liberdade de associação (CF, art. 5º, XVII: "é plena a liberdade de associação para fins lícitos, vedada a de caráter paramilitar"), constituindo-se pela união de pessoas que se organizam para fins não econômicos (art. 53 do CC). No caso destas entidades deve ser observado o requisito da constituição há pelo menos um ano.

O art. 21, II, da Lei 12.016/2009, incorporou ao texto normativo regulamentador do Mandado de Segurança Coletivo a possibilidade de utilização desta garantia constitucional para a defesa dos interesses de apenas parte dos associados ou membros do impetrante. Segue-se, assim, o entendimento manifestado no verbete da Súmula 630 do STF: "a entidade de classe tem legitimidade para o mandado de segurança ainda quando a pretensão veiculada interesse apenas a uma parte da respectiva categoria".

4.3 O requisito da pertinência temática

Trata-se também de questão polêmica, antes da edição do atual diploma legal. A doutrina compreendia de dois modos a

com alguma propriedade, falar em substituição processual, mas, ainda assim, deve-se ter presente a regra do § 2º, do art. 103, consistente em que, se os indivíduos, isoladamente considerados, não tiverem intervindo no processo como litisconsortes, poderão propor ação de indenização a título individual, de tal sorte que, também aqui, o regime não é propriamente o da substituição processual, regrado pelo CPC. Na verdade, não é possível transpor livremente os conceitos do processo individual para o processo coletivo, especialmente no tocante à legitimidade" (*Aspectos do Mandado de Segurança Coletivo no Direito Tributário. Tutela Jurisdicional Coletiva*, Coord. Fredie Didier Jr. e José Henrique Mouta, Salvador, Juspodivm, 2009, p. 20).

37. Este entendimento já vinha sendo perfilhado pelo STJ: "Recurso ordinário – Mandado de Segurança Coletivo – Impugnação ao edital de concurso – Sindicato de Servidores ativos e inativos – Legitimidade ativa. I – Na hipótese dos autos, o alegado direito líquido e certo não está compreendido na titularidade dos associados ao sindicato, ou seja, a pretensão do recorrente – invalidação de edital de concurso – é alheia aos interesses dos associados que o integram. II – Não tem legitimidade para impetrar mandado de segurança coletivo o sindicato que defende interesses alheios aos de seus associados. III – Recurso ordinário desprovido" (5ª T., RMS 16753-PA, rel. Min. Felix Fischer, j. 7.3.2006).

legitimação para a impetração do Mandado de Segurança Coletivo. O primeiro dos posicionamentos era no sentido restritivo, entendendo que cada um dos legitimados teria legitimidade apenas no interesse de seus membros ou associados. De acordo com esse entendimento, um partido político, por exemplo, não poderia jamais impetrar Mandado de Segurança Coletivo contra um ato ilegal da autoridade que haja lesado, digamos, os ganhos salariais de seus membros, mesmo considerando que essa agremiação política congregasse exclusivamente assalariados. É que a legitimação do partido político para o Mandado de Segurança Coletivo ficaria limitada à defesa dos interesses de seus filiados, enquanto membros do partido, e não enquanto operários. A legitimação, neste caso, caberia à respectiva organização sindical, a que a Constituição também confere legitimidade para estar em juízo, na defesa do interesse de seus associados. De outra banda encontramos argumentos favoráveis a uma interpretação mais abrangente, permitindo a atuação dos legitimados para o Mandado de Segurança Coletivo em matérias não afetas à sua finalidade.

A opção do legislador foi pela primeira corrente, consignando esta escolha na parte final do art. 21 da Lei 12.016/2009, ao dispor "e desde que pertinentes às suas finalidades". Assim, para que os entes que recebem legitimidade extraordinária para a impetração do Mandado de Segurança Coletivo possam atuar é indispensável a ocorrência de pertinência temática, ou seja, que exista uma correspondência do interesse que se pretende tutelar por meio da ação coletiva e os fins institucionais da entidade associativa em questão (finalidade, programa, objetivo institucional).[38]

Esta restrição está de acordo com a melhor forma de instrumentalização racional das demandas coletivas, pois se coaduna perfeitamente com a presença da legitimação processual extraordinária, valoriza a especialização da associação, que possui maior conhecimento específico para lidar com a matéria debatida na lide e limita a possibilidade de desvio de finalidade da entidade associativa.

Note-se que não há necessidade da associação conter em seu estatuto previsão própria que lhe autoriza o manuseio do Mandado de Segurança Coletivo em juízo, pois esta legitimação é atribuída pelo Texto Constitucional. O que se exige é que o objeto da demanda coletiva guarde afinidade com os fins da entidade impetrante.

5. Questões procedimentais do Mandado de Segurança Coletivo

5.1 A necessidade de prévia oitiva do Advogado Público para a concessão de liminar no Mandado de Segurança Coletivo

A legislação que atualmente concentra a regulamentação do Mandado de

38. Em sentido diverso, mostrando uma visão mais flexível sobre a necessidade de pertinência temática, Fernando da Fonseca Gajardoni entende que "o objeto do *writ* não precisa estar diretamente atrelado ao objetivo institucional da entidade. Basta que tenha relação com o móvel organizacional e pronto: os direitos dos filiados podem ser defendidos pelo mandado de segurança coletivo. Assim, embora não se afaste a pertinência temática – como era sustentado por alguns, sob o fundamento de que o direito a ser tutelado era dos associados, independentemente dos fins da entidade – admite-se que o mandado de segurança coletivo se preste para a tutela de direitos que não sejam próprios, característicos da categoria" (*Comentários à nova Lei de Mandado de Segurança*, cit., p. 100).

Segurança ratifica algumas restrições à concessão de liminares, como ocorre no art. 7º, § 2º, deste regramento, ao estabelecer que não seja concedida medida liminar que tenha por objeto a compensação de créditos tributários, a entrega de mercadorias e bens provenientes do exterior, a reclassificação ou equiparação de servidores públicos e a concessão de aumento ou a extensão de vantagens ou pagamento de qualquer natureza.

No caso do Mandado de Segurança Coletivo, reforçando os termos do disposto no art. 2º da Lei 8.437/1992,[39] a nova regulamentação mantém a determinação no sentido de que a medida liminar neste *writ* coletivo só possa ser concedida após a audiência do representante judicial da pessoa jurídica de direito público, que deverá se pronunciar no prazo de 72 horas (art. 22, § 2º, da Lei 12.016/2009).

A jurisprudência dos Tribunais Superiores já vinha se mostrando acolhedora desta restrição normativa, considerando-a plenamente compatível com as normas constitucionais e em compasso com a necessária imposição de cautela na concessão de liminares em desfavor de Entes Públicos, taxando de nula a liminar concedida sem a observância desta prévia audiência da pessoa jurídica de direito público.[40]

Em verdade, conquanto não proibindo a eventual concessão de liminar em face do Poder Público, na prática, o art. 22, § 2º, do referido diploma legal, estabelece uma restrição ou condicionamento formal à referida possibilidade, justamente porque, processualmente, exige a prévia audiência do representante judicial da pessoa jurídica de direito público.[41]

Considerando o princípio da utilidade das normas processuais, a oitiva prévia do Poder Público somente tem sentido quando houver a possibilidade de concessão da referida liminar, pois se o julgador concluir de plano pelo seu indeferimento, não necessitará, para tanto, aguardar a prévia manifestação da procuradoria do Órgão Estatal.

Ainda, atentando-se para a exata dicção normativa, a exigência de prévia oitiva do representante judicial ocorre apenas quando o Mandado de Segurança Coletivo tiver por objeto o questionamento de ato de pessoa jurídica de direito público, pois sendo uma regra de restrição à tutela específica deste *writ*, a interpretação a ser dada ao texto normativo deve ser de ordem restritiva. Nos casos de Mandado de Segurança Coletivo em relação a ato de particular no exercício de função pública a exigência de prévia audiência não subsiste.

Tal limitação, assim como ocorre em relação a diversas outras situações que envolvem o deferimento de tutelas de urgência, deve ser mitigada pelas peculiaridades do caso concreto, a fim de evitar que restrições legislativas formais

39. "Art. 2º. No mandado se segurança coletivo e na ação civil pública, a liminar será concedida, quando cabível, após a audiência do representante judicial da pessoa jurídica de direito público, que deverá se pronunciar no prazo de setenta e duas horas".

40. "Processual – Ação Civil Pública – Mandado de Segurança Coletivo – Liminar – Oitiva do Poder Público – Lei 8.437/1992, art. 2º. I – No processo de mandado de segurança coletivo e de ação civil pública, a concessão de medida liminar somente pode ocorrer, setenta e duas horas após a intimação do Estado (Lei n. 8.347/1992, art. 2º). II – Liminar concedida sem respeito a este prazo é nula" (STJ, 1ª T., rel. Min. Humberto Gomes de Barros, j. 21.10.96).

41. Teori Albino Zavascki (*Antecipação da Tutela*, 3ª ed., São Paulo, Saraiva, 2000, pp. 171-174) defende a constitucionalidade das limitações previstas na Lei 8.437/1992.

venham a tornar ineficaz a efetiva tutela jurisdicional aos direitos materiais que necessitam de tutela imediata. O magistrado, dependendo das circunstâncias do caso concreto, poderá se valer do princípio da proporcionalidade,[42] para conceder a liminar *inaudita altera parte*. Entretanto, para que se afaste eventual alegação de nulidade processual, nestes casos especiais, onde o julgador afasta a incidência da norma contida no art. 22, § 2º, da Lei 12.016/2009, caberá ao julgar apresentar a devida fundamentação, que é exigível, inclusive, por força do disposto no art. 93, IX da CF.[43]

5.2 O procedimento do Mandado de Segurança Coletivo

A temática procedimental do Mandado de Segurança Coletivo sempre foi um assunto causador de discórdia entre os juristas que se dedicam a este assunto, o que decorre da lacuna constitucional sobre o rito a ser seguido neste *writ* coletivo, proporcionando o surgimento de debates quanto ao adequado itinerário processual a ser seguido nesta demanda.

42. Ao tratar do tema, leciona Daniel Zanetti Marques Carneiro: "Em verdade, a questão aqui tratada contém em si um nítido conflito entre valores igualmente fundados na Constituição Federal, quais sejam a esperada efetividade da tutela jurisdicional e a necessária e adequada tutela do interesse público estatal, de modo que, tecnicamente, não se afigura adequado prestigiar apenas um em detrimento do outro, notadamente pela indisfarçável conotação principiológica de cada qual, e, conforme noções cediças, a resolução de eventuais conflitos de princípios não se resolve com a opção de um em detrimento de outro, mas sim mediante a harmonização dos valores em potencial conflito. (...). Daí que tecnicamente, o mais adequado seria uma interpretação do art. 22, parágrafo 2º, da Lei 12.016/09 conforme a Constituição, justamente para o fim de conferir-lhe uma relativização com vistas a permitir ao magistrado que, diante de casos concretos em que o interesse individual (coletivo) apresente iminente risco de dano irreparável, ainda que sem eventual audiência prévia do representante judicial da Fazenda Pública, possa deferir a liminar eventualmente pleiteada, desde que, igualmente, não implique risco de dano irreparável ao interesse público. Na prática, sob a premissa retrossugerida, a questão acaba ficando sob o prudente arbítrio do juiz, critério validamente admitido pela legislação em mais de uma passagem. De qualquer forma, a conclusão sobre qual opção trilhar ficará na dependência da adequada análise do caso concreto, não cabendo, *a priori*, cogitar-se pura e simplesmente de possível inconstitucionalidade do art. 22, § 2º, da Lei do Mandado de Segurança, mesmo porque, como já referido linhas atrás, vige em nosso ordenamento o princípio da presunção de constitucionalidade das leis e demais atos normativos em geral, de modo que a dúvida milita em favor da lei" ("Mandado de Segurança: considerações pontuais sobre a recém editada Lei 12.016, de 7 de agosto de 2009", *Revista Dialética de Direito Processual*, n. 80, p. 27).

43. Antonio Hermann Benjamin e Gregório Assagra de Almeida, ao tecerem comentários em relação a esta previsão normativa que vincula a concessão de liminar em Mandado de Segurança coletivo à previa audiência do representante da pessoa jurídica de direito público, argumentam que "a única forma de evitar que o § 2º do art. 22 da Lei n. 12.016/2009 não caia no mesmo vício é entendê-lo como uma saudável diretriz que assegura, em cada caso concreto, o estabelecimento prévio dos princípios do contraditório e da ampla defesa, que também tem expressa estatura constitucional. É a posição com a qual concordamos. Em época da valorização da prevenção de danos – mais recentemente fala-se, inclusive em precaução – seria mutilar e enfraquecer a prestação jurisdicional, e com isso ofender o texto constitucional, a tentativa do legislador de inviabilizar liminar cuja ausência significasse a negativa do paradigma do Direito de riscos e o retorno paradigma do Direito de danos" (*Comentários à nova Lei do Mandado de Segurança*, Coordenadores: Napoleão Nunes Maia Filho, Caio Cesar Vieira Rocha e Tiago Asfor Rocha Lima, São Paulo, Ed. RT, 2010, p. 323).

As discussões sobre os aspectos procedimentais do Mandado de Segurança Coletivo se polarizaram em dois sentidos. De um lado estão aqueles que julgam adequado a utilização da estrutura procedimental da modalidade individual desta demanda mandamental, apenas com atenção à legitimidade e objeto específicos. De outra banda, encontramos autores que centralizam sua atenção no aspecto coletivo desta ação e, portanto, sugerem a aproximação do rito aquele atribuído às demandas de caráter coletivo em geral.

Este debate justifica-se, ainda, pela própria natureza *sui generis* desta ação, que, ao mesmo tempo em que representa espécie do gênero *mandado de segurança*, com rito sumarizado e vinculado a um procedimento eminentemente documental e célere, também assume perfil de verdadeira ação coletiva. Teori Albino Zavaski enfatiza a dupla face da Ação de Mandado de Segurança Coletivo, propondo a busca de adequação entre estas características "(a) de uma ação sumária, que por isso mesmo deve guardar os contornos essenciais do mandado de segurança; mas também (b) a de uma demanda coletiva que, sob pena de comprometer a peculiar natureza que assume com essa configuração, não se presta a exame particular e individualizado dos direitos subjetivos objeto da proteção".[44]

Seguindo-se ainda a lição de Teori Albino Zavaski, para que se possa traçar um adequado roteiro procedimental a ser seguido no Mandado de Segurança Coletivo, deveremos inicialmente identificar o seu objeto, se referente a direito coletivo em sentido estrito ou direito individual homogêneo. Na primeira hipótese, o rito a ser perfilhado será idêntico àquele fixado para a modalidade individual desta ferramenta constitucional. Entretanto, quando a causa coletiva envolver como conteúdo direito individual homogêneo, será necessária certa adequação procedimental a fim de torná-lo compatível com esta modalidade de conteúdo especial.

Embora a matriz do roteiro processual do Mandado de Segurança que tenha por objeto direito individual homogêneo seja aquela destinada ao *writ* na sua forma tradicional (competência, requisitos da petição inicial, atuação da autoridade coatora e do Ministério Público, prazos), haverá a necessidade de serem realizadas determinadas adaptações, para que se possa manter o sentido da ação como de caráter coletivo. Haverá uma forma especial de delimitação do conteúdo e, por consequência, da atividade cognitiva, na medida em que o objeto da lide não poderá compreender a situação particular do direito líquido e certo de cada substituído, mas sim deverá ser centralizada no que os direitos individuais tutelados têm em comum, ou seja, no seu conteúdo uniforme, no seu núcleo de homogeneidade.[45] As peculiaridades dos direitos de cada substituído poderão ser trazidas à análise apenas após a sentença, na fase de cumprimento do julgado. Na dicção de Teori Albino Zavaski "concedida a segurança e notificada a autoridade impetrada da ordem para sustar a ameaça ou para promover a devida reparação dos direitos violados, abre-se oportunidade para exame de situações individuais que, por alguma razão, possam não estar beneficiadas pela sentença".[46]

Como decorrência lógica da cognição diferenciada, a sentença ficará restrita

44. *Comentários à nova Lei do Mandado de Segurança*, cit., p. 280.

45. Idem, pp. 290-291.

46. Idem, p. 291.

a estes aspectos comuns do direito dos substituídos, dotada, assim, de razoável grau de generalidade.

5.3 Litispendência e Mandado de Segurança Coletivo

De acordo com a teoria da tríplice identidade, adotada pela nossa sistemática processual, ocorre a litispendência entre duas ou mais demandas em curso, quando lhes for comum as partes, a causa de pedir e o pedido. Em sendo verificada a ocorrência de litispendência – *litis pendente* – é preservada a demanda mais antiga, entendida como tal aquela em que foi realizada a primeira citação válida, em comparação com as outras ações que tenham os mesmos elementos identificadores.

Nos processos coletivos a questão da verificação da litispendência em relação aos feitos de natureza individual já se encontra razoavelmente resolvida na doutrina e na práxis dos tribunais. Considerando a diversidade de partes, de objeto – tutela de direito coletivo e de direito individual –, e por consequência de causa de pedir e pedido, não se pode cogitar da existência de litispendência entre as demandas coletivas e as singulares.

No Mandado de Segurança a situação não é diversa, pois não há que se falar em litispendência entre a demanda de Mandado de Segurança Individual e o Coletivo, embora ambos tenham por objetivo impugnar o mesmo ato, taxado de arbitrário. Como na versão coletiva, a legitimidade ativa é concentrada nos partidos políticos, organizações sindicais, entidades de classe e associações, enquanto na demanda individual a impetração é realizada pela pessoa natural ou jurídica que tem o seu direito líquido e certo violado, logicamente que não se poderá visualizar a ocorrência de litispendência entre estas. Na verdade, é situação de mera conexão que, por força da lei adjetiva, poderá vir a acarretar a vinculação procedimental destas ações.

O mesmo raciocínio também deverá ser utilizado no caso de existência de mais de uma demanda de Mandado de Segurança Coletivo, impetrado por entidades legitimadas distintas, mas enfrentando o mesmo objeto. Também aqui não haverá a tríplice identidade identificadora da litispendência, mas poderá ser verifica a conexão entres estas ações coletivas. Interpretação distinta reduziria a previsão constitucional de legitimação extraordinária para a impetração do Mandado de Segurança Coletivo, que ficaria restrita apenas àquele que em primeiro viesse a promover o *writ* coletivo, com a exclusão dos demais legitimados.[47] O Superior Tribunal de Justiça, no entanto, já teve oportunidade de se manifestar reconhecendo a ocorrência de litispendência em relação a Mandados de Segurança impetrados por associação e por sindicato, atuando como representantes da mesma categoria profissional.[48]

47. Neste sentido, Darlan Barroso e Luciano Alves Rossato, *Mandado de Segurança*, cit., p. 100.

48. "Recurso ordinário em mandado de segurança – Ação coletiva – Direitos coletivos – Impetração de dois mandados de segurança por duas entidades representativas da mesma categoria profissional – Mesma causa de pedir – Identidade parcial dos pedidos – Continência – Configuração. I – O aspecto subjetivo da litispendência nas ações coletivas deve ser visto sob a ótica dos beneficiários atingidos pelos efeitos da decisão, e não pelo simples exame das partes que figuram no polo ativo da demanda. Assim, impetrados dois mandados de segurança por associação ou por sindicato, ambos representantes da mesma categoria profissional, os substituídos é que suportarão os efeitos da decisão, restando, assim, caracterizada a identidade das partes. II – Em face da identidade parcial dos pedidos, em razão de ser um mais

Antonio Herman Benjamin e Gregório Assagra de Almeida, embora reconheçam a possibilidade de identidade de ações coletivas ajuizadas por legitimados distintos, entendem que não seria razoável realizar a extinção da demanda repedida sem julgamento do mérito, como determina o art. 485, V, do Código de Processo Civil de 2015 [*art. 267 do CPC/1973*]. Na visão destes doutrinadores, seria mais adequado que simplesmente se aplicasse ao caso as regras da conexão, o que poderia servir para fortalecer a tutela coletiva e evitar prejuízo a interesse social decorrente da extinção de uma das ações coletivas,[49] com o que concordamos plenamente.

5.4 A coisa julgada na Ação de Mandado de Segurança Coletivo

Até a edição da Lei 12.016/2009 a coisa julgada no Mandado de Segurança Coletivo não estava regulamentada. Como o Código de Processo Civil não tutela direitos de natureza coletiva, a aplicabilidade dos dispositivos legais relativos à coisa julgada encontrava-se de pronto afastada. Assim, diante da lacuna legislativa, não restava alternativa, frente aos pontos de contato do Mandado de Segurança Coletivo com as ações coletivas em geral, senão a defesa da aplicabilidade da mesma disciplina jurídica do Código de Defesa do Consumidor também a este instrumento processual coletivo, de modo que a coisa julgada ocorreria *secundum eventum litis* (art. 103 do CDC).

Efetivamente vige nas ações coletivas em geral um regime próprio no tocante à coisa julgada, em razão de que a mesma atinge terceiros, que não participaram da relação processual ao contrário do que ocorre nas ações individuais. Daí falar-se em efeitos *erga omnes* ou *ultra partes*, dependendo da natureza do interesse tutelado.

E mais. A produção concreta destes efeitos respectivos ficará na dependência do que for decidido no processo. Ou seja, a coisa julgada se dará *secundum eventum litis*, vale dizer, operando-se apenas diante de determinadas circunstâncias. Diversamente do que ocorre no processo civil tradicional, no processo coletivo afigura-se possível que uma sentença de improcedência, de cognição exauriente, não tenha força declaratória suficiente para produzir a coisa julgada material, notadamente na hipótese de insuficiência de provas. Esta foi a sistemática adotada pelo Código de Defesa do Consumidor, que pode ser assim sintetizada: (a) *erga omnes*, nas ações que tutelarem direitos difusos, tanto no caso de procedência quanto de improcedência, com exceção da improcedência por insuficiência de provas; (b) *ultra partes*, nas ações que tutelarem direitos coletivos em sentido estrito, tanto no caso de procedência quanto de improcedência, com exceção da improcedência por insuficiência de provas; (c) *erga omnes*, nas ações que tutelarem direitos individuais homogêneos, apenas no caso de procedência.

A disciplina da coisa julgada no mandado de segurança coletivo vem disciplinada no art. 22, *caput*, da Lei 12.016/2009, *in verbis*: "No mandado de segurança coletivo, a sentença fará coisa

abrangente que o outro, configura-se a continência, que é espécie de litispendência parcial. III – Inviável, porém, a reunião de processos, tendo em vista que já julgado um deles (Súmula 235/STJ), impondo-se, por consequência, a extinção parcial do presente *writ* na parte em que apresenta o mesmo pedido. Recurso ordinário parcialmente provido, para determinar o retorno dos autos ao e. Tribunal, *a quo*, para que julgue o *mandamus*" (STJ, 5ª T., RMS 24196, rel. Min. Felix Fischer, j. 18.2.2008, p. 46).

49. *Comentários à nova Lei do Mandado de Segurança*, cit., p. 320.

julgada limitadamente aos membros do grupo ou categoria substituídos pelo impetrante". Note-se que não houve restrição aos membros do grupo filiados a entidade que atuou como impetrante do *mandamus*, bastando que o indivíduo pertença ao grupo ou categoria substituídos.[50]

A coisa julgada na ação de Mandado de Segurança Coletivo abrange a entidade que o impetrou, bem como os seus membros, tanto no caso de procedência ou improcedência deste *writ* coletivo, em caráter *erga omnes ou ultra partes*. Levando-se em consideração o fato de que a petição inicial desta demanda coletiva não necessita – e nem deve – ser acompanhada da listagem dos substituídos, é de se concluir que a decisão fará coisa julgada em relação a todos aqueles que, ao tempo da produção dos efeitos judiciais da coisa julgada, pertençam à categoria ou ao grupo de pessoas substituídas, independentemente de filiação a entidade impetrante. Assim, já decidiu o Superior Tribunal de Justiça, na vigência da legislação atual, frisando que a coisa julgada no Mandado de Segurança Coletivo a todos aproveita, seja aos filiados à entidade impetrante, seja aos que integrem a classe titular do direito coletivo em questão.[51] Como enfatizam Darlan Barroso e Luciano Alves Rossato, interpretação distinta levaria ao caos jurídico, pois para cada novo membro da categoria ou grupo seria necessária a propositura de nova ação, o que se mostra contrário ao espírito destas ações coletivas.[52]

Neste aspecto o regramento normativo pertinente à abrangência da coisa julgada da sentença proferida em sede de Mandado de Segurança Coletivo afasta-se da sistemática tradicionalmente destinada às demandas coletivas em geral, vinculada aos preceitos da coisa julgada *secundum eventum litis*, que alcança os membros da entidade legitimada para a ação coletiva apenas para beneficiar os membros da categoria, ou *secundum eventum probationes*, afastando a coisa julgada material em caso de improcedência por falta de provas. Afasta-se também a limitação territorial, imposta pelo art. 16 da Lei da Ação Civil Pública.

Do mesmo modo, esta nova dicção legislativa expõe a necessidade de verificação da subsistência da regra estabelecida no *caput* do art. 2º-A, da Lei 9.494/1997, no sentido de que "a sentença civil prolatada em ação de caráter coletivo proposta por entidade associativa, na defesa dos interesses e direitos dos seus associados, abrangerá apenas os substituídos que tenham, na data da propositura da ação, domicílio no âmbito da competência territorial do órgão prolator".

Se levarmos em consideração o princípio tradicional de composição de conflitos de leis no tempo, no sentido de que a legislação nova que cuide integralmente da matéria revoga tacitamente a norma anterior (art. 2º, § 1º da Lei de Introdução às normas do Direito Brasileiro – "A lei posterior revoga a anterior quando expressamente o declare, quando seja com ela incompatível ou quando regule inteiramente a matéria de que tratava a lei anterior"), a conclusão lógica é no sentido de que a determinação constante do *caput* do art. 2º-A, da Lei 9.494/1997 não tem aplicabilidade ao Mandado de Segurança Coletivo.

Por outro lado, na exata medida em que o Mandado de Segurança Coletivo tutela interesses coletivos em sentido estrito e individuais homogêneos, o ideal, ou

50. Neste sentido há precedente do STJ: 1ª T., AgRg no Ag 435851, rel. Min. Luiz Fux, *DJU* 19.5.2003.

51. STJ, 6ª T., Agravo Regimental no Recurso Especial 1062258-DF, j. 17.9.2009.

52. *Mandado de Segurança*, cit., p. 105.

mesmo esperado, seria que a nova disciplina seguisse o critério até então adotado da coisa julgada *secundum eventum litis*. Entretanto, o que se depreende do art. 22, *caput*, da Lei 12.016/2009 é que no Mandado de Segurança Coletivo, a coisa julgada dar-se-á *ultra partes* ou *erga omnes*, sem qualquer ressalva quanto à procedência ou não da pretensão deduzida em juízo; neste particular, distancia-se da disciplina até então aplicada, de modo que não há que se pode cogitar da coisa julgada *secundum eventum litis*, por ausência de previsão legal neste sentido. Aliás, a legislação mandamental sequer prevê a possibilidade de aplicação subsidiária das Leis 7.347/1985 e 8.078/1990 ao instituto disciplinado.[53]

Não é demasiado lembrar que o art. 19 da Lei do Mandado de Segurança determina que a sentença ou acórdão que denegar a segurança "não impedirá que o requerente, por ação própria, pleiteie os seus direitos e os respectivos efeitos patrimoniais". Assim, é induvidoso que, se aplicando esse dispositivo legal ao Mandado de Segurança Coletivo, será plenamente possível ao interessado pleitear individualmente seu suposto direito em ação própria.

No tocante à ressalva da não produção de coisa julgada diante da insuficiência de provas, não há que ser aplicada ao Mandado de Segurança Coletivo, como ocorre na ação civil pública, ou mesmo na ação civil coletiva, pois não há que se falar em uma fase prévia de instrução probatória, justamente em razão da necessidade de certeza e liquidez do direito posto em causa. Se não houver prova do direito líquido e certo, ausente estará um dos requisitos à concessão do *mandamus*, que impedirá a respectiva apreciação do mérito, aplicando-se neste caso, o art. 19, acima transcrito.

5.4.1 A coisa julgada no Mandado de Segurança Coletivo e as ações individuais em curso

O § 1º do art. 22 da Lei 12.016/2009 consigna que o Mandado de Segurança Coletivo não induz litispendência para as ações individuais, mas os efeitos da coisa julgada não beneficiarão o impetrante a título individual se não requerer a desistência de seu Mandado de Segurança Individual no prazo de 30 dias a contar da ciência comprovada da impetração da demanda coletiva.[54]

Neste contexto, de acordo com a sistemática agora em vigor, havendo a tramitação concomitante do *writ* individual e coletivo, serão desenvolvidas três possibilidades: (a) o impetrante individual

53. Neste sentido, Daniel Zanetti Marques Carneiro ("Mandado de Segurança: considerações pontuais sobre a recém editada Lei 12.016...", cit., pp. 16-32).

54. Na visão de Bruno Garcia Redondo, Guilherme Peres de Oliveira e Ronaldo Cramer: "as ações individuais, mencionadas na norma, devem ser entendidas não apenas como mandados de segurança individuais, mas também como qualquer ação individual que possa gerar, para o indivíduo, o mesmo resultado do mandado de segurança coletivo. Assim, o autor de uma ação de conhecimento poderá se beneficiar do mandado de segurança coletivo, se sua demanda individual for capaz de produzir o mesmo resultado que o writ coletivo" (*Mandado de Segurança, Comentários à Lei 12.016/2009*, São Paulo, Método, 2009, p. 155. Não comungamos deste entendimento, pois acreditamos que a referência normativa em tela deva ficar restrita aos limites de influência do Mandado de Segurança Coletivo sobre o individual, sem a extensão a outras espécies de demandas. Não cabe ao intérprete restringir em casos onde a lei não o faz.

poderá desistir da sua demanda e aguardar o julgamento do Mandado de Segurança Coletivo e, em caso de êxito deste, aproveitar os efeitos da coisa julgada coletiva; (b) ou, no caso de improcedência da demanda coletiva, voltar a valer-se do *writ* individual – o que dificilmente será viável face ao restrito prazo decadencial de 120 dias – ou valer-se de ação própria, de cognição plenária, para discutir a sua pretensão; (c) na situação do o titular do Mandado de Segurança Individual optar por persistir no seu pleito isolado, em nada terá proveito em relação a eventual resultado favorável na lide coletiva.

Novamente aqui a legislação do Mandado de Segurança também se distancia da nossa tradição normativa nas demandas de caráter coletivo, em especial da compreensão expressada no art. 104 do Código de Defesa do Consumidor, estabelecendo que a mera suspensão das ações individuais para que a parte possa se beneficiar da sentença da ação coletiva, o que tem sido alvo de críticas por parte da doutrina especializada.[55]

No entanto, entendemos que essa regra demonstra coerência com a abrangência da coisa julgada nas ações coletivas, que é de justamente evitar o ajuizamento de ações individuais. A coisa julgada coletiva – com a sistemática agora adotada pela Lei 12.016/2009 – é um excelente mecanismo de reduzir o número de demandas massificadas. Não faz sentido que em casos semelhantes haja milhares de demandas com o mesmo objeto e idêntica causa de pedir, que apenas acabam "emperrando" o bom andamento da máquina judiciária, em prejuízo ao julgamento de outras demandas, de igual ou até de superior relevância. Consideramos que o preceito é absolutamente elogiável, e vai ao encontro do princípio constitucional que prevê a duração do processo dentro de um prazo razoável como direito fundamental (art. 5º, LXXVIII, da CF). Este deveria ser, inclusive, o critério para as demais ações coletivas, e não tão somente para o Mandado de Segurança Coletivo.[56]

Tal sistemática normativa sobre os efeitos da coisa julgada na Ação de Mandado de Segurança Coletivo coloca maior responsabilidade processual na escolha demandante individual, impondo-lhe o ônus de decidir se quer continuar com o seu litígio individual ou aderir à sorte da demanda coletiva. É a adoção do modelo norte-americano chamado *opt in* e *opt on*, típico das *class actions*. Se o impetrante do Mandado de Segurança Individual optar pelo prosseguimento da sua demanda, poderá ocorrer da ordem vir a ser denegada e, posteriormente, não poderá recorrer à concessão da segurança coletiva. Nesta hipótese, o impetrante do *mandamus* individual não será beneficiado

55. Antonio Herman Benjamin e Gregório Assagra de Almeida manifestam-se no sentido de que os dois sistemas – da Lei 12.016/2009 e do Código de Defesa do Consumidor – devem conviver harmonicamente: "assim, com base na doutrina do diálogo das fontes, formulação genial de Erik Jayme popularizada no Brasil por Cláudia Lima Marques, é mais razoável e conforme ao espírito da Constituição que o impetrante opte por: a) requerer a desistência da impetração individual ou, b) requerer a simples suspensão (sobrestamento) do seu mandado de segurança individual. Essa segunda opção prestigia o máximo aproveitamento dos autos processuais e evita a extinção do processo individual sem que o impetrante tenha certeza de que não precisará novamente propor a mesma demanda" (*Comentários à nova Lei do Mandado de Segurança*, cit., p. 321).

56. Em sentido contrário posicionam-se, entre outros, Luiz Rodrigues Wambier e Rita de Cássia Corrêa de Vasconcelos ("O mandado de segurança na disciplina da Lei 12.016...", cit., p. 205).

pela coisa julgada coletiva. Prevalecerá a coisa julgada individual.

Cabe frisar quer esta escolha realizada pelo titular da ação individual, por uma questão de ordem lógica, abrange não apenas a questão pertinente aos efeitos da sentença, mas também envolve a decisões liminares proferidas em um ou outro feito.

6. Considerações finais

Ao final desse breve ensaio acerca do regramento do Mandado de Segurança Coletivo, resta evidenciada a cautela excessiva do legislador que evitou conceber normatização mais completa sobre esse tema de tamanha relevância jurídica para a consagração da efetividade do processo coletivo em nosso País. Tal postura legislativa deixa o sabor de um sentimento de frustração entre os agentes jurídicos, carentes de uma estrutura procedimental segura, forte e comprometida com o ideal de busca de concretização de um processo civil de resultado.

Levando-se em consideração o conteúdo especial do Mandado de Segurança Coletivo, esta importante ferramenta constitucional mereceria ser efetivada por procedimento diferenciado apto a absorver e dar vazão à sua característica *coletiva*. É mister que o legislador tome consciência que não se pode colocar em discussão judicial demandas de caráter coletivo sob o mesmo itinerário procedimental forjado para as ações onde são debatidos os interesses de natureza individual.

No entanto, a regulamentação trazida a lume pela Lei 12.016/2009 tem como aspecto positivo o fato de ter dado o primeiro passo na normatização infraconstitucional do Mandado de Segurança Coletivo, reacendendo debates que já se encontravam amainados e desanimados. Mas acreditamos que este é apenas o início de um longo percurso, que deverá ter como destino a criação de legislação exclusiva e apta a regular integralmente o Mandado de Segurança Coletivo.

Referencias bibliográficas

ALVIM, Angélica Arruda; ALVIM, Eduardo Arruda. *Aspectos do Mandado de Segurança Coletivo no Direito Tributário. Tutela Jurisdicional Coletiva.* Coordenadores: Fredie Didier Jr. e José Henrique Mouta. Salvador, Juspodium, 2009.

BARROSO, Darlan; ROSSATO, Luciano Alves. *Mandado de Segurança.* São Paulo, Ed. RT, 2009.

BENJAMIN, Antonio Herman; ALMEIDA, Gregório Assagra. *Comentários à nova Lei do Mandado de Segurança.* Coordenadores: Napoleão Nunes Maia Filho, Caio Cesar Vieira Rocha e Tiago Asfor Rocha Lima. São Paulo, Ed. RT, 2010.

BUENO, Cassio Scarpinella. *A nova Lei do Mandado de Segurança.* São Paulo, Saraiva, 2009.

________. *Curso Sistematizado de Direito Processual Civil*, vol. 1. São Paulo, Saraiva, 2007.

CALMON DE PASSOS, J. J. *Mandado de Segurança Coletivo, Mandado de Injunção e "Habeas Data".* Rio de Janeiro, Forense, 1989.

CAPPELLETTI, Mauro. "Acesso à Justiça", *Revista do Ministério Público*, n. 18, p. 9.

CARNEIRO, Daniel Zanetti Marques, "Mandado de segurança: considerações pontuais sobre a recém-editada Lei 12.016, de 7 de agosto de 2009", *Revista Dialética de Direito Processual*, n. 80.

CARVALHO NETO, Inácio de. *Manual de Processo Coletivo, Ação Civil Pública, Ação Popular, Mandado de Segurança Coletivo.* 2ª ed. Curitiba, Juruá, 2008.

DIDIER JUNIOR, Fredie; ZANETI JUNIOR, Hermes. *Curso de Direito Processual Civil: processo coletivo*, vol. 4. Salvador, Juspodivm, 2007.

GAJARDONI, Fernando da Fonseca. *Comentários à nova Lei do Mandado de Segurança*. São Paulo, Método, 2009.

GOMES JUNIOR, Luiz Manuel; FAVRETO, Rogério. *Comentários à nova Lei do Mandado de Segurança*. São Paulo, Ed. RT, 2009.

GRINOVER, Ada Pelegrini. "Mandado de segurança coletivo: legitimação e objeto", *Revista de Direito Público*, n. 93, jan.-mar. 1990.

MANCUSO, Rodolfo de Camargo. *Interesses Difusos: Conceito e Legitimação para Agir.* São Paulo, Ed. RT, 1997.

MOMEZZO, Marta Casadei. *Mandado de Segurança Coletivo: Aspectos Polêmicos*. São Paulo, LTr, 2000.

MORAIS, Jose Luis Bolzan de. *Do Direito Social aos Interesses Transindividuais: o Estado e o Direito na ordem contemporânea*. Porto Alegre, Livraria do Advogado, 1996.

NERY JUNIOR, Nelson. "Mandado de segurança: instituto que não alterou a natureza do mandado de segurança já constante nas Constituições anteriores – Partidos políticos – *Legitimidade ad causam*", *Revista de Processo*, vol. 57.

OLIVEIRA, Lourival Gonçalves de. "Interesse processual e mandado de segurança coletivo", *Revista de Processo*, vol. 56.

OST, François. *Entre Droit et non Droit: l'intérêt – Essai sur le fonsctions qu'exerce la notion d'intérêt en Droit Privé*. Bruxelles, Facultés Universitaires Saint-Louis, 1990.

REDONDO, Bruno Garcia; OLIVEIRA, Guilherme Peres de; CRAMER, Ronaldo. *Mandado de Segurança, comentários à Lei 12.016/2009*. São Paulo, Método, 2009.

TAVARES, André Ramos. *Manual do novo Mandado de Segurança*. Rio de Janeiro, Forense, 2009.

TESHEINER, José Maria. "Ainda precisamos do mandado de segurança?", *Revista Brasileira de Direito Processual*, n. 69. Ano 18, Belo Horizonte, Fórum.

TUCCI, Rogério L.; TUCCI, José Rogério Cruz. *Constituição de 1988 e Processo*. São Paulo, Saraiva, 1989.

VIGLIAR, José Marcelo de Menezes. *Ação Civil Pública*. 3ª ed. São Paulo, Atlas, 1999.

VITTA, Heraldo Garcia. *Mandado de Segurança de acordo com as novas Súmulas do STF*. São Paulo, Jurídica Brasileira, 2004.

WAMBIER, Luiz Rodrigues e VASCONCELOS, Rita de Cássia Corrêa. "O mandado de segurança na disciplina da Lei 12.016, de 7.8.2009", *Revista de Processo*, vol. 177.

ZAVASKI, Teori Albino, *Comentários à nova Lei do Mandado de Segurança*. Coordenadores: Napoleão Nunes Maia Filho, Caio Cesar Vieira Rocha e Tiago Asfor Rocha Lima. São Paulo, Ed. RT.

________. *Antecipação da Tutela*. 3ª ed. São Paulo, Saraiva, 2000.

________. "O Ministério Público e a defesa dos interesses individuais homogêneos", *Revista do MPRGS*, n. 29, p. 39.

ASPECTOS DA RESCISÃO DOS CONTRATOS ADMINISTRATIVOS

HERALDO GARCIA VITTA

Mestre e Doutor em Direito do Estado (Direito Administrativo), na PUC-SP.
Juiz Federal em Campo Grande (MS). Diretor do Foro da Justiça Federal de Mato Grosso do Sul.
Juiz-membro do Tribunal Regional Eleitoral de Mato Grosso do Sul. Diretor-Presidente da Escola do Tribunal Regional Eleitoral de Mato Grosso do Sul.
Professor da Escola de Magistrados do Tribunal Regional Federal da 3ª Região e da Nova Dimensão Jurídica (NDJ-SP).
Membro do Instituto de Direito Administrativo Paulista (IDAP)

Introdução. 1. Regime jurídico. 2. Execução. Considerações gerais.3. Inexecução. Linhas gerais. 4. Rescisão dos contratos administrativos: 4.1 Aspectos gerais – 4.2 Formas de rescisão: 4.2.1 Rescisão unilateral: modalidades; sanções; indenizações – 4.2.2 Rescisão amigável; o ato administrativo de controle – 4.2.3 Rescisão judicial; a exceptio non adimpleti contractus*; o fato da Administração – 4.2.4 Rescisão de "pleno direito". Conclusões.*

Introdução

Os cultores da ciência do Direito Administrativo e, em geral, os administradores e servidores da Administração, têm se debruçado no estudo da *rescisão de contratos administrativos*, pois não é incomum, como se desejaria, haver desrespeito às normas contidas nas leis, nos atos administrativos e nos instrumentos de contratos firmados entre o Poder Público e o particular.

Assim, a não observância, infelizmente constante, dos preceitos relativos ao cumprimento das obrigações contratuais e legais leva à necessária análise percuciente do arcabouço jurídico-normativo, especificamente quanto às *consequências* da *violação de dever jurídico*.

Por isso, sobejam dissensões e opiniões dos mais variados matizes, comumente voltadas para solução de casos concretos, ou seja, visam à "prática administrativa". Logo, os textos sobre contratos administrativos contêm – de forma inarredável – uma ideia, quiçá aspectos não abordados, não vistos, ou, ainda, não sistematizados. Enfim, há sempre largo espectro a ser analisado a respeito do tema.

Daí a importância destes excertos; trata-se de abordagem sistemática de "alguns aspectos" da rescisão contratual. Evidentemente, não se pretende, neste singelo estudo, esgarçar o tema, esgotá-lo. Absolutamente. Pretende-se que o leitor possa refletir a respeito dele, tirando suas próprias conclusões.

1. Regime jurídico

1) Conforme se sabe, o *fundamento jurídico* dos contratos administrativos e das licitações tem *base constitucional*, sobretudo nos arts. 22, XXVII e 37, XXI, da Constituição. O primeiro dispositivo refere-se à competência da União para editar *normas gerais* (Lei 8.666, de 21.6.1993 e alterações posteriores); o segundo, à necessidade de prévio procedimento licitatório para obras, serviços, compras e alienações da Administração Pública.[1]

2) O contrato administrativo é um *acordo de vontades*, mas no bojo do qual os interesses das partes estão *contrapostos*; cada qual almeja seus interesses – no caso da Administração, o *interesse público*. Já, *convênios e consórcios*, embora também sejam acordos de vontades, têm regimes jurídicos específicos, justamente pelo fato de os interesses das partes serem *comuns*, numa *mútua colaboração*.[2]

3) Finalmente, o contrato administrativo é firmado no exercício de *função administrativa*; assim, a Administração detém *prerrogativas*, incomuns no âmbito do Direito Privado (algumas delas estão no art. 58, da Lei 8.666/1993).[3] Essas prerrogativas advêm do *princípio da supremacia do interesse público*, um dos pilares do Direito Administrativo, conforme doutrina abalizada de Celso Antônio Bandeira de Mello.[4]

4) Portanto, o contrato administrativo submete-se às normas (*princípios e regras*) do *Direito Administrativo*. Ao contrário, contratos de *Direito Privado*

1. CF, "Art. 22: Compete privativamente à União legislar sobre: (...) XXVII – normas gerais de licitação e contratação, em todas as modalidades, para as administrações públicas diretas, autárquicas e fundacionais da União, Estados, Distrito Federal e Municípios, obedecido o disposto no art. 37, XXI, e para as empresas públicas e sociedades de economia mista, nos termos do art.173, § 1º, III (com redação da EC 19, de 4.6.1998)".

Assim, Estados e Municípios podem elaborar normas específicas, peculiares, a respeito de licitações e contratos, obedecendo às *normas gerais* editadas pela União.

"Art. 37. (...) XXI: ressalvados os casos especificados na legislação, as obras, serviços, compras e alienações serão contratados mediante processo de licitação pública que assegure igualdade de condições a todos os concorrentes, com cláusulas que estabeleçam obrigações de pagamento, mantidas as condições efetivas da propostas, nos termos da lei, o qual somente permitirá as exigências de qualificação técnica e econômica indispensáveis à garantia do cumprimento das obrigações."

2. A respeito da distinção: Celso Antônio Bandeira de Mello, *Curso de Direito Administrativo*, p. 681; Maria Sylvia Zanella Di Pietro, *Direito Administrativo*, pp. 347 e ss.; José dos Santos Carvalho Filho, *Manual de Direito Administrativo*, pp. 221 e ss.

3. A Administração pode, unilateralmente, sem ordem judicial: modificar, ou rescindir, o contrato administrativo, nos *termos e condições legais*; fiscalizar a execução do contrato; impor penalidades ao contratado; no caso de serviços essenciais, ocupar provisoriamente bens, pessoal e serviços do contratado.

4. *Curso de Direito Administrativo*, p. 98.

da Administração (doação, locação de imóveis, seguro etc.) regem-se pelas *normas* dessa seara jurídica. Apesar disso, as "formalidades', ou os aspectos extrínsecos do ato de Direito Privado, praticados pelo Poder Público, são de *Direito Administrativo*; daí a necessidade da verificação da *competência* do agente; a possibilidade de *licitar, ou dispensá-la*; a *autorização* de autoridade superior, para a prática de certos atos, e assim por diante.[5]

5) De acordo com a doutrina em geral, os contratos administrativos têm as seguintes *características*: *consensual* (acordo de vontades); *formal* (de regra, escrito – Lei 8.666/1993, art. 60, parágrafo único; e com "requisitos especiais" – Lei 8.666/1993, art. 55); *oneroso* (pode haver contratos gratuitos, como no uso especial de bem público); *comutativo* (compensações recíprocas e equivalentes às partes; no *fomento*[6] pode haver situações em que a comutatividade fique arrefecida); e *intuitu personae* (deve ser executado, em princípio, pelo próprio contratado – Lei 8.666/1993, art. 72). Além disso, concordamos com Márcio dos Santos Barros e com Reynaldo Sant'Anna, quanto ao fato de os contratos administrativos serem de *adesão*, isto é, a contratante estabelece as regras, as cláusulas pertinentes, e o contratado as aceita.[7] Nesse sentido, o escólio de Maria Sylvia Zanella Di Pietro.[8]

6) Os estudiosos, ainda, costumam mencionar, como espécies básicas de contratos, os de *atribuição* e os de *colaboração*. Referida classificação apoia-se nas *distintas funções* que cumprem as partes, em vista de suas *prestações essenciais*.[9] Nos primeiros, a Administração confere vantagens ou direitos ao particular, como no uso especial de bem público; nestes, o particular realiza, presta algo à Administração, visando ao interesse público (obras públicas, serviços públicos etc.).

Com isso, estes, os contratos de *colaboração*, em que o particular "colabora" com a Administração, na realização da atividade pública, têm *rigorismo* maior, acentuado, em comparação aos contratos de atribuição. Além disso, na *dúvida quanto à interpretação* de cláusulas contratuais, nos contratos de *colaboração*, resolve-se em favor da Administração, em virtude da

5. Escrevemos: "Aliás, na feliz expressão do mesmo professor [H. Berthélemy], 'os governantes não têm direitos; eles têm funções' ["Méthode applicable a l'étude du droit administratif", in *Collège Libre des Sciences Sociales en* 1910, *Les Méthodes Juridiques*, p. 74]. Por consequência, o intérprete deverá compreender os *deveres* do agente público, sua *competência*, vinculada à lei, bem como seus correlatos *poderes*, os quais são apenas instrumentais (...)" (Heraldo Garcia Vitta, *Aspectos da Teoria Geral no Direito Administrativo*, p. 106, grifos não originais).

6. Sílvio Luís Ferreira da Rocha explica: "À atividade administrativa indireta denominamos *fomento*, que pode ser definido como a ação da Administração com vistas a promover as atividades dos particulares que satisfaçam necessidades públicas ou consideradas de utilidade coletiva, sem o uso da coação e sem a prestação de serviços públicos" (*Manual de Direito Administrativo*, p. 579).

7. Márcio dos Santos Barros expõe: "Na feliz conceituação do douto Cons. Reynaldo Sant'Anna [*Aspectos do Direito Público no Tribunal de Contas*, Tribunal de Contas do Estado do Rio de Janeiro, 1999, p. 142], 'contrato administrativo é, de fato, um pacto de adesão, em que a Administração impõe normas – respeitada a legislação pertinente – a fim de resguardar o interesse público, e a contratada as aceita'" (*Comentários sobre Licitações e Contrato Administrativos*, p. 408).

8. *Direito Administrativo*, p. 275.

9. Juan Carlos Cassagne, "La Sustantividad del contrato administrativo y sus principales consecuencias jurídicas", *Estudios de Derecho Público*, p. 119.

natureza da atividade desenvolvida pelo contratado, pois realiza atividade pública (serviço, obra etc.) objeto do contrato. Já, nos contratos de *atribuição*, o problema resolve-se em favor do *contratado*.[10]

De todo modo, este estudo limita-se aos *contratos de colaboração*.

7) Dispõe o art. 54, da Lei 8.666/1993: "Os contratos administrativos de que trata esta Lei regulam-se pelas suas cláusulas e pelos preceitos de direito público, aplicando-se-lhes, *supletivamente*, os princípios da teoria geral dos contratos e as disposições de direito privado" (g.n.).

A nosso ver, as normas do Direito Privado têm aplicação nos contratos administrativos por meio da *analogia*;[11] ou seja, há aplicação do Direito Privado quando as normas dessa área do Direito não entrarem em conflito com *princípios ou regras de Direito Administrativo*. O autor argentino Cassagne ensina:

"La diferencia entre un procedimiento y otra estriba precisamente en que la aplicación de normas civil e sal derecho administrativo mediante la *analogía* no se realiza supliendo el vacío con la aplicación directa de la norma, como acontecería de aceptar se el criterio de la *subsidiariedad*, sino que por el contrario, su aplicación requiere una labor de integración y de adaptación con los principios y normas que estructuran el derecho administrativo."[12]

Há autores, a exemplo do jurista e professor Oswaldo Aranha Bandeira de Mello, que realçam a necessidade de *expressa disposição de lei*, quanto à aplicação de normas de *Direito Privado*, *por analogia*, nas relações de Direito Público.[13]

7-A) De outra parte, há "cláusulas gerais" do Direito Civil aplicáveis nos contratos administrativos: boa-fé objetiva; lealdade, segurança, dever de informações; de atuar conforme padrões sociais; função social do contrato etc. No Direito Administrativo, essas "cláusulas", na verdade, decorrem dos princípios da *segurança jurídica* e da *moralidade administrativa* – e devem ser observadas *pelas partes do contrato*, sob pena de *indenização por perdas e danos*.

8) Ao contrário dos contratos privados, os contratos administrativos regem-se por normas e cláusulas especiais, contidas nos respectivos instrumentos, indicadas, por *amostragem*, na legislação (Lei 8.666/1993, art. 55). Assim, dentre as *prerrogativas* da Administração, há a imposição de *sanções ao contratado, por inexecução total ou parcial* do objeto (art. 58, IV), *sem ordem judicial*, devido à *executoriedade* dos atos e contratos administrativos.[14]

10. Idem, ibidem, pp. 119-120.

11. Oswaldo Aranha Bandeira de Mello explica: "A analogia consiste em método de aplicação da lei aos casos por ela regulados, nos quais há identidade de razão a justificar a sujeição da hipótese ao seu preceito, ante a semelhança de situações que as unificam por traço comum, entre o objeto de consideração da lei e o outro por ela cogitado" (*Princípios Gerais de Direito Administrativo*, vol. I, p. 354). Escrevemos: "Deixando de lado as questões controvertidas acerca do fato de haver ou não lacunas no Direito (...), resolve-se o problema com a 'auto-integração' da ordem jurídica; as normas completam-se a partir do interior do sistema, através da analogia e dos princípios gerais do Direito" (*Aspectos da Teoria Geral no Direito Administrativo*, p. 137).

12. *El Acto Administrativo – Teoría y Régimen Jurídico*, p. 15, grifos não originais.

13. *Princípios Gerais de Direito Administrativo*, vol. I, p. 416.

14. Quanto à Administração, a Súmula 205, do Tribunal de Contas da União, tem a seguinte dicção: "É inadmissível, em princípio, a inclusão, nos contratos administrativos, de cláusula que pre-

Após essas sucintas anotações, passemos ao estudo, propriamente, dos contratos administrativos.

2. Execução. Considerações gerais

9) Como todo acordo de vontades, os contratos administrativos contêm regras que devem ser observadas pelas partes, nos termos da avença (*lex inter pars*); nesse sentido, o art. 66.[15] Sem embargo, há situações "excepcionais", decorrentes da *teoria da imprevisão* (cláusula *rebus sic stantibus*),[16] previstas no art. 65, II, "d", da Lei 8.666/93, com base nas quais o contratado poderá pleitear a devida *recomposição patrimonial*, se acaso tiver ocorrido aumento de encargos.[17]

10) Porém, cada parte do contrato deve cumprir com suas obrigações, legais e contratuais. Dentre as primeiras, compete ao contratado *reparar e corrigir os defeitos* do objeto do contrato (art. 69); e à Administração, manter um representante para fiscalizar e acompanhar a obra ou serviço (art. 67). Apesar disso, a responsabilidade daquele não é excluída por indicação do representante da Administração (art. 70), exceto, a nosso ver, se esta se *omitiu* no cumprimento de seu dever, ou agiu sem cautelas necessárias, ao *induzir o contratado a erro*, que *não lhe possa ser imputado*. Numa palavra: é preciso *dolo ou culpa* do contratado, para ser responsabilizado (art. 70), quer na órbita *civil*, quer na seara *administrativa*, inclusive na hipótese de imposição de *penalidades administrativas* impostas pela Administração ao contratado.

11) A Administração tem *dever* de *rejeitar, no todo ou em parte*, o objeto do contrato, devido a não-observância, pelo contratado, das cláusulas contratuais (art. 76), sobretudo quando o desrespeito for às *normas técnicas*. Comumente, isso ocorre quando a Administração procede ao recebimento *provisório* do objeto do contrato, no qual ela faz *vistorias e avaliações*, antes de recebê-lo *definitivamente* (arts. 73-75). A Administração, naquele instante, pode determinar, ao contratado, alterações, ou modificações necessárias, nos termos do instrumento firmado.[18]

veja, para o Poder Público, multa ou indenização, em caso de rescisão".

15. Lei 8.666/1993, art. 66: "O contrato deverá ser executado fielmente pelas partes, de acordo com as cláusulas avençadas e as normas desta Lei, respondendo cada uma pelas consequências de sua inexecução total ou parcial".

16. Arnoldo Medeiros da Fonseca explica: "A cláusula *rebus sic stantibus*, pela qual o vínculo obrigatório, em certa categoria de contratos, entendia-se *subordinado à continuação daquele estado de fato existente ao tempo de sua formação*, foi obra, como dissemos, dos juristas do direito canônico e da jurisprudência dos tribunais eclesiásticos, assim como dos pós-glosadores ou bartolistas. O direito romano não parece ter formulado nenhum princípio geral e constante a tal respeito" (*Caso Fortuito e Teoria da Imprevisão*, p. 198, grifos nossos).

17. Estabelece o art. 65: "Os contratos regidos por esta Lei poderão ser alterados, com as devidas justificativas, nos seguintes casos: (...). II – por acordo das partes: d) para restabelecer a relação que as partes pactuaram inicialmente entre os encargos do contratado e a retribuição da Administração para a justa remuneração da obra, serviço ou fornecimento, objetivando a manutenção do equilíbrio econômico-financeiro inicial do contrato, na hipótese de sobrevirem fatos imprevisíveis, ou previsíveis porém de consequências incalculáveis, retardadores ou impeditivos da execução do ajustados, ou, ainda, em casos de força maior, caso fortuito ou fato do príncipe, configurando álea econômica extraordinária e extracontratual".

18. Essa situação não se confunde com aquela outra referente ao *jus variandi*; isto é, o direito da contratante *instabilizar* o vínculo, mediante *alterações* do próprio instrumento de contrato firmado.

3. Inexecução. Linhas gerais

12) A *rescisão* (desfazimento) do contrato administrativo (art. 77) só pode ocorrer durante o prazo de sua vigência; não se *rescinde* contrato cujo prazo já se exauriu, assim como não se pode *prorrogá-lo*, nessas mesmas circunstâncias. Fazemos essa advertência, pois não é incomum sobretudo *prorrogações* de contratos extintos, ou seja, cujo prazo de vigência já transcorreu.

13) Há as seguintes modalidades de *rescisão*(a) unilateral, por *culpa ou dolo* do contratado (*penalidade administrativa*);[19] (b) unilateral, *sem* culpa do contratado (*de regra*, por *interesse público*); (c) *judicial*; e (d) de *pleno direito*, estudos que faremos logo a seguir.

14) Porém, o desfazimento do contrato deve pressupor a prática de atos *graves*, *sérios*; aplica-se o postulado ou princípio da *razoabilidade/proporcionalidade*. No entanto, conforme explica Gaston Jèze, as *negligências persistentes ou os retardamentos prolongados* devem ser considerados graves.[20]

15) No Direito Brasileiro, mesmo a *inexecução parcial* origina a rescisão do contrato; de acordo com Marçal Justen Filho, "no Direito Administrativo, a inexecução parcial pode ser assimilada à total"[21] – essa é a dicção do art. 77, da Lei 8.666/1993.[22] Portanto, observada a *razoabilidade/proporcionalidade*, a Administração tem competência para rescindir o contrato administrativo, no caso de inexecução *total, ou parcial.*

4. Rescisão dos contratos administrativos

4.1 Aspectos gerais

16) Conquanto algumas palavras já tenham sido ditas a respeito da rescisão do contrato administrativo, procuramos nos ater, mais uma vez, a respeito do tema, devido à importância dela no dia a dia da Administração.

17) Os autores franceses Laubadère, Venezia e Gaudemet referem às seguintes *formas de rescisão* contratual: i) rescisão pronunciada pela Administração a título de sanção administrativa;[23] ii) rescisão demandada pelo contratado, devido às novas exigências administrativas, excedentes dos "limites normais";[24] iii) rescisão demanda pelo contratado por "falta" da Administração;[25] iv) rescisão de *pleno direito*, resultante do desaparecimento do objeto do contrato.[26]

19. Não há necessidade de ato formal para constituir em mora o contratado, pois esta decorre da lei.

20. *Principios Generales del Derecho Administrativo*, vol. VI, p. 29.

21. *Comentários à Lei de Licitações e Contratos Administrativos*, p. 572.

22. "Art. 77. A inexecução total ou parcial do contrato enseja a sua rescisão, com as consequências contratuais e as previstas em lei ou regulamento."

23. Neste caso, segundo nosso entendimento, é preciso demonstração de dolo ou culpa do contratado.

24. Como exemplo, no direito brasileiro, a hipótese de rescisão contratual referida no art. 78, XIII: "a supressão, por parte da Administração, de obras, serviços ou compras, acarretando modificação do valor inicial do contrato além do limite permitido no § 1º do art. 65 desta Lei".

25. No Brasil, seriam as hipóteses do art. 78, XIV, XV e XVI.

26. *Traité de Droit Administratif*, t. I, p. 771. Os autores franceses, na mesma obra, referem à rescisão *unilateral, por interesse público*: "Il faut du reste soigneusement distinguer la résiliation prononcée comme sanction de la *résiliation prononcée dans l'intérêt général*" (idem, p. 768, grifos nossos).

18) No Direito Brasileiro, o art. 78, da Lei 8.666/1993, elenca situações, ou motivos, autorizadores da rescisão contratual; porém, o dispositivo é meramente *exemplificativo*. Assim, nos termos do art. 55, XIII, uma das cláusulas necessárias nos contratos administrativos, é a "obrigação do contratado de *manter, durante toda a execução do contrato*, em *compatibilidade com as obrigações por ele assumidas*, todas as condições de *habilitação* e qualificação exigidas na licitação" (g.n.).

18-A) Contudo, a exigência da qualificação, *durante a execução do contrato*, adstringe-se ao montante *a ser adimplido pelo contratado*; isto é, a exigência da *qualificação* do contratado ocorre à medida das obrigações *restantes a serem cumpridas* por ele; é preciso *compatibilidade* entre a qualificação e as obrigações restantes do contratado. Assim é porque o art. 37, XXI, parte final, da Constituição, exige qualificação econômica e técnica que sejam *indispensáveis ao cumprimento da obrigação*. Trata-se do princípio ou postulado da *razoabilidade/proporcionalidade.*

4.2 Formas de rescisão

4.2.1 Rescisão unilateral: modalidades; sanções; indenizações

19) O primeiro caso de rescisão, mencionada na lei (Lei 8.666/1993, art. 79, I), é a *unilateral ou administrativa*.[27] De acordo com a norma legal, essa espécie de rescisão ocorre nas hipóteses do *art. 78, I a XII* e *XVII*.[28] Deve ser *formalizada* por despacho, ou decreto; posteriormente, lavra-se *termo de rescisão*, no qual descreve-se, dentre outros dados, o estado em que se encontra o objeto do contrato.[29]

20) Assim como na *rescisão amigável* (consensual, art. 79, II), a *rescisão administrativa* ou *unilateral* pressupõe *autorização escrita e fundamentada* da autoridade competente (art. 79, § 1º), nos termos das leis e atos da Administração – no caso de *rescisão unilateral*, por *interesse público*, é preciso *justificação e determinação, quanto às razões de interesse público, pela máxima autoridade* da esfera administrativa a que está subordinado o contratante (art. 78, XII).

21) A *rescisão amigável e a unilateral* têm "efeitos para frente" (*ex nunc*), cuja *eficácia* conta-se da *publicação* do ato administrativo (decreto, ou despacho) que rescinde o contrato (conforme veremos, a *rescisão unilateral, por caso fortuito ou força maior,* tem eficácia *retroativa*). Ademais, nada impede, na *rescisão amigável*, as partes acordarem, resolverem, *situações pretéritas.*

22) O art. 78, incisos I a XI, refere aos casos (motivos) nos quais o contratado

27. "*Rescisão administrativa* é a efetivada por ato próprio e unilateral da Administração, quando se verificam os motivos que a ensejam, estabelecidos em norma legal (Estatuto, art. 69, I), no contrato, ou exigidos pelo interesse público" (Hely Lopes Meirelles, *Licitação e Contrato Administrativo*, p. 247, grifos originais).

28. Foge dos propósitos deste trabalho a análise de cada uma das hipóteses legais.

29. Diógenes Gasparini expõe: "Dita rescisão formaliza-se por decreto e concretiza-se por termo. Pelo decreto veiculam-se o ato rescisório e as condições e prazos da reassunção do objeto da avença pela Administração Pública. (...). Ao reassumir o objeto do contrato, lavra-se um termo, descrevendo-se o estado em que este se encontra, no que concerne à execução, e anotando-se outras informações relacionadas genericamente com a contratação, necessárias para dirimir dúvidas futuras e para caracterizar o momento da atuação da Administração Pública" (*Direito Administrativo*, p. 862).

dá causa à rescisão contratual; por isso, nessas hipóteses, a *rescisão unilateral* tem natureza jurídica de *penalidade administrativa*, exigindo-se, por conseguinte, a demonstração de *culpa ou dolo* (do contratado).[30]

De fato, o ínclito jurista e professor Celso Antônio Bandeira de Mello expõe as modalidades de sanções administrativas, dentre as quais, "a extinção de relação jurídica entretida com o Poder Público – como as cassações de licença de funcionamento ou a decretação de caducidade de uma concessão de serviço público".[31]

23) Embora a rescisão, nos casos indicados, tenha *natureza de penalidade administrativa*, não impede a Administração impor outras penalidades, a exemplo da multa, da suspensão temporária, ou da declaração de inidoneidade (art. 87, II, III e IV).[32]

23-A) Porém, a rescisão contratual é a *ultima ratio*;[33] por isso, em princípio, a Administração, ao rescindir o contrato, por culpa ou dolo do contratado, por conta da *gravidade* da situação que originou a extinção da relação, pode, em algumas situações bem demarcadas, impor as penas de suspensão temporária, ou de declaração de inidoneidade, *sem prejuízo da multa*, que pode *cumular-se* com aquelas penalidades (art. 87, § 2º).[34]

No entanto, a suspensão quanto a declaração de inidoneidade deve pautar-se em "fatos suficientemente graves", como conluios, dolo, infrações criminais, inadimplência prolongada, desleixo acentuado no cumprimento das obrigações etc., praticados pelo contratado. Não é porque a Administração rescindiu o contrato, por "culpa" do contratado que, necessariamente, haverá imposição de suspensão temporária, ou declaração de inidoneidade. É preciso verificar a *gravidade* dos fatos, a situação concreta, mediante critérios de razoabilidade e proporcionalidade.

Já, quanto à advertência (art. 87, I), extinta, antecipadamente, a relação, ela é incabível, pois não tem sentido admoestar o contratado, quando a relação já se extinguiu, por ato da *própria Administração*.

30. O *dolo* ou a *culpa* é pressuposto da *infração administrativa*. A pena será imposta sempre no bojo de um processo administrativo, com contraditório e defesa (Heraldo Garcia Vitta, *A Sanção no Direito Administrativo*, pp. 41 e ss.; *Responsabilidade Civil e Administrativa por Dano Ambiental*, pp. 153 e ss.).

31. *Curso de Direito Administrativo*, p. 866.

32. No *sistema brasileiro*, quando houver, por parte do contratado, *atraso injustificado* na execução do contrato, a Administração imporá a *multa moratória* (art. 86); no caso de *inexecução total ou parcial* do contrato, cabem as seguintes espécies de penalidades: advertência, multa (compensatória), suspensão temporária de participar em licitação e impedimento de contratar com a Administração, por prazo não superior a dois anos; e declaração de inidoneidade para licitar ou contratar com a Administração (art. 87). A multa *compensatória* comporta cumulação com as demais penalidades *do artigo 87* (§ 2º). Logo, em tese, pode haver a imposição de *multa moratória*, por atraso do contratado (art. 86); já, verificada a *inexecução*, total ou parcial, a imposição de uma das penas do art. 87, com possibilidade de cumulação da multa compensatória (art. 87, § 2º). A imposição das multas e das outras penalidades (contidas no art. 87) não impede a rescisão unilateral do contrato (por culpa do contratado) (art. 86, § 1º). Na modalidade licitatória *pregão*, cf. art. 7º, da Lei 10.520, de 17.7.2002.

33. Roberto Dromi afirma: "Las *sanciones rescisorias* son las de mayor gravedad, pues dan lugar a la extinción del contrato administrativo. Proceden únicamente ante faltas especialmente graves, y la Administración recurre a ellas solo cuando no hay otro medio para lograr la ejecución de las obligaciones contractuales debidas por el contratista" (*Derecho Administrativo*, p. 396, grifos originais).

34. Além disso, o art. 80, *caput*, da Lei 8.666/1993 permite à Administração tomar providências ou medidas administrativas.

24) É possível *rescisão unilateral de contrato* cuja execução ainda *não tenha sido iniciada*; a *constatação de inadimplência* em *ajuste anterior* com o contratado é exemplo disso.[35] De todo modo, o Tribunal de Contas da União entende, de forma correta, que nem todas as hipóteses do art. 78 comportam, necessariamente, rescisão contratual (TCU, AC 1.517/2005, rel. Min. Zymler).

25) O segundo caso, mencionado na lei, de rescisão contratual unilateral, é aquela proveniente de *interesse público* (art. 78, XII), na qual a Administração, no uso da competência *discricionária*, rescinde o contrato administrativo, sem que o contratado tenha dado causa à extinção do liame.

De acordo com Laubadère, Venezia e Gaudemet, o *regime jurídico* da *competência* para rescindir, *unilateralmente*, os contratos administrativos, tem os seguintes "princípios": i) cuida-se de "rescisão geral", pois existe em todos os contratos administrativos; ii) a rescisão por interesse público constitui para a Administração uma competência discricionária; iii) a rescisão discricionária é de ordem pública; mesmo quando não prevista no contrato, a Administração pode exercê-la; iv) a rescisão contratual discricionária tem o condão de propiciar ao contratado direito à indenização, ante os prejuízos causados.[36]

26) No direito nacional, dentre os requisitos, mencionados no artigo 78, XII, destacamos a necessidade das razões de *interesse público* serem *justificadas* (comprovação dos *motivos*) *e determinadas pela máxima autoridade da esfera administrativa* a que está subordinado o contratante (não é quem firmou o instrumento de contrato, exceto se esta seja a mais alta autoridade); e devem ser exaradas no bojo do *processo administrativo a que se refere o contrato*.

27) A nosso ver, mesmo no caso de *rescisão unilateral* por interesse público (com maior razão, na rescisão por culpa do contratado), é preciso *contraditório prévio*, isto é, o contratado deve ter oportunidade de manifestar-se, antes da decisão administrativa a respeito da extinção do liame. E a *decisão administrativa* deve ser *motivada*, fundada nos elementos probatórios que justifiquem a medida tomada.[37]

28) A *motivação* contém: (a) a exposição dos motivos (pressuposto de fato); (b) a causa (relação lógica entre o motivo e o conteúdo do ato, na qual se observa a razoabilidade e a proporcionalidade da decisão); e (c) a regra de Direito em que se estribou o agente público para editar o ato.

Não podemos olvidar a conhecida *teoria dos motivos determinantes*, segundo a qual "os motivos integram a validade do ato – uma vez enunciados, se acaso forem infundados, inverídicos, isto será causa de nulidade do ato".[38] Como expõe Weida Zancaner, essa teoria "está a demonstrar que o administrador se vincula ao motivo por ele elencado, o que mostra que o refazimento, com efeito retroativo, do ato eivado por essa espécie de vício é impossível".[39]

35. Hely Lopes Meirelles, *Licitação e Contrato Administrativo*, p. 249.

36. *Traité de Droit Administratif*, t. I, p. 771.

37. "Se não houvesse a necessidade de motivar o ato administrativo, em determinadas hipóteses, não haveria como a sociedade controlar a conduta dos administradores; poderiam descumprir a lei de forma expressa ou – pior – cumpri-la sob a forma, não a atendendo, porém, no seu fim (...)" (Heraldo Garcia Vitta, *Aspectos da Teoria Geral no Direito Administrativo*, p. 77).

38. Heraldo Garcia Vitta, idem, p.81.

39. *Da Convalidação e da Invalidação dos Atos Administrativos*, p. 74.

28-A) Expõe o autor italiano Pietro Virga, ao referir à motivação tendo em vista a *natureza do ato*: "A obrigação da motivação pode considerar-se imposta pela natureza do ato, quando ela seja indispensável a identificar o poder exercido, ou quando a incidência sobre as posições jurídicas dos sujeitos privados exija que o interessado seja posto na melhor condição para defender-se na via administrativa ou jurisdicional contra o eventual excesso de poder em que incursa a autoridade administrativa ao emanar o ato".[40]

29) No Brasil, a motivação[41] e o contraditório prévio, nesses casos, decorrem do *princípio do devido processo legal* (art. 5º, LIV e LV, da CF),[42] ou por conta do art. 78, XII (citado), ou do seu parágrafo único, ambos da Lei 8.666/1993.[43] Na mesma linha, o art. 49, § 3º, quanto ao "desfazimento do processo licitatório" (revogação ou nulidade), o qual assegura o contraditório e ampla defesa (prévios).

30) Também haverá *rescisão unilateral do contrato*, na "ocorrência de caso fortuito (força da natureza, um tufão insuspeitado), ou força maior (evento humano, uma greve), regularmente *comprovada, impeditiva da execução* do contrato" (art. 78, XVII, c/c art. 79, I, g.n.).[44]

Como ocorre na hipótese de rescisão de *pleno direito* (estudado logo mais), o ato administrativo que determina a rescisão, *retroage* aos fatos qualificados de *caso fortuito ou força maior*. O ato administrativo tem efeitos meramente *declaratórios*, com eficácia *ex tunc*, pois "reconhece apenas" aquelas situações excepcionais.

31) No caso fortuito ou na força maior, o legislador adotou a fórmula de rescisão unilateral, *com direito ao ressarcimento ao contratado* (art. 79, § 2º), em vista da *ausência de falta contratual deste*.

Com efeito, tanto na *rescisão unilateral* por *caso fortuito ou força maior* (art. 78, XVII), quanto na *rescisão unilateral* por *interesse público* (art. 78, XII) e nas demais situações elencadas no ar. 78, XIII, XIV, XV e XVI (rescisão por *"falta" da*

40. *Il Provvedimento Amministrativo*, p. 209: "L'obbligo della motivazione può considerarsi imposto dalla natura dell'atto, quando la motivazione sia indispensabile ad identificare il potere esercitato o quando l'incidenza sulle posizioni giuridiche dei soggetti privati esiga che l'interessato sia messo nella migliore condizione per difendersi in via amministrativa o giurisdizionale contro l'eventuale eccesso di potere, in cui sia incorsa l'autorità amministrativa nell'emanare l'atto".

41. A motivação decorre do Texto Constitucional; afirma Lúcia Valle Figueiredo: "É o que se colhe do art. 93, inciso X, que obriga sejam as decisões administrativas do Judiciário motivadas. Ora, se quando o Judiciário exerce função atípica – a administrativa – deve motivar, como conceber esteja o administrador desobrigado da mesma conduta?" (*Curso de Direito Administrativo*, p. 51).

42. Dispõe o art. 5º, da CF: "LIV – ninguém será privado da liberdade ou de seus bens sem o devido processo legal; LV – aos litigantes, em processo judicial ou administrativo, e aos acusados em geral são assegurados o contraditório e ampla defesa, com os meios e recurso a ela inerentes".

43. Estabelece o parágrafo único, do art. 78, da Lei 8.666/1993: "Os casos de rescisão contratual serão formalmente motivados nos autos do processo, assegurado o contraditório e a ampla defesa".

44. Quando houver meras *dificuldades* à execução do contrato, a lei autoriza alteração contratual, por acordo, a fim de restabelecer a relação que as partes pactuaram inicialmente entre os encargos do contratado e a retribuição da Administração, a fim de manter o equilíbrio econômico-financeiro do contrato (art. 65, II, "d"), ou a prorrogação dos prazos de início de etapas de execução, de conclusão e de entrega, igualmente mantendo-se o equilíbrio econômico-financeiro do contrato (art. 57, § 1º, II).

Administração), o contratado deve ser indenizado (na dicção legal: "ressarcimento dos prejuízos comprovados"), tendo direito, ainda: à devolução da garantia; aos pagamentos devidos pela execução do contrato até a data da rescisão; ao pagamento do custo da desmobilização (art. 79, § 2º).

32) Como regra básica, o ressarcimento deve ser amplo, ao contratado, quando ele não der causa, motivo, à rescisão.[45] Por isso, além dos *danos emergentes* (comprovados, inclusive as despesas financeiras do contratado, na obtenção de empréstimos bancários), são devidos *lucros cessantes*, quanto ao *remanescente* do objeto do contrato não executado (o que o contratado deixou, razoavelmente, de ganhar).[46]

Estes são devidos até o momento em que haveria o *advento do termo contratual*, exigindo-se, no entanto, provas *concretas quanto à probabilidade de danos*, mediante análise das *condições atuais* da execução do contrato.[47]

33) Apesar dessas considerações gerais, ressalvamos, o caso fortuito ou força maior, no qual as *partes* do contrato (portanto, também a Administração) não deram causa à extinção do liame e, assim, as respectivas *responsabilidades ficam liberadas*. Por isso, não há pagamento de lucros cessantes; a Administração arca apenas com *danos emergentes* do contratado, que sejam *comprovados* (art. 79, § 2º), e devidos *até o momento da rescisão contratual*. Haveria verdadeiro *enriquecimento sem causa*, se a Administração se dispusesse a pagar os lucros cessantes ao contratado, sem ter dado *causa à rescisão*.[48]

34) Deve-se ressaltar, ainda *no caso fortuito*, a "falta do aparelho administrativo", ou descúria de coisas a cargo da Administração, seu serviço ou sua guarda; neste caso, o ressarcimento ao contratado ocorrerá pela *teoria da culpa ignorada do serviço*;[49] a nosso ver, incluem-se os *lucros cessantes*.

45. No Direito francês, segundo Laubadère, Venezia e Gaudemet, nos *contratos administrativos*, a indenização, ao contratado, *por falta da Administração*, ocorre nos termos do *direito comum* (*Traité de Droit Administratif*, t. I, p. 775).

46. Dispõe o art. 402, do Código Civil brasileiro: "Salvo as exceções expressamente previstas em lei, as perdas e danos devidas ao credor abrangem, além do que ele efetivamente perdeu, o que razoavelmente deixou de lucrar". Já, o art. 389 tem a seguinte redação: "Não cumprida a obrigação, responde o devedor por perdas e danos, mais juros e atualização monetária segundo índices oficiais regularmente estabelecidos, e honorários de advogado".

47. O Superior Tribunal de Justiça decidiu no sentido de aplicação supletiva das normas de direito privado (art. 402, do CC); são devidos *lucros cessantes* (AgRg no REsp 929310-RS, rel. Min. Denise Arruda, 2009).

48. Nas ótimas lições de Celso Antônio Bandeira de Mello: "*Enriquecimento sem causa* é o incremento do patrimônio de alguém à custa do patrimônio de quem o produziu sem que, todavia, exista uma causa juridicamente idônea para supeditar esta consequência benéfica para um e gravosa para outro" (*Curso de Direito Administrativo*, p. 675, grifos originais). Explica, esse autor, tal fenômeno não é exclusivo do Direito Privado; indica o velho brocardo romano, universalmente proscrito: *nemo locupletari potest cum aliena jactura*: "ninguém deve se locupletar com o dano alheio" (idem, mesma página).

49. Edmir Netto de Araújo expõe: "Já o *caso fortuito*, que não é excludente de responsabilidade estatal (e também está contemplado nos citados arts. 78, XVII, e 79, § 2º), poderá ocasionar ressarcimento principalmente se tiver por base falhas no aparelhamento da Administração ou descúria de coisas a seu cargo, seu serviço ou mesmo à sua guarda, pela *teoria da culpa ignorada do serviço*" (*Curso de Direito Administrativo*, p. 645, grifos originais).

4.2.2 Rescisão amigável; o ato administrativo de controle

35) Já a *rescisão amigável* (art. 79, II), a qual demanda *autorização escrita e fundamentada* (art. 79, § 1º), é reduzida a termo, nos autos do processo licitatório, desde que haja *conveniência ao interesse público*. Logo, nessa espécie de rescisão, a Administração deve *demonstrar*, por documentos e outros elementos probatórios, a vantagem ao interesse público. Cuida-se de *competência discricionária* da Administração, na qual esta atua mediante critérios de *oportunidade e conveniência*.

36) A *autorização prévia* da autoridade competente, exigida na *rescisão amigável e na administrativa* (unilateral),[50] é ato de *controle* do *ato administrativo rescisório*; a autoridade, mediante critérios de conveniência e oportunidade, no uso da competência discricionária, aprova, ou *libera*, ato administrativo a ser editado na rescisão contratual, de competência de outra autoridade.

36-A) Assim, a "autorização", contida na Lei 8.666/1993, nada tem a ver com o ato administrativo homônimo da Administração, exarado no exercício do *Poder de Polícia*;[51] a primeira, na verdade, tem "sentido específico" de *aprovação*, conforme ensinamento da doutrina italiana, capitaneada, no Brasil, por Oswaldo Aranha Bandeira de Mello. De acordo com o autor brasileiro: "*Aprovação* é o ato administrativo discricionário, unilateral, de controle de outro ato jurídico, pelo qual se faculta sua prática ou, se já emanado, se lhe dá *eficácia*. Aprecia a conveniência e a oportunidade da manifestação jurídica do ato controlado".[52]

37) Conforme esse competente jurista: "Modernamente, acha-se ultrapassada essa orientação, que incluía a aprovação como participante do ato complexo juntamente com o ato controlado. Na realidade, não se integra na formação deste. Constitui elemento de sua *eficácia*, jamais de sua *perfeição*. A perfeição do ato controlado não nasce da fusão da vontade deste com a do ato controlador. Decorre tão somente do ato controlado, embora sua eficácia dependa do ato controlador".[53]

De efeito, afirma Lafayette Pondé: "Quando a norma de organização administrativa estabelece que a ação de um órgão deve ser precedida de outros atos da própria administração, ou de um outro sujeito de direito, todos porém articulados em um nexo comum, diz-se que existe um processo administrativo. Esses atos assim coordenados condicionam o exercício do poder jurídico atribuído àquele órgão de tal

50. A lei, no art. 79, § 1º, refere à "rescisão administrativa *ou* amigável"; parecem palavras sinônimas. Porém, a primeira é a *rescisão unilateral* da Administração; a segunda, *por acordo*. Além disso, o art. 78, XII, exige, na *rescisão unilateral, por interesse público*, que as razões de interesse público sejam *justificadas e determinadas* pela *máxima autoridade da esfera administrativa a que está subordinado o contratante*. Finalmente, as *razões de interesse público*, conforme os termos legais, ditadas, *determinadas*, pela autoridade superior, *vinculam, em princípio*, a autoridade que firmou o instrumento do contrato. Como regra fundamental, a autoridade inferior não pode questionar, ou deixar de reconhecer, as razões de interesse público, justificadas e determinadas pela autoridade superior.

51. A respeito dessa espécie tipológica de ato administrativo (*autorização* na *Polícia Administrativa*), cf. Heraldo Garcia Vitta, *Poder de Polícia*, p. 197 e rodapé 219. Quanto à distinção entre *autorização e licença* (idem, ibidem, p. 107, rodapé 272).

52. *Princípios Gerais de Direito Administrativo*, vol. I, p. 562, g.n.

53. Idem, p. 564, grifos não-originais.

modo que se ele atua sem este processo, ou em termos de um processo nulo, sua ação é viciada de 'incompetência'. A expressão tem sido também usada, na teoria geral dos atos administrativos, para indicar o ciclo de formação de alguns desses atos – os de elaboração continuada, como o ato complexo e o ato colegial. Neste caso, ela diz da 'perfeição' desses atos, isto é, da presença dos seus elementos conceituais, não uma seriação de atos diversificados entre si. O ato complexo, o ato colegial, cada um deles resulta de sucessivas manifestações de vontade, da mesma natureza e de finalidade comum, à base de uma norma que lhes dá relevância jurídica, mas nenhuma delas exprime, por si só, a vontade da administração, nem configura um ato jurídico específico. O ato complexo, o ato colegial, cada um deles é um ato único, indivisível, embora na sua formação se destaquem os seus momentos estruturais, um dos quais faltando ele não existe".[54]

37-A) Os aspectos concernentes à *perfeição*, à *validade e* à *eficácia* do ato não se confundem;[55] sendo planos distintos, distintas são suas consequências. Em suma, esgotadas as operações necessárias para a existência jurídica do ato (perfeição), estando ele de acordo com o ordenamento jurídico (validade), pode ocorrer a necessidade de "providências instrumentais ou de eventos futuros, o que faz permaneça [o ato] em estado de pendência, enquanto não se verifiquem, e mesmo requer atividade administrativa material da sua execução" (eficácia).[56]

37-B) Vale lembrar, na lição de Olguín Juarez, a *eficácia* é *pressuposto da executoriedade*;[57] enquanto aquela não se verificar, o ato não pode ser cumprido, exigido, pois a Administração não pode cumprir um ato sem que este esteja em condições de *produzir todos os seus efeitos*.[58]

Logo, na Lei 8.666/1993, onde se lê "autorização", leia-se: "aprovação". São atos distintos, de naturezas jurídicas diversas.[59]

4.2.3 Rescisão judicial; a *exceptio non adimpleti contractus*; o fato da Administração

38) A *rescisão judicial* (art. 79, III), como a nomenclatura indica, é aquela proferida por magistrado, na *função jurisdicional*. O contratado, a fim de obter a *rescisão contra a vontade da Administração* (ela pode ser amigável), *deve* buscar as

54. "Considerações sobre o processo administrativo", *RDA* 130.

55. A respeito da distinção: Celso Antônio Bandeira de Mello, *Curso de Direito Administrativo*, p. 345.

56. Heraldo Garcia Vitta, *Aspectos da Teoria Geral no Direito Administrativo,* p. 87, com citação de Oswaldo Aranha Bandeira de Mello, *Princípios Gerais de Direito Administrativo*, vol. I, p. 534.

57. *Extinción de los Actos Administrativos – Revocación, Invalidación y Decaimiento*, p. 24.

58. Consequência disso é a afirmação de Cassagne: "En este último caso [aprobación], si existiera un vicio en el acto que la dispone, tal defecto no incide en la validez del acto aprobado, si bien para que éste produzca efectos jurídicos es necesario que se subsane el vicio o defecto existente en el acto a probación" (*El Acto Administrativo – Teoría y Régimen Jurídico*, p. 257).

59. O mesmo raciocínio se faz do art. 80, § 3º: "Na hipótese do inc. II [ocupação e utilização do local, instalações, equipamentos, material e pessoal empregados na execução do contrato, necessários à sua continuidade (...)], o ato deverá ser *precedido de autorização* expressa do Ministro de Estado competente, ou Secretário Estadual ou Municipal, conforme o caso" (g.n.). Trata-se de *aprovação prévia*, ou de controle, do ato a ser editado.

vias judiciais;[60] a Administração, ao contrário, tem faculdade, opção, para propor ação judicial (ela pode rescindir o contrato de forma unilateral), a fim de o magistrado determinar a rescisão do contrato.

39) Enquanto a Administração, por encarnar o interesse público, detém meios para invocar a *exceptio non adimpleti contractus* (exceção de contrato não cumprido),[61] o contratado, ao contrário, só pode fazê-lo nas hipóteses demarcadas na lei (art. 78, XIV e XV).

39-A) A leitura correta desses incisos do art. 78 adstringe-se ao seguinte: o contratado poderá *suspender, sem ordem judicial, o cumprimento de suas obrigações*, bastando *notificar*, judicial ou extrajudicialmente, a Administração; já, para obter a *rescisão contratual*, deverá propor a competente *ação judicial* (*rescisão judicial*).[62]

40) Há outros casos, em que o *contratado* pode deixar de cumprir com a sua obrigação, por conta do *não cumprimento de obrigação da contratante*. Assim o art. 78, XVI, autoriza a rescisão do contrato "a não liberação, por parte da Administração, de área, local ou objeto para execução de obra, serviço ou fornecimento, nos prazos contratuais, bem como das fontes de materiais naturais especificadas no projeto".

Trata-se de um dos casos do *fato da Administração*, referido pela doutrina; de acordo com Celso Antônio Bandeira de Mello, há situações em que a *contratante*, por "ato" *irregular, viola os direitos do contratado* (*violação contratual*);[63] que dá ensejo, à (a) *recomposição patrimonial* do contratado (mantença do equilíbrio econômico financeiro do contrato); (b) *prorrogação do contrato* (art. 57, § 1º, VI) e do *cronograma de execução* (art. 79, § 1º); ou à *rescisão* (art. 78, XV, XVI, dentre outros), com a devida *indenização* (arts. 66 e 79, § 2º).

41) Afora os *casos legais*, ante o *princípio da continuidade do serviço público*, o contratado – como regra básica – tem dever de executar o objeto do contrato. Gaston Jèze ensina:

"*Solamente en caso de imposibilidad* del contratante para proseguir su colabo-

60. No âmbito das Concessões de Serviços Públicos, a Lei 8.987, de 13.2.1995 (art. 39 e parágrafo único), tem a seguinte redação: "O contrato de concessão poderá ser rescindido por iniciativa da concessionária, no caso de descumprimento das normas contratuais pelo poder concedente, mediante *ação judicial* especialmente intentada para esse fim". Parágrafo único. "Na hipótese prevista no *caput* deste artigo, os serviços prestados pela concessionária não poderão ser interrompidos ou paralisados, até a decisão judicial *transitada em julgado*" (g.n.). Um dos corolários da *indisponibilidade do interesse público* é a *continuidade dos serviços públicos*: "o serviço público não pode parar, ele é contínuo, pois essencial à comunidade" (Heraldo Garcia Vitta, *Aspectos da Teoria Geral no Direito Administrativo,* p. 67).

61. Na singela e precisa explicação de Clóvis Beviláqua: "O contrato é, sempre, um ato bilateral, porque pressupõe acordo de vontades; mas, por sua vez, pode ser bilateral ou unilateral, segundo há, ou não, reciprocidade de prestações. Esta reciprocidade de prestações é da essência dos contratos bilaterais. Dela resulta a exceção *non adimpleti contractus*, em virtude da qual, se uma das partes, sem ter cumprido sua prestação, exigir o cumprimento da outra, esta se defende, alegando que não pode ser coagida, porque o outro contraente também não cumpriu o prometido" (*Código Civil dos Estados Unidos do Brasil*, vol. IV, p. 264).

62. A ação judicial de rescisão contratual também pode ser proposta pelo Ministério Público, na defesa dos interesses públicos difusos (ação civil pública); ou por terceiro, um cidadão, ao ingressar com a competente ação popular, igualmente para proteger interesses difusos da sociedade.

63. *Curso de Direito Administrativo*, p. 662.

ración en el servicio público, es excusable las suspensión de la prestación prometida en el contrato administrativo. En caso de simple dificultad, el cocontratante no debe dejar de prestar su colaboración: esta cesación tendría consecuencias sobre el funcionamiento regular del servicio público".[64]

42) Contudo, ninguém está obrigado a fazer o *impossível*. Não se pode exigir do contratado contrair obrigações insuportáveis, a fim de continuar a obra ou o serviço, a ponto de levá-lo à falência, ou comprometer, drasticamente, a sua situação financeira. Nesses casos, insuperáveis, *ou insuportáveis*, o contratado pode *suspender* o cumprimento de suas obrigações, notificando a contratante; ou propor a ação judicial competente.[65]

4.2.4 Rescisão de "pleno direito"

43) A derradeira forma de rescisão contratual é a de *pleno direito*. Como o nome indica, ocorrido o fato, ou a situação jurídica, o liame extingue-se, *automaticamente*. Dessa forma, o ato administrativo apenas limita-se a reconhecer, *declarar*, a ocorrência do fato que originou o fim do contrato. Então, o ato administrativo tem efeitos meramente *declaratórios*, pretéritos: *retroagem* à data da situação da qual originou a extinção do contrato. Hely Lopes Meirelles cita os seguintes exemplos: dissolução da sociedade, falência da empresa, perecimento do objeto do contrato.[66]

Conclusões

Após esses sucintos delineamentos, podemos estabelecer alguns pontos comuns – conclusivos – a respeito dos aspectos abordados, quais sejam:

1) O contrato administrativo é elaborado no exercício de *função administrativa*; logo, a Administração detém *prerrogativas*, incomuns no Direito Privado; essas prerrogativas, embora elencadas, algumas delas, na Lei 8.666/1993, advêm do *princípio da supremacia do interesse público sobre o particular*. Por decorrência, o contrato administrativo contém *cláusulas especiais*, normalmente contidas, enunciadas, na Lei 8.666/1993.

De outra parte, podem ser aplicadas normas do Direito Privado no do Direito Administrativo; porém, mediante aplicação da *analogia*, aquelas não podem ir de encontro aos princípios e normas deste ramo do Direito.

2) Embora o contrato, por ser acordo de vontades, contenha a "cláusula" *lex inter pars* – assim, as partes têm dever de cumprir as normas do contrato –, submete-se à cláusula *rebus sic stantibus*, com base na qual o contratado poderá, dentre outras providências, pleitear a devida *recomposição patrimonial*, devido ao aumento de encargos, desde que tenha havido "circunstâncias extraordinárias" que a justifiquem.

3) A rescisão contratual é a *ultima ratio*, porque pressupõe atos graves,

64. *Principios Generales del Derecho Administrativo*, vol. 6, p. 4, rodapé 1 (grifos originais).

65. Carlos Maximiliano: "*Deve o Direito ser interpretado inteligentemente;* não de modo que a ordem legal envolva um *absurdo*, prescreva inconveniências, vá ter a conclusões inconsistentes ou impossíveis " (*Hermenêutica e Aplicação do Direito*, p. 166, grifos originais).

66. *Licitação e Contrato Administrativo*, p. 252. Incluímos as hipóteses de *caso fortuito e força maior*.

sérios; mas negligências persistentes, retardamentos prolongados, devem ser considerados graves, e justificam a rescisão. Também a inexecução *parcial e grave*, pode originar a rescisão.

4) A rescisão *unilateral ou administrativa* e a *amigável* pressupõem autorização escrita e fundamentada de autoridade competente (segundo as leis e atos da Administração). Ademais, na hipótese de *rescisão unilateral, por interesse público*, deve haver razões justificadas e determinadas pela máxima autoridade da esfera administrativa. Trata-se de *atos liberatórios*, de controle (*aprovação)*, de outro ato, a cargo de autoridade. Há, por assim dizer, *aprovações prévias*, que liberam a prática de outro ato, a ser praticado por outra autoridade.

5) A *rescisão unilateral, como penalidade administrativa* imposta ao contratado, pressupõe dolo ou culpa deste, que deve ser demonstrado no bojo de processo administrativo. No entanto, a imposição dessa pena pode cumular-se com outras penalidades (multas, suspensão temporária, declaração de inidoneidade). Finalmente, a rescisão, a suspensão e a declaração de inidoneidade devem ser impostas apenas em *situações graves*, praticadas pelo contratado.

6) Em virtude da *natureza do ato*, a *rescisão unilateral, por interesse público*, exige o *prévio contraditório* ao contratado e deve ser *motivada* (teoria dos motivos determinantes). Com maior razão, a rescisão unilateral, por penalidade do contratado.

7) A *rescisão unilateral e a amigável* têm efeitos para frente, a partir da publicação do respectivo ato administrativo. Devem-se ressalvar as hipóteses de caso fortuito ou de força maior – que constituem também motivos para a rescisão unilateral –, cujos efeitos *retroagem* àquelas circunstâncias excepcionais. Nessa linha, os casos de *rescisão de pleno direito* retroagem, têm eficácia retroativa – o ato da Administração apenas reconhece dada situação (efeitos declaratórios).

8) Quando o contratado não der causa à rescisão unilateral, deve ser *ressarcido*, indenizado: são devidos danos emergentes e lucros cessantes, estes a respeito do que remanescer, até o advento do termo contratual, observando-se a probabilidade efetiva de danos, por meio de verificação das condições atuais da execução do contrato.

9) Contudo, na rescisão unilateral, por caso fortuito ou força maior, são devidos, ao contratado, somente os danos emergentes, em princípio, até o momento da ocorrência do fato, impeditivo da execução do contrato. A Administração não pode responsabilizar-se por situações que não deu causa, e nem concorreu para sua eclosão. Ressalte-se, no caso fortuito, a "falta" do serviço, a ausência de cuidado de coisas a cargo da Administração – aqui, são devidos também os lucros cessantes.

10) Linhas gerais, a Administração pode sempre invocar a *exceção de contrato não cumprido* pelo contratado; porém, este pode invocá-la, em seu favor, somente nos casos legais, ao *suspender*, sem ordem judicial, o cumprimento de suas obrigações. No entanto, tudo dependerá do caso concreto, pois o contratado não está obrigado, juridicamente, a *comprometer, drasticamente, a sua situação financeira.*

11) Já, para *rescindir o contrato*, nessas hipóteses – inclusive quando houver *fato da administração* –, o contratado deverá propor a ação judicial competente, visando à *rescisão judicial*.

Bibliografia

BANDEIRA DE MELLO, Celso Antônio. *Curso de Direito Administrativo*. 32ª ed. São Paulo, Malheiros Editores, 2015.

BANDEIRA DE MELLO, Oswaldo Aranha. *Princípios Gerais de Direito Administrativo,* vol. I. 3ª ed. Prefácio de Celso Antônio Bandeira de Mello. São Paulo, Malheiros Editores, 2007.

BARROS, Márcio dos Santos. *Comentários sobre Licitações e Contratos Administrativos.* 2ª ed., rev. atual. e amp. São Paulo, Nova Dimensão Jurídica, 2011.

BEVILÁQUA, Clovis. *Código Civil dos Estados Unidos do Brasil,* vol. IV. 7ª ed., atual. por Achilles Bevilaqua. Rio de Janeiro, Livraria Francisco Alves, 1946.

CARVALHO FILHO, José dos Santos. *Manual de Direito Administrativo.* 25ª ed. São Paulo, Atlas, 2012.

CASSAGNE, Juan Carlos. *Estudios de Derecho Público.* Buenos Aires, Depalma, 1995.

________. *El Acto Administrativo – Teoría y Régimen Jurídico.* Bueno Aires, La Ley, 2012.

DROMI, Roberto. *Derecho Administrativo.* 7ª ed., atual. Buenos Aires, Ciudad Argentina, 1998;

FERREIRA DA ROCHA, Sílvio Luiz. *Manual de Direito Administrativo.* São Paulo, Malheiros Editores, 2012.

FIGUEIREDO, Lúcia. *Curso de Direito Administrativo.* 9ª ed., rev. ampl. e atual. São Paulo, Malheiros Editores, 2008.

GASPARINI, Diógenes. *Direito Administrativo.* 17ª ed., atual. por Fabrício Motta. São Paulo, Saraiva, 2012.

JÉZE, Gaston. *Principios Generales del Derecho Administrativo,* vol. VI. Trad. da 3ª edição francesa por Julio N. San Millán Almagro. Buenos Aires, Depalma, 1950.

JUSTEN FILHO, Marçal. *Comentários à Lei de Licitações e Contratos Administrativos.* 11ª ed. São Paulo, Dialética, 2005.

LAUBADÈRE, André (de); VENEZIA, Jean-Claude; GAUDEMET, Yves. *Traité de Droit Administratif,* t. I. 14ª ed. Paris, LGDJ, 1996.

MAXIMILIANO, Carlos. *Hermenêutica e Aplicação do Direito.* 18ª ed. Rio de Janeiro, Forense, 2000.

MEDEIROS DA FONSECA, Arnoldo. *Caso Fortuito e Teoria da Imprevisão.* 3ª ed., rev. e atual. Rio de Janeiro, Forense, 1958.

MEIRELLES, Hely Lopes. *Licitação e Contrato Administrativo,* 9ª ed., atual. São Paulo, Malheiros Editores, 1990.

NETTO DE ARAUJO, Edmir. *Curso de Direito Administrativo.* 2ª ed., rev. e atual. São Paulo, Saraiva, 2006.

OLGUÍN JUAREZ, Hugo A. *Extinción de los Actos Administrativos – Revocación, Invalidación y Decaimiento.* Santiago de Chile, Editorial Jurídica de Chile, 1961.

PONDÉ, Lafayette. "Considerações sobre o processo administrativo", *Revista de Direito Administrativo/RDA,* n. 130. Rio de Janeiro, Fundação Getúlio Vargas, 1977.

PIETRO, Virga. *Il Provvedimento Amministrativo.* 4ª ed. Milão, Giuffré, 1972.

VITTA, Heraldo Garcia. *Aspectos da Teoria Geral no Direito Administrativo,* São Paulo, Malheiros Editores, 2001.

________. *A Sanção no Direito Administrativo.* São Paulo, Malheiros Editores, 2003.

________. *Responsabilidade Civil e Administrativa por Dano Ambiental.* São Paulo, Malheiros Editores, 2008.

________. *Poder de Polícia.* São Paulo, Malheiros Editores, 2010.

ZANCANER. Weida. *Da Convalidação e da Invalidação dos Atos Administrativos.* 2ª ed., 3ª tir. São Paulo, Malheiros Editores, 2001.

ZANELLA DI PIETRO, Maria Sylvia. *Direito Administrativo.* 25ª ed. São Paulo, Atlas, 2012.

"IMPEACHMENT" – REQUISITOS JURÍDICOS

PEDRO ESTEVAM ALVES PINTO SERRANO

Professor de Direito Constitucional
da Pontifícia Universidade Católica de São Paulo

I. Prolegômenos e formulação dos quesitos. II. A elaboração teórica das funções do Estado e o conceito de Função Política. III. A Função política do Estado. IV. A relação entre o Direito e a Política. V. O crime de responsabilidade: natureza jurídica. VI. O crime de responsabilidade: extensão do direito de defesa do Presidente da República. VII. O crime de responsabilidade: elementos caracterizadores. VII-A. A prática de conduta típica durante o exercício do mandato e no exercício das funções. VII-B. A culpabilidade estrita: conduta dolosa grave. VIII. O papel da Câmara dos Deputados e o descabimento de recurso ao Plenário no caso de exame de admissibilidade negativo por seu Presidente. IX. Respostas aos quesitos.

I – Prolegômenos e formulação dos quesitos

Honra-nos o Partido dos Trabalhadores-PT, com sede à xxxxx, Brasília-DF, com Consulta no tema dos requisitos jurídicos para a cominação da infração político-administrativa de *impeachment* ao Presidente da República e, ainda, quanto ao cabimento de recurso ao Plenário da Câmara dos Deputados no caso de despacho do Presidente da Casa que não recebe a denúncia de infração político-administrativa. Assim, nos foram formulados os seguintes quesitos:

PRIMEIRO QUESITO: No plano do Direito material, quais são os requisitos jurídicos para a cominação de infração político-administrativa de *impeachment* ao Presidente da República?

Segundo quesito: Na hipótese de despacho do Presidente da Câmara dos Deputados não recebendo, dentro do exercício do exame prévio de admissibilidade, a denúncia de infração político-administrativa, é cabível recurso ao Plenário da casa?

Para que possamos responder aos quesitos apresentados, sustentaremos que a aplicação do chamado *impeachment* ao Presidente da República face à prática de conduta típica – ilícita – no exercício de suas funções é um recurso excepcional e que demanda o acolhimento de uma compreensão da Constituição da República à luz dos princípios republicano e democrático, devendo-se evitar a compreensão literal e isolada dos seus artigos 85 e 86 e da Lei n. 1.079/50.

Como se sabe, a investidura de um mandado representativo submete os agentes públicos ao exercício do múnus, ou seja, a um conjunto de deveres e responsabilidades, em benefício da coletividade.

Trata-se de uma decorrência do princípio republicano, o qual é o alicerce do Estado brasileiro. Em outras palavras, ao longo do exercício do mandato popular, os representantes podem ser responsabilizados por atos praticados no decorrer deste mesmo mandato.

Em regimes presidencialistas, o chefe de governo e de Estado – reunidos em uma só pessoa – pode sofrer, assim, o impedimento de seu mandato pelo Legislativo, mas apenas com a comprovação de condutas caracterizadoras de ilícitos e mediante métodos processuais que garantam ampla defesa e contraditório.

Conforme estipulado no artigo 85 da Constituição da República, o Presidente da República poderá sujeitar-se à excepcional medida de perda do mandato por infração político-administrativa desde que preenchidos determinados requisitos. Eles compreendem, essencialmente, a prática de conduta típica no exercício de mandato atual e uma intencional violação de dever.

Portanto, sustentaremos que, especificamente com relação à questão da prática de conduta típica, para que o mandatário sofra impedimento, a conduta em questão necessariamente deve estar vinculada ao mandato vigente, e não ao anterior. Trata-se de decorrência inafastável do caráter republicano das representações populares, marcadas, essencialmente, pela periodicidade dos mandatos.

Por essa razão é que a possibilidade, em tese, de reeleição não significa que ambos os mandatos – cada um de quatro anos – serão considerados um mesmo período para fins da responsabilização político-administrativa consistente no *impeachment.*

Para os chamados agentes políticos não se aplica a regra da continuidade administrativa, incidente apenas para os agentes públicos que possuem vínculo profissional com o Estado. Para eles, a habilitação técnica os qualifica a entreter relação que se prolonga no tempo, sem qualquer descontinuidade.

Portanto, a reeleição do Presidente da República não viabiliza a responsabilização político-administrativa por ato pretérito, isto é, praticado no primeiro mandato.

Nesses termos, apresentaremos na presente Consulta, sob a perspectiva do Direito material, os requisitos jurídicos para a cominação de infração político-administrativa ao Presidente da República, os quais, no nosso entender, seguem uma tipologia constitucional estrita.

A Constituição da República, conforme demonstraremos, conferiu ao Presidente da República todas as garantias do regime republicano-representativo, sem o qual estaria inviabilizado o exercício da relevante função pública de chefia do Estado e do governo, imunizando-o de oportunismos ilegítimos.

O regime jurídico deste excepcional mecanismo de controle deve ser construído considerando-se, ainda, a elaboração teórica das funções do Estado e o conceito de função política assimilada por esta mesma construção informadora de toda a estrutura do Estado, dada pela Constituição.

Em outras palavras, os requisitos jurídicos para a instauração do processo de *impeachment* do Presidente da República devem ser extraídos do quanto disposto no nosso Direito positivo, especialmente considerando o arcabouço constitucional, o que não se reduz à intelecção literal e isolada dos artigos 85 e 86 da Constituição da República, como se passa a expor.

II – A elaboração teórica das funções do Estado e o conceito de Função Política

Na elaboração das funções do Estado, afastamo-nos da modelagem da clássica teoria da "separação dos poderes" de modo a evitar a construção de uma concepção de soberania divisível, fracionada. Assim, "só por antonomásia é que se poderia denominar de separação de poderes a doutrina que pretende explicar e justificar a estruturação do 'poder' do Estado".[1]

O poder do Estado é indivisível e personifica o *poder político* do *povo*. Portanto, basear análise em separação de poder é um contrassenso: o que, por natureza, é uno, não se sujeita a divisibilidade. Nos termos propostos por Karl Loewenstein, a chamada separação é, na verdade, distribuição de determinadas funções a diferentes órgãos do Estado, razão pela qual o vocábulo deve ser entendido de maneira meramente figurativa.[2]

Por conseguinte, a ideia de "separação dos poderes do Estado", como técnica de limitação do *poder político* deve dar lugar a uma abordagem feita a partir das funções do Estado. Apenas as funções – atividades específicas, coordenadas e teleológicas – é que se sujeitam a parcelamentos, conforme Georges Burdeau.[3]

Tratando-se de expressão com conteúdo polissêmico, há de se fazer um levantamento da construção semântica das *funções do Estado*. Assim conduz-se um esforço de composição de um conteúdo de significado comum, com alguma objetividade, ao qual se possa referir para a análise a que nos propomos.

Cícero, no século 51 a.C., defendeu que a melhor alternativa às formas de governo monarquia, aristocracia e democracia seria aquela que resultasse da combinação das três. Isso garantiria a igualdade e a liberdade.[4] Aristóteles apontou, no século IV a.C., dentro do contexto de funções do Estado, a existência das funções deliberativa, executiva e judicial.[5] Políbio, no século II a.C, propôs o chamado governo misto,

1. André Ramos Tavares, "Repartição de funções estatais: fundamento, estrutura e finalidade", *Revista do Advogado*, São Paulo, vol. 23, n. 73, pp. 21-26, nov./2003, p. 24.

2. Karl Loewenstein, *Teoría de la constitución*, Barcelona, Ariel, 1986, p. 55.

3. Georges Burdeau, "Remarques sur la classification des fonctions étatiques", *Revue du droit public*, Paris, n. 60, pp. 202-228, 1945.

4. Marco Tulio Cícero, *Da república*, Livro I, Capítulo XLV, São Paulo, Atena, 1956.

5. Aristóteles, *A política*, Brasília, UnB, 1997.

o qual considerava ideal pela combinação entre as formas de governo clássicas.[6]

Com efeito, Aristóteles foi o primeiro a apontar de tal modo organizado a existência das funções do Estado. Não se pode falar que haja nele, porém, alguma indicação de que estas funções seriam mais bem desempenhadas quando atribuídas a órgãos diferentes. Em Cícero e Políbio, do mesmo modo, não se pode falar que às diferentes funções corresponderiam diferentes órgãos.

Apenas mais tarde, com John Locke, é que se pode falar na necessidade de entrega de diferentes funções a distintos órgãos do Estado. Sua obra *Two treatises on government* contém o elemento fundamental para o reconhecimento das diferentes funções estatais e sua atribuição a diferentes órgãos do Estado.[7]

Entretanto, coube a Montesquieu, lastreado no chamado *pessimismo antropológico,* a formulação da doutrina da *separação dos poderes* com a nomenclatura, bicameralismo legislativo e independência judicial usualmente conhecidos. O cerne da sua doutrina consiste na entrega de díspares funções a órgãos distintos e especializados, o que serviria de mecanismo de contenção do poder.

A separação orgânico-funcional estabelecida por Montesquieu parte de uma concepção iluminista de lei e de uma ideia mecanicista da função judicial.[8] Se tradicionalmente a separação das funções do Estado envolvia apenas a legislativa e executiva, Montesquieu acrescentou a judicial. A relevância da elaboração teórica das funções do Estado levada a efeito está, ainda, na completude científica e na atribuição do caráter jurídico a tais funções.

Para Georg Jellinek[9] o Estado detém dois fins: um jurídico e outro cultural. Pelo primeiro aspecto, estabelece e tutela o direito; pelo segundo, o Estado afirma a força e incrementa a cultura. Para a satisfação destes fins, o Estado se vale do estabelecimento de regras abstratas e atua concretamente para o alcance de objetivos individualizados. De acordo com o autor, nas funções do Estado, podem-se distinguir atividades livres – marcante na função legislativa – e vinculadas, ampla na jurisdicional.

A despeito do reconhecimento do fim cultural do Estado, há em Georg Jellinek apenas funções jurídicas, razão pela qual pondera Marcello Caetano que ele "estava dominado pela ideia kantiana de que a razão de ser do Estado é a realização da Ordem jurídica, donde resultava o seu preconceito de só definir funções jurídicas".[10]

Léon Duguit, na determinação das funções do Estado, vale-se da noção de *ato jurídico*, qual seja, a manifestação de vontade tendente à produção de modificações na ordem jurídica, seja atual, seja futura próxima.[11] O ato jurídico, neste contexto, pode assumir a feição de ato-regra, ato-condição e ato subjetivo. O ato-regra é

6. Políbio, *História*, Brasília, UnB, 1985.

7. John Locke, *Segundo tratado sobre o governo civil e outros escritos*, Petrópolis, Edusf, 2006, capítulo XII, n. 143.

8. Nuno Piçarra, *A separação dos poderes como doutrina e princípio constitucional: um contributo para o estudo das suas origens e evolução*, Coimbra, Coimbra, 1989, pp. 122-123.

9. Georg Jellinek, *L'état moderne et son droit*, t. 2, "Théorie juridique de l'État". Paris, Panthéon-Assas, 2005.

10. Marcello Caetano, *Manual de ciência política e direito constitucional*, t. I, Coimbra, Almedina, 2009, p. 154.

11. Léon Duguit, *Traité de droit constitutionnel*, vol. I, p. 219, *apud* Marcello Caetano, *Manual de ciência política e direito constitucional*, cit., p.151.

produzido com intento modificativo de regras abstratas constitutivas de direito objetivo. O ato-condição torna aplicável, a um indivíduo, regras abstratas determinadas que lhe eram inaplicáveis antes da prática do ato. O ato subjetivo gera obrigação especial, concreta, individual e momentânea, não imposta por nenhuma regra abstrata.[12]

Em Hans Kelsen, o Estado identifica-se com a ordem jurídica, razão pela qual as funções do Estado são tipicamente jurídicas. As funções do Estado correspondem a graus ou modos de realização da ordem jurídica. A aplicação do direito é, concomitantemente, sua produção. Todo ato jurídico é, simultaneamente, aplicação de uma *norma* superior, e produção, regulada por esta *norma*, de uma outra que lhe seja inferior.[13]

A premissa fundamental para a compreensão da divisão de funções proposta por Hans Kelsen é, por conseguinte, a concepção da sua *Teoria pura do direito*. O estudo de validade e criação da ordem jurídica, correspondendo à estática e à dinâmica da ordem estatal, pressupõe Estado enquanto ordem normativa. Partindo da premissa de que as funções executiva e judicial são, em essência, a mesma coisa, qual seja, aplicação do direito, Hans Kelsen vislumbra apenas essas duas funções do Estado.[14]

Georges Burdeau, atento aos atos do Estado, admite serem duas as suas funções fundamentais. Uma governamental, caracterizada por ser incondicionada, criadora e autônoma, subdividindo-se em legislativa e governamental *stricto sensu*. Outra, administrativa, marcada por ser derivada, secundária e subordinada, a qual se divide em jurisdicional, regulamentar e administrativa *stricto sensu*.[15]

Para Karl Loewenstein existem três funções do Estado. *Policy determination*, relacionada à deliberação das decisões políticas fundamentais conformadoras da sociedade no presente e no futuro; *policy execution*, voltada à adoção de medidas necessárias à implementação das decisões fundamentais; e, por fim, *policy control*, vinculada ao controle político dos órgãos estatais.[16]

Traçando um quadro abrangente das diversas modalidades das atividades desenvolvidas pelo Estado, Marcello Caetano, não crendo poderem estas reduzir-se à criação e aplicação do direito, ressalta a preocupação com atividades do Estado cujo conteúdo escapa dos atos de criação e aplicação do direito. Estas outras atividades, para o autor nem sempre em si mesmas jurídicas, e quando muito exteriormente reguladas pela lei, correspondem à função política e à técnica, as quais estão em relação de interdependência com as funções jurídicas do Estado, legislativa e executiva.

A por ele chamada de *Teoria integral das funções do Estado*, assim, implica dizer que "se todas as funções do Estado podem considerar-se jurídicas no sentido de que podem constituir objeto do Direito, há atividades com conteúdo jurídico e outras sem conteúdo jurídico".[17]

12. L. Duguit, *Manuel de droit constitutionnel*, Paris, Panthéon-Assas, 2007, p. 26.

13. Hans Kelsen, *General theory of Law and State*, Cambridge, Harvard University, 1999, p. 269.

14. Hans Kelsen, ob. e loc. cits.

15. Georges Burdeau, "Remarques sur la classification des fonctions étatiques, *Revue du droit public*, Paris, 1945, n. 60, pp. 202-228.

16. Karl Loewenstein, *Teoría de la constitución*, Barcelona, Ariel, 1986, p. 312.

17. Marcello Caetano, *Manual de ciência política e direito constitucional*, t. I, Coimbra, Almedina, 2009, p. 158.

A função política liga-se à atividade dos órgãos do Estado cujo objeto direto e imediato é a conservação da sociedade política e a definição e persecução do interesse geral mediante a livre escolha dos rumos ou das soluções consideradas preferíveis.[18]

A função técnica relaciona-se à atividade dos agentes do Estado cujo objeto direto e imediato consiste na produção de bens ou na prestação de serviços destinados à satisfação de necessidades coletivas de caráter material ou cultural, de harmonia com preceitos práticos tendentes a obter a máxima eficiência dos meios empregados.

A função legislativa define-se como a atividade dos órgãos do Estado que encerra o estabelecimento, direto e imediato, de *normas* de caráter geral e impessoal inovadoras da ordem jurídica.[19]

A função executiva consiste na atividade dos órgãos que tenham por objeto, direto e imediato, a promoção e garantia do cumprimento das leis e aplicação de sanções.[20] Esta função engloba as modalidades jurisdicional, caracterizada pela imparcialidade e passividade, e administrativa, marcada, ao contrário, pela parcialidade e iniciativa.

Marcello Caetano, como se vê, baseia sua *Teoria integral das funções do Estado* no aspecto material das funções. O conteúdo dos atos estatais e os resultados almejados são, assim, o alicerce da referida teoria, a qual aparta, em duas funções estatais diferentes, a definição de rumos do Estado e a positivação de regras.

Jorge Miranda apresenta uma divisão tricotômica das funções do Estado considerando, para tanto, a conjugação de critérios materiais, formais e orgânicos.[21] A inovação desta teoria, além da conjugação de critérios, está na detecção de zonas de fronteira e de funções complementares, acessórias ou atípicas.

Funções política, administrativa e jurisdicional decorrem, portanto, dos fins ou do objeto dos atos em razão dos quais se desenvolvem (critério material), em razão dos modos e formas de sua manifestação (critério formal) e das instituições através das quais são praticados estes atos (critério orgânico).

A função política, pelo critério material, compreende a definição primária e global do interesse público, a interpretação dos fins do Estado e escolha dos meios adequados para atingi-los, além da sua direção. Pelo critério formal, abrange a liberdade ou discricionariedade máxima com subordinação às regras jurídicas, liberdade de escolha e ausência de sanções jurídicas específicas. Pelo critério orgânico, engloba os órgãos políticos e governativos em conexão direta com a forma e o sistema de governo.

A função política compreende a função legislativa, ou *legislatio*, e governativa, ou política *stricto sensu,* ou ainda *gobernatio*, consoante se traduza em atos normativos, direta ou indiretamente, explícita ou implicitamente, e em atos de conteúdo não normativo.

A função administrativa, pelo critério material, realiza-se pela satisfação constante e cotidiana das necessidades coletivas, além da prestação de bens e serviços. Pelo critério formal, a iniciativa e, em regra, a parcialidade na prossecução do interesse público. Pelo critério orgânico, marca-se pela dependência funcional,

18. Marcello Caetano, ob. cit., p. 172.

19. Marcello Caetano, ob. cit., p. 166.

20. Marcello Caetano, ob. cit., p. 168.

21. Jorge Miranda, *Manual de direito constitucional*, t. V, Coimbra, Coimbra, 2004, p. 22.

com sujeição, no interior de cada sistema ou aparelho de órgãos e serviços, às ordens e instruções e ao recurso hierárquico.

A função jurisdicional, pelo critério material, abarca a declaração do direito em concreto e em abstrato. Pelo critério formal, marca-se pela passividade e imparcialidade. Pelo critério orgânico, pela independência e atribuição a órgãos específicos, os tribunais.

Conceituadas as funções, pontifica Jorge Miranda que "os atos próprios de cada função devem provir, em princípio, de órgãos correspondentes a essa função. Todavia encontram-se (...) algumas interpenetrações e inevitáveis zonas cinzentas".[22] Todavia, tendo em vista o Direito positivo português, o autor elenca hipóteses nas quais não se pode falar em exatidão desta correspondência. Cita, dentre outras, as chamadas *decisões aditivas* do Tribunal Constitucional português e a verificação de fatos e atos do Presidente da República.[23]

Esses chamados atos assimétricos, ainda que significativos, não afetam, segundo o autor, o núcleo especificador dos órgãos a que são cometidos.[24] De fato, não são eles que individualizam as funções do Estado na sua generalidade, porém, ainda que não afetem, de forma absoluta, a tripartição de funções estatais, não se pode negar perturbações de ordens variadas.

Apresentada uma breve panorâmica da elaboração teórica das funções do Estado, estamos aptos a fixar o conceito de funções do Estado.

A função do Estado reflete, para Jorge Miranda, fim, tarefa ou incumbência, correspondente a certa necessidade coletiva ou a certa zona da vida social. Expressa, ainda, atividade com características próprias, modelo de comportamento.[25]

No primeiro sentido, a função traduz o enlace entre a sociedade e o Estado e uma tentativa ou princípio de legitimação do exercício do *poder*. A função vincula-se, assim, ao Estado enquanto poder e como comunidade.[26]

No segundo, expressa atos e atividades que o Estado, constantemente, desenvolve em harmonia com as regras que o condicionam e conformam. A função, assim, é uma manifestação específica do *poder político,* um modo tipicizado de exercício do poder.[27]

Em ambas as acepções, "exibe-se um elemento finalístico: directamente, na função como tarefa; indirectamente, na função como actividade".[28] Com efeito, a tarefa é o fim historicizado que implica adstrição de um comportamento que inexiste por si mesmo; a atividade, um meio para a consecução de fins qualificados.

A função no sentido de atividade relaciona-se a um complexo ordenado de atos, interdependentes, ou apenas aparentemente, uns em relação aos outros, destinados à persecução de um fim ou de vários fins conexos. É a atividade, desenvolvida pelo Estado, por meio de seus órgãos e agentes, na realização das incumbências que lhe são atinentes constitucional e legalmente. Não há, nessa perspectiva, atividade do Estado senão nos limites do direito. A atividade é específica ou diferenciada, duradoura e globalizada.[29] Para o mesmo autor, "são os fins do Estado, permanentes ou conjunturais, que determinam o tipo e

22. Jorge Miranda, ob. cit., p. 34.
23. Jorge Miranda, ob. cit., p. 35.
24. Jorge Miranda, ob. cit., p. 36.
25. Jorge Miranda, ob. cit., p. 8.
26. Jorge Miranda, ob. cit., pp. 8-9.
27. Jorge Miranda, ob. cit., pp. 8-9.
28. Jorge Miranda, ob. cit., p. 9.
29. Jorge Miranda, ob. cit., p. 11.

a feição das actividades dos seus órgãos e agentes, e são as normas jurídico-públicas que as qualificam como actividades do Estado".[30]

Marcello Caetano, do mesmo modo, adota o elemento finalístico para a qualificação da noção de funções do Estado. Para ele a função é uma "actividade específica, complementar de outras actividades também específicas cujo exercício coordenado é indispensável à produção de certo resultado".[31]

As funções do Estado, assim, relacionam-se à compreensão da sua ação haja vista os fins de segurança, justiça e bem-estar.[32] Funções do Estado são, assim, atividades específicas, coordenadas e teleológicas. Tais funções sempre estão condicionadas pelo Direito.

III – A Função Política do Estado

Para levar a cabo a análise proposta, é necessário debruçarmo-nos, dentre as várias funções estatais, na sua função política.

Marcello Caetano sustenta que a função política é atividade não jurídica do Estado. Não conteria, em si mesma, criação e execução do direito, ainda que possa adotar, em determinadas hipóteses, formas jurídicas ou sujeitar-se ao direito.[33]

Entretanto, dentro da apresentada elaboração teórica das funções do Estado, só se pode adotar um conceito de função política nos quadrantes do direito posto.

A função política é atividade fundamental dos órgãos superiores do Estado com vistas a assegurar, *verbi gratia*, a unidade e coesão nacionais, definir interesses coletivos, escolher objetivos concretos a realizar e os meios a serem empregados.[34]

Há que se destacar, aqui, que a opção em temas fundamentais para a preservação do Estado e promoção do bem comum, por órgãos instituídos pela Constituição, ocorre dentro de uma margem de interpretação das disposições constitucionais.

Jorge Miranda destaca que o específico da função política está na incindibilidade da forma e do sistema de governo. Ou seja, é a Constituição que, sintonizada com a forma e o sistema de governo por ela consagrados, cria e regula os órgãos incumbidos do exercício da função política.[35]

A função política, destarte, é a atividade de definição primária e global do interesse público, a atividade de interpretação dos fins do Estado e escolha dos meios adequados para atingi-los. Inerente ao conceito está, ainda, o exercício por órgãos em conexão direta com a forma e o sistema de governo.

Assim é que Cristina M. M. Queiroz assinala ser a função política "muito mais do que a simples afirmação de uma actividade governamental *tout court*".[36] Não se apresenta, do mesmo modo, como momento destacado na atividade do governo, mas "diz respeito a todos os órgãos constitucionais chamados à concretização da vontade política constitucionalizada".[37]

Quanto ao exercício por opções em temas fundamentais, recorde-se Jorge Mi-

30. Jorge Miranda, ob. cit., p. 11.

31. Marcello Caetano, *Manual de ciência política e direito constitucional*, t. I, Coimbra, Almedina, 2009, p. 148.

32. Marcello Caetano, ob. cit., p. 149.

33. Marcello Caetano, ob. cit., p. 171.

34. Marcello Caetano, ob. cit., p. 172.

35. Jorge Miranda, *Manual de direito constitucional*, t. V, Coimbra, Coimbra, 2004, p. 28.

36. Cristina M. M. Queiroz, *Os actos políticos no Estado de Direito*, Coimbra, Almedina, 1990, p. 112.

37. Cristina M. M. Queiroz, ob. e loc. cits.

randa, para o qual a função política possui por característica "a interpretação dos fins do Estado e escolha dos meios adequados para os atingir em cada conjuntura".[38]

Intrínseco ao exercício da função política está a liberdade de escolha, dentro do campo de interpretação da Constituição, relacionada aos rumos e condução dos meios para a manutenção ou transformação das estruturas de uma sociedade global ou das relações fundamentais entre sociedades, como afeiçoa Michel Debrun.[39]

Conclui-se, assim, que a função política do Estado relaciona-se, basicamente, ao exercício do *poder* de decisão política por órgãos em conexão direta com a forma e o sistema de governo, os quais são responsáveis pela concretização da vontade política constitucionalizada, concretização esta que ocorre dentro dos quadrantes do direito posto.

IV – A relação entre o Direito e a Política

No contexto da distinção clássica entre o direito e a política, salienta Larry D. Kramer[40] que à política, a soberania popular, o princípio majoritário e o domínio da vontade; ao direito, o primado da lei (*the rule of the law*), o domínio da razão. Nesse contexto, Georg Jellinek vincula a Constituição aos princípios jurídicos que definem os órgãos supremos do Estado, sua criação, suas relações mútuas, determinam o âmbito de sua atuação e a situação de cada um deles em relação ao poder do Estado.[41]

Para o referido autor, a política está fora da Constituição.[42] Além do mais, deveria haver uma separação entre o direito e a política no estudo do Estado, inclusive na análise da Constituição.[43]

A teoria jurídica do Estado de Georg Jellinek, segundo Pedro de Vega García, está ligada a três pressupostos: a positividade do direito, o monopólio estatal da produção jurídica e a personalidade jurídica do Estado.[44]

Sustentam-se na distinção clássica entre o direito e a política as crenças da neutralidade científica, da completude do direito e a da interpretação judicial como um processo puramente mecânico de concretização das regras jurídicas, em valorações estritamente técnicas.

A relação entre o direito e a política encontra-se cunhada pela positivação do direito, assim entendida como passagem da validade tradicional ou transcendente

38. Jorge Miranda, "Funções do Estado", *Revista de Direito Administrativo*, Rio de Janeiro, 1992, vol. 189, pp. 85-99.

39. Michel Debrun, *O fato politico*, Rio de Janeiro, FGV, 1962, p. 37.

40. "We in the twenty-first century tend to divide the world into two distinct domains: a domain of politics and a domain of law. In politics, the people rule. But not in law. Law is set aside for a trained elite of judges and lawyers whose professional task is to implement the formal decisions produced in and by politics" (Larry D. Kramer, *The people themselves: popular constitutionalism and judicial review*. New York, Oxford University, 2004, p. 7).

41. Georg Jellinek, *Allgemeine Staatslehre*. Darmstadt, Wissenschaftliche Buchgesellschaft, 1960, p. 505.

42. Georg Jellinek, ob. cit., pp. 361-363.

43. Geoge Jellinek, *Verfassungsänderung und Verfassungswandlung*: Eine staatsrechtliche-politische Abhandlung. Goldbach, Keip Verlag, 1996, pp. 5-6.

44. Pedro de Vega García, "El tránsito del positivismo jurídico al positivismo jurisprudencial en la doctrina constitucional", *apud* Gilberto Bercovici, "Constituição e política: uma relação difícil", *Lua Nova*, 2004, n. 61, pp. 5-24, p. 6.

para validade decisionista, como afeiçoa Dieter Grimm.[45] Ainda que o que valha juridicamente seja decidido politicamente, a política, segundo o referido autor, subordina-se ao direito.

Não há conteúdo politicamente independente do direito. Porém, já que o direito não pode operar determinadas modificações a partir de si mesmo, faz-se necessário a existência de uma instância com legitimidade de decisão que se encarregue de restabelecer o que podemos chamar de nexo perdido entre exigências sociais e soluções jurídicas.[46]

Pondera Luís Roberto Barroso que o "direito é, certamente, diferente da política. Mas não é possível ignorar que a linha divisória entre ambos, que existe inquestionavelmente, nem sempre é nítida, e certamente não é fixa".[47] Portanto, direito e política, ainda que pretensamente diversificados e separados por linhas de demarcação analítica, normativa ou funcional, estão osmoticamente atrelados.[48]

Os laços entre o direito e a política são, com efeito, inevitáveis. Destaca o citado autor que o por ele chamado de "encontro não marcado entre o direito e a política" ocorre em razão da linguagem aberta dos textos jurídicos, das inevitáveis colisões de normas constitucionais e dos desacordos morais razoáveis (*moral reasonable disagreement)*, relacionados à ausência de conciliação possível em determinadas matérias em sociedades pluralistas.

Rudolf Smend tinha por Constituição a ordenação jurídica do Estado, a dinâmica vital na qual se desenvolve a vida estatal, isto é, de seu processo de integração com vistas à permanente reestruturação da sua realidade. A Constituição seria o modelo legal ou normativo de determinados aspectos deste processo.[49]

Coloca-se nesse sentido a proposta de "Constituição dirigente", de José Joaquim Gomes Canotilho,[50] o qual, pela teoria material da Constituição, pondera que, como todas as Constituições conformam o político, racionalizando-o, há o estabelecimento de uma vinculação jurídica para os atos políticos.

Não se pode negar, por conseguinte, que a Constituição seja uma interface entre os universos jurídico e político. Em sendo o direito constitucional um direito político, devemos retomar a proposta de Karl Loewenstein, que entendia a teoria da Constituição como uma explicação realista do papel que a Constituição detém na dinâmica política.[51]

Entretanto, não se está a patrocinar uma invasão indevida da política no direito e, em especial, na Constituição. Esta politização corresponde às respostas

45. Dieter Grimm, *Constituição e política*, Belo Horizonte, Del Rey, 2006, p. 3.

46. Dieter Grimm, ob. cit., p. 6.

47. Luís Roberto Barroso, "Constituição, democracia e supremacia judicial: direito e política no Brasil contemporâneo", in *O controle de constitucionalidade no direito brasileiro*, São Paulo, Saraiva, 2010.

48. José Alfredo de Oliveira Baracho, "O ambiente sistêmico da função judicial e o espaço político da magistratura", *Revista de Processo*, vol. 98, p. 43, abr.-jun./2000.

49. Rudolf Smend, *Verfassung und Verfassungsrecht in Staatsrechtliche Abhandlungen und andere Aufsätze*, Berlin, Duncker & Humblot, 1994, p. 274, *apud* Gilberto Bercovici ob. cit., p. 8.

50. José Joaquim Gomes Canotilho, *Constituição Dirigente e Vinculação do Legislador: Contributo para a Compreensão das Normas Constitucionais Programáticas*, Coimbra, Coimbra, 2001.

51. Karl Loewenstein, *Teoría de la constitución*, Barcelona, Ariel, 1986, pp. 217-222.

que o direito deve oferecer às demandas do sistema político a partir de sua própria recursividade.[52] O intuito é, ainda, frisar que não há função política do Estado senão nos quadrantes do direito posto.

A política, portanto, ainda que possa assumir noção polissêmica, especialmente consideradas as diversas áreas do conhecimento, é ressignificada no âmbito do Direito.

Como se sabe, o Direito é aberto no sentido semântico. Ele colhe expressões em outros ambientes da vida social, internalizando-as, ocasião em que assumem sentido próprio.

Nesses termos, quando se fala em *crime* de responsabilidade, bem como em julgamento ou responsabilidade política do Presidente da República, deve-se extrair do qualificativo político a concretização de uma vontade política constitucionalizada, o que ocorre dentro dos quadrantes do Direito posto e não mediante as noções de política de outras áreas do conhecimento, bem como da Ciência Política e da Teoria do Estado.

52. Como bem sintetiza Celso Fernandes Campilongo, "as grandes categorias do constitucionalismo moderno constroem as bases estruturais para a autonomia funcional do direito (...). Mas as Constituições, se de um lado fornecem as ferramentas para o fechamento operativo do direito, de outro também são o mecanismo da abertura cognitiva do direito para a política. No Estado de Direito, o sistema jurídico fornece respostas legais aos problemas da política. Isso não representa ignorância ou insensibilidade para a política. Ocorre que os problemas da política são traduzidos, deslocados e selecionados pelo sistema jurídico com critérios particulares e internos a esse sistema. Enquanto a política opera num quadro de complexidade elevada e indeterminada, o direito atua num contexto de complexidade já reduzida e determinada por limites estruturais mais rigorosos" (Celso Fernandes Campilongo, *Política, sistema jurídico e decisão judicial*, São Paulo, Max Limonad, 2002, p. 24).

V – O crime de responsabilidade: natureza jurídica

O exercício do *munus* público sujeita os agentes políticos à responsabilidade, eis que o princípio republicano informa toda a nossa estrutura do Estado.[53] Ele impõe que os agentes públicos sejam responsáveis (*accountable*) pelos comportamentos que adotem no exercício da sua função pública.

A forma republicana de governo é, para José Joaquim Gomes Canotilho, "constitutiva de uma inarredável identidade constitucional".[54] Assim é que uma das principais características da forma republicana está na "ideia de 'antiprivilégio' no que respeita à definição dos princípios e critérios ordenadores do acesso à função pública e aos cargos públicos". Na expressão do autor, a forma republicana de governo relaciona-se aos critérios de "electividade, colegialidade, temporariedade e pluralidade, aos critérios de designação, hierarquia e vitaliciedade".[55]

Para José Afonso da Silva, a eleição periódica, por si só, não esgota a *realidade democrática*. Por essa razão é que, ao longo do exercício do mandato popular, os representantes devem responder por seus atos.[56]

53. Pedro Estevam Alves Pinto Serrano, "Princípio republicano e provimento dos cargos públicos", *Revista da Faculdade de Direito das Faculdades Metropolitanas Unidas*, São Paulo, n. 10, ano 14, 1996, pp. 67-99.

54. José Joaquim Gomes Canotilho, *Direito constitucional e teoria da constituição*, Coimbra, Almedina, 2003, p. 228.

55. José Joaquim Gomes Canotilho, ob. cit., p. 229.

56. José Afonso da Silva, *Curso de direito constitucional positivo*, São Paulo, Malheiros Editores, 2008, p. 550 [*30ª ed.*].

Com efeito, o *crime* de responsabilidade é uma infração político-administrativa praticada por determinados agentes políticos, isto é, aqueles "titulares de cargos estruturais à organização política do País, ou seja, ocupantes dos que integram o arcabouço constitucional do Estado, o esquema fundamental do Poder. Daí que se constituem nos formadores da vontade superior do Estado".[57]

Em regimes presidencialistas, o chefe de governo e de Estado, reunidos em um só mandatário,[58] pode sofrer assim, o impedimento de seu mandato pelo Legislativo, mas isso apenas, como adiante será demonstrado, após a comprovação de condutas caracterizadoras de ilícitos, anteriormente previstas normativamente, e após comprovação consistente por métodos processuais que garantam ampla defesa e contraditório.

Ainda que se possa chamar referida competência assimétrica do Legislativo de *policy control*[59] na classificação de Karl Loewenstein, o exercício da função política deve abarcar a concretização da vontade política constitucionalizada, o que deve ocorrer dentro dos quadrantes do Direito posto.

Os artigos 85 e 86 da Constituição tratam da responsabilidade do Presidente da República. O primeiro dispositivo prevê que são *crimes* os atos que atentem contra a Constituição. É indicado um rol exemplificativo de condutas típicas. Prevê-se, ainda, que tais crimes serão definidos em lei especial, que estabelecerá as normas de processo e julgamento. Referida espécie normativa é a Lei n. 1.079/1950, que foi recepcionada, parcialmente, pela Constituição.[60]

O termo *impeachment* é utilizado para identificar o processo mediante o qual se promove a apuração e o julgamento do crime de responsabilidade. O instituto nasceu na Grã-Bretanha e foi adotado pelos Estados Unidos da América a partir de 1787. No Brasil, o mecanismo nasceu na Constituição de 1891. Todas as Constituições seguintes o acolheram. As primeiras leis ordinárias a regulamentar a matéria foram a Lei n. 27/1892 e a Lei n. 30/1892, ambas editadas no regime da Constituição de 1891.[61]

O *impeachment* é, nesses termos, um mecanismo do Legislativo para controlar os membros do Executivo. Talvez por essa razão que a nossa doutrina, por muito tempo, sustentou que o processo por *crime* de responsabilidade teria natureza essencialmente política.

Entretanto, o que se chama de *crime* de responsabilidade é uma infração político-administrativa praticada por determinados agentes políticos, cujo processamento e julgamento decorrem do exercício de uma função política do Legislativo, o que deve se dar, por essa razão, nos quadrantes do Direito posto.

Consequentemente, no processo administrativo tendente à cominação de infração político-administrativa de *im-*

57. Celso Antônio Bandeira de Mello, *Curso de direito administrativo*, São Paulo, Malheiros Editores, 2009, p. 246 [*26ª ed.*].

58. O Presidente da República, como chefe do Executivo, assume as funções de Chefe de Estado e de Governo (José Afonso da Silva, ob. cit., pp. 542-543).

59. Karl Loewenstein, *Teoría de la constitución,* Barcelona, Ariel, 1986, p. 312.

60. Nesse sentido, STF, MS 21.564-DF, Rel. para o acórdão Min. Carlos Velloso, j. 23.9.1992.

61. Luís Roberto Barroso, "Crime de responsabilidade e processo de *impeachment*", *Revista de Processo*, vol. 95, p. 85, jul/1999 e *Doutrinas Essenciais de Direito Constitucional*, vol. 3, p. 615, maio, 2011.

peachment ao Presidente da República, quando se fala em julgamento político estamos a aludir, exclusivamente, a um determinado regime jurídico, a um específico conjunto de normas que limitam e regulam o seu processamento.

VI – O crime de responsabilidade: extensão do direito de defesa do Presidente da República

Paulo Brossard de Souza já alertava que "o impeachment tem feição política, não se origina senão de causas políticas, objetiva resultados políticos, é instaurado sob considerações de ordem política e julgado segundo critérios políticos – julgamento que não exclui, antes supõe, é óbvio, a adoção de critérios jurídicos".[62]

Com efeito, o processamento e o julgamento do crime de responsabilidade pelo Legislativo ocorrem dentro do exercício de uma competência atípica, estranha à função primária do Legislativo na divisão de funções estatais na República.

Ainda que atípica, a função exercida pelo Legislativo ocorre nos quadrantes do conceito de função política do Estado. Deve-se afastar, assim, a arbitrariedade e a discricionariedade na concretização dos conceitos indeterminados da definição legal típica dos *crimes* de responsabilidade.

Rememore-se, aqui, Celso Antônio Bandeira de Melo, para o qual apenas "no interior das fronteiras decorrentes da dicção legal é que pode vicejar a liberdade (...)".[63] Há, com efeito, hipóteses em que a Constituição e a lei regulam dada situação em termos tais que não resta para o intérprete margem alguma de liberdade. Isso ocorre quando a regra "prefigura antecipadamente com rigor e objetividade absolutos os pressupostos requeridos (...)".[64] Nesse caso, há vinculação. Ao contrário, há discricionariedade quando existe uma campo de "indeterminação normativa" no qual incide uma "certa esfera de liberdade".[65]

Além disso, frise-se, aqui, que a interpretação constitucional contém particularidades que a singularizam no universo da interpretação jurídica em geral. As complicações da interpretação constitucional remontam, em suma, às peculiaridades do Direito constitucional, bem como da Constituição.

Neste contexto, a superioridade da Constituição e a natureza da sua linguagem, marcada pela textura aberta, vagueza dos princípios e dos conceitos jurídicos indeterminados, são um contributo decisivo à particularização da interpretação constitucional.

Referida problemática não passou despercebida por Eduardo García de Enterría,[66] o qual, sensível à amplitude das fórmulas adotadas pela Constituição, salienta que a interpretação constitucional será sempre inserta em uma problemática que exclui qualquer parâmetro simplista.[67]

Sob a ótica analítica da dogmática jurídica, o chamado *conceito jurídico in-*

62. Paulo Brossard de Souza Pinto, *O impeachment: aspectos da responsabilidade política do presidente da república*, 1965, p. 71.

63. Celso Antônio Bandeira de Mello, *Curso de direito administrativo*, cit., p. 951.

64. Celso Antônio Bandeira de Mello, ob. e loc. cits.

65. Celso Antônio Bandeira de. Mello, ob. cit., p. 952.

66. Eduardo García de Enterría, *La constitución como norma y el tribunal constitucional*, Madrid, Civitas, 1988, p. 231.

67. Eduardo García de Enterría, ob. cit., p. 223.

determinado,[68] por exemplo, possui o que Paulo de Barros Carvalho chama de *heterogeneidade de conteúdo*: "o direito posto, na sua continuidade normativa, oferece flagrante heterogeneidade de conteúdos, vista sua pretensão de regular as condutas intersubjetivas no contexto social".[69]

A importância da diferença entre os conceitos apontados reside na compreensão do papel que podem desempenhar como argumentos dogmáticos no discurso jurídico.

Com efeito, enquanto os "conceitos jurídicos autênticos" estão inseridos "na dogmática ajustada ao tratamento conceitual-sistemático da lei válida", os "outros conceitos que ocorrem nas normas jurídicas"[70] estão incluídos no campo da interpretação pura, despicienda de regulamentação normativa que lhe conceitue. Esses últimos existem independentemente de outras normas que os definam e devem ser interpretados de forma que seu significado coadune-se com o sistema fático-jurídico em que estão inseridos, segundo, portanto, os valores que integram o Direito posto.

Assim é que a competência do Legislativo de aplicar a Constituição não lhe permite interpretar dispositivos de forma extensiva e, assim, a invadir competência destinada pela Constituição ao Executivo ou Judiciário ou, ainda, a pretexto de dar cumprimento às determinações constitucionais, interromper o livre processo democrático e republicano de cumprimento de uma função pública outorgada pelo povo.

Tal entender atenta contra a ideia de divisão de funções que é, conforme já salientamos, inerente ao Estado Democrático de Direito, no qual não existem juízos caracterizados por formação autônoma de vontade do julgador.

Por essa razão, qualquer julgamento, por mais discricionário que seja, é pautado pelo que Kant[71] e a moderna teoria constitucional chamam de *juízo heterônomo,* qual seja, a vontade constituída a partir dos fins e processos estipulados na ordem jurídica e não no juízo absolutamente subjetivo.

Por essa razão é que quando se usa a expressão *processo e julgamento políticos* para tal forma de juízo não se quer dizer julgamento segundo a vontade integralmente autônoma e livre, inclusive com eventual dispensa do devido processo legal.

Além do mais, o Presidente da República – o chefe de governo e de Estado de regime presidencialista – não se confunde com o Primeiro Ministro de um regime parlamentarista. Ele não pode, portanto, ser afastado da função por mero juízo de conveniência e oportunidade do Parlamento,[72] mas apenas pelo cometimento de infrações previstas normativamente e demonstradas com o devido processo legal.

Ou seja, a chamada perda da *public trust,* a ensejar *moção de censura* ou desconfiança do parlamentarismo, é inteiramente inaplicável ao nosso sistema presidencialista. No presidencialismo, o Presidente da República sujeita-se a um

68. Robert Alexy, *Teoria da argumentação jurídica*, São Paulo, Landy, 2001, p. 246.

69. Paulo de Barros Carvalho, *Direito tributário: linguagem e método*, São Paulo, Noeses, 2013, p. 181.

70. Paulo de Barros Carvalho, ob. e loc. cits.

71. Immanuel Kant, *Fundamentação da metafísica dos costumes*, São Paulo, Abril Cultural, 1974, p. 239.

72. José Afonso da Silva, *Curso de direito constitucional positivo*,. São Paulo, Malheiros Editores, 2008, p. 543.

específico processo político-administrativo de responsabilização.[73]

Nesses termos é que quando se afirma que o Legislativo, ao promover o processo e julgamento do crime de responsabilidade, constitui-se em "tribunal especial, para o julgamento político",[74] referido julgamento só pode ser qualificado como político desde que não se afaste dos quadrantes do ordenamento jurídico.

A característica maior do Estado de Direito está na submissão do político ao Direito. Isso significa que toda decisão, por mais discricionária e aparentemente livre e autônoma que seja, quando adotada pelo Estado, será sempre, de alguma forma, heterônoma, isto é, condicionada pela ordem jurídica.

Assim é que o *crime* de responsabilidade traz em si um regime jurídico, que visa a estabelecer certas garantias ao Presidente da República. No regime presidencialista, o mandato não pode ser interrompido por mero voto de desconfiança do Legislativo.

O Chefe do Executivo não é o representante do Parlamento, o que ocorre apenas no parlamentarismo. Não pode haver, portanto, a interrupção do mandato do Presidente porque se considera que ele agiu com incompetência ou inadequação no exercício das funções. A interrupção só pode ocorrer se houver *crime* de responsabilidade.

Ainda que o processo de *impeachment* ocorra no âmbito político-administrativo,[75] e não no contexto de um processo criminal,[76] deve-se oferecer as garantias próprias não só dos processos administrativos sancionadores, mas também de determinados elementos do processo judicial. Tanto assim é que a própria Lei n. 1.079/1950, no seu art. 38, determina que no processo e julgamento do Presidente da República, serão subsidiários à lei, naquilo em que lhes forem aplicáveis, não só os regimentos internos da Câmara dos Deputados e do Senado Federal, como também o Código de Processo Penal.

Não estamos a dizer, com isso, que o *crime* de responsabilidade confunde-se com o ilícito penal, mas que referido processo sancionador não pode se afastar, em absoluto, das garantias mínimas da chamada *teoria geral do processo.*

Assim, os sistemas de garantias próprios do Direito penal e do processo penal devem, no que couber, ser aplicados ao processo e julgamento do *crime* de responsabilidade, resguardando-se, inclusive, as garantias do regime republicano-representativo conferidas ao Presidente da República.

Especificamente com relação à extensão do direito de defesa do Presidente da República, deve-se oportunizar, em todas as fases do processo, o seu exercício, conforme determina, no plano constitucional, o art. 5º, inciso LV, que prevê que "(...) aos acusados em geral são assegurados o contraditório e ampla defesa, com os meios e recursos a ela inerentes".

É de se salientar, aqui, que a Constituição da República conferiu ao Presidente da República todas as garantias do regime republicano-representativo, sem as quais estaria inviabilizado o exercício da relevante função pública de chefia do Estado e do governo, imunizando-o de oportunismos ilegítimos.

O exercício do direito de defesa pelo Presidente da República não emerge exclusivamente do ponto de vista do interes-

73. José Afonso da Silva, ob. cit., p. 550.

74. José Afonso da Silva, ob. cit., p. 552.

75. Nesse sentido: STF, IF 590 QO-CE, Rel. Min. Celso de Mello, j. 17.9.1998.

76. Nesse sentido: STF, Pet 1.365 QO-DF, Rel. Min. Néri da Silveira, j. 3.12.1997.

se juridicamente tutelado do mandatário enquanto acusado e titular das garantias do princípio democrático e do regime presidencialista. Decorre, ainda, do interesse juridicamente tutelado em favor da própria sociedade, já que o processo visa à interrupção da sua vontade formalizada pelo mecanismo do sufrágio universal.

Há que se oferecer, assim, prazo razoável de defesa ao Presidente da República e a devida dilação probatória. Não cumprido referido requisito para a incidência válida da infração político-administrativa, a Constituição será desobedecida já que o devido processo legal não é uma mera pantomima formal.

VII – O crime de responsabilidade: elementos caracterizadores

Como antecipado, os requisitos jurídicos para a instauração do processo administrativo tendente à cominação de infração político-administrativa de *impeachment* ao Presidente da República deve ser extraído do quanto disposto no nosso Direito positivo, especialmente considerando o arcabouço constitucional, o que não se reduz à intelecção literal e isolada dos artigos 85 e 86 da Constituição, devendo envolver a compreensão sistemática dos princípios republicano e democrático, bem como os fundamentos (art. 1º) e objetivos (art. 3º) da República Federativa do Brasil.

O *crime* de responsabilidade submete-se, na expressão de Luís Roberto Barroso, a um "regime de tipologia constitucional estrita",[77] cabendo ao legislador ordinário tão somente explicitar as práticas que se subsomem aos tipos constitucionais.

O fato de o julgamento do *crime* de responsabilidade decorrer do exercício de uma função política do Estado não é alvará para que se atente contra os direitos fundamentais e o Estado de Direito. Por essa razão é que a aplicação de sanções no processo do *crime* de responsabilidade demanda o atendimento de requisitos para sua incidência válida.

Além disso, voltamos a frisar, os sistemas de garantias próprio do Direito penal e do processo penal devem, no que couber, ser aplicados ao processo e julgamento do *crime* de responsabilidade, em especial a regra da modalidade dolosa, o princípio *in dubio pro reo* e, ainda, a interpretação restritiva. Assim é que, por exemplo, qualquer dúvida em faculdade polissêmica deve ser resolvida em favor do acusado.

Efetivamente, é preciso que seja cotejada a salvaguarda da Constituição, a observância do princípio republicano, a probidade na administração e os demais valores em cena. Entretanto, é preciso que se tenha em mente que a Constituição conferiu ao Presidente da República todas as garantias do regime republicano-representativo, sem as quais estaria inviabilizado o exercício da relevante função pública de chefia do Estado e do governo, imunizando-o de oportunismos ilegítimos.

Por essa razão é que, quando se fala em *crime* de responsabilidade, deve-se discriminar, com exatidão, quais esferas do exercício dessa competência são vinculadas pela Constituição e quais esferas são compostas por aquilo que José Joaquim Gomes Canotilho chamou de *determinantes autônomas*.

As disposições constitucionais são "heteronomamente vinculantes das esco-

77. Luís Roberto Barroso, "Crime de responsabilidade e processo de *impeachment*", *Revista de Processo*, vol. 95, p. 85, jul/1999 e *Doutrinas Essenciais de Direito Constitucional*, vol. 3, p. 615, maio/2011.

lhas discricionariamente feitas pelo legislador",[78] não cabendo falar no exercício de qualquer função estatal que transborde a chamada *moldura kelseniana.*

Para Hans Kelsen, em todos os casos de indeterminação, oferecem-se várias possibilidades de aplicação da regra jurídica, de modo que ela pode ser conformada a corresponder a uma das suas várias significações. Assim é que o Direito a aplicar forma uma moldura "dentro da qual existem várias possibilidades de aplicação, pelo que é conforme ao Direito todo ato que se mantenha dentro deste quadro ou moldura, que preencha esta moldura em qualquer sentido possível".[79]

Assim, a interpretação levada a cabo pelo Legislativo deve compreender a fixação, por via cognoscitiva, do sentido do objeto a interpretar, sendo que o resultado deve ser sempre aquele que representa uma das possibilidades que dentro dessa moldura existe.

É preciso distinguir, assim, quais esferas são decorrentes do exercício de competência vinculada e quais são discricionárias, inclusive no que tange à instauração do processo referente ao *crime* de responsabilidade. A aplicação da sanção, portanto, não é autônoma e livre. Ela só pode se dar quando presentes certas condições estabelecidas pela Constituição da República.

Os requisitos para a instauração do processo de *impeachment* do Presidente da República devem ser detidamente examinados pela Câmara dos Deputados e pelo Senado Federal.

O Judiciário pode, ainda, exercer o controle (*judicial review*) da tipicidade dos fatos objetos de imputação,[80] desde que se comprove lesão ou ameaça a direito (art. 5º, inciso XXXV, da Constituição da República).

Não cumpridos os requisitos para a incidência válida da infração político-administrativa, a Constituição será desobedecida.

Frise-se, assim, que a conduta tida como delitiva não deve circunscrever-se à mera decisão subjetiva quanto ao cumprimento de certos valores ideológicos. Ao eleitor cabe o juízo ideológico do governo, não ao Legislativo.

Não é o fato de o ato ser praticado pelo Legislativo que, por si só, confere legitimidade constitucional ao ato, sob pena de a ele se conferir a função de Imperador, que nenhuma autoridade do Estado Constitucional de Direito possui.

O devido processo legal não é uma mera pantomima formal. Assim é que os requisitos jurídicos para a instauração do processo de *impeachment* do Presidente da República, bem como o processo respectivo, ainda que vise a cominar infração político-administrativa, deve seguir o rigoroso rito e a tipologia constitucional estrita.

Assim, passaremos a demonstrar que para cominação de infração político-administrativa de *impeachment* ao Presidente da República é necessário o preenchimento dos seguintes requisitos: (*a*) prática de conduta típica por parte dele, durante o

78. José Joaquim Gomes Canotilho, *Constituição dirigente e vinculação do legislador: contributo para a compreensão das normas constitucionais programáticas*, Coimbra, Coimbra, 1994, p. 265.

79. Hans Kelsen,. *Teoria pura do direito*, São Paulo, Martins Fontes, 2007, p. 390.

80. Nesse sentido: STF. MS 21.564-DF, Rel. para o acórdão Min. Carlos Velloso, j. 23.9.1992; MS 21.689, Rel. Min. Carlos Velloso, j. 16.12.1993.

exercício do mandato e no exercício das funções e (*b*) culpabilidade estrita, consistente na prática de conduta dolosa grave.

VI-A. A prática de conduta típica durante o exercício do mandato e no exercício das funções

A conduta típica compreende uma ação ajustada a um modelo legal de conduta proibida, capitulada no art. 85 da Constituição da República, o qual prevê que são crimes de responsabilidade aqueles que atentem contra (*a*) a existência da União; (*b*) o livre exercício do Legislativo, do Judiciário, do Ministério Público e dos "poderes" constitucionais das unidades da Federação; (*c*) o exercício dos direitos políticos, individuais e sociais; (*d*) a segurança interna do País; (*e*) a probidade na administração; (*f*) a lei orçamentária; e, por fim, (*g*) o cumprimento das leis e das decisões judiciais. A Lei n. 1.079/1950 deve ser interpretada consideradas as determinações constitucionais, especialmente referido rol de condutas típicas.

No nosso entender, a prática de conduta típica durante o mandato e no exercício das funções deve ser cabalmente demonstrada, inclusive mediante um conjunto probatório requerido para as sanções penais uma vez que estamos diante da cominação de sanção de gravidade considerável.

Assim é que a primeira condição disposta pela Constituição é que haja um ato praticado pelo Presidente da República. Portanto, uma conduta ativa ou, ao menos, o que se possa chamar de omissão comissiva praticada na qualidade de Presidente da República. Não basta, portanto, a simples omissão. Nessa linha é o entendimento do exímio Lenio Luiz Streck, para o qual é preciso que se demonstre o dolo, a intenção de cometer o crime, não bastando, simplesmente, a omissão.[81]

Quando se fala em ato praticado pelo Presidente da República, exige-se, assim, a noção de autoria, bem como que ele tenha participado, de alguma forma, diretamente da produção do ato ou então ter assumido conscientemente suas consequências ilícitas. Não se pode atribuir ao Presidente da República a responsabilidade por atos praticados por outros agentes da Administração Pública.

É preciso frisar que qualquer ato estranho ao exercício das suas funções não é conduta passível da responsabilidade político-administrativa que ora examinamos. Isso não significa absoluta irresponsabilidade, mas que o mecanismo de responsabilização do *impeachment* incide em específicas hipóteses e dentro do âmbito constitucionalmente estabelecido.

Como se sabe, a responsabilidade do Presidente da República pode ocorrer, além do âmbito político-administrativo, na esfera penal e naquela a que se refere o art. 37, § 4º, da Constituição da República, regulamentado pela Lei n. 8.429/1992.

O § 4º do art. 86 da Constituição da República prevê que o Presidente da República, na vigência de seu mandato, não pode ser responsabilizado por atos estranhos ao exercício de suas funções.

Como a sanção é a perda do mandato, a conduta deve ocorrer neste mesmo mandato. O cargo do Presidente da República é caracterizado pela periodicidade. Assim é que o ato deve ocorrer no mandato atual,

81. Lenio Luiz Streck, Entrevista: "Não há nenhum elemento objetivo para *Impeachment*", disponível em: <http://zh.clicrbs.com.br/rs/noticias/proa/noticia/2015/02/lenio-streck-nao-ha-nenhum-elemento-objetivo-para-impeachment-4708988.html>, acesso em 1.6.2015.

sob pena de se ignorar o caráter republicano das representações populares.

Com efeito, a temporariedade é uma das principais dimensões do princípio republicano. Ela traduz-se na realização de eleições periódicas. A Constituição da República prevê a legitimidade popular nos seus arts. 28, 29, incisos I e II, e 77, por meio da qual conferir-se-á o mandato de quatro anos, a iniciar-se, *in verbis,* "em primeiro de janeiro do ano seguinte ao da sua eleição".

Em nada se confunde, portanto, o dogma republicano de periodicidade do mandato – que é de quatro anos – com a possibilidade, em tese, de reeleição para um único período subsequente. Ou seja, a possibilidade de reeleição não significa que ambos os mandatos serão considerados um mesmo período para fins de responsabilização político-administrativa.

O crime regime de responsabilidade deve ser compreendido à luz do princípio republicano, o qual é caracterizado, essencialmente, pela periodicidade. Não se pode interpretar a Constituição pela lei, o que leva a uma inversão da hierarquia normativa, ocorrendo o que podemos chamar de "legalização da Constituição" em detrimento da constitucionalização das leis.

A supremacia da Constituição condiciona a validade e o sentido de todo o ordenamento jurídico.[82] O legislador interpreta a Constituição na elaboração da lei. Ou essa interpretação está correta e a lei é constitucional – e, portanto, reflete o que a Constituição determina – ou interpreta equivocadamente e a lei é inconstitucional e, consequentemente, nula. A lei, assim, não possui o condão de estabelecer ou fixar o sentido da Constituição. É a Constituição que condiciona o sentido da lei. Portanto, para que o Presidente da República sofra impedimento, a conduta em questão necessariamente deve estar vinculada ao mandato vigente, e não ao anterior, em consonância com o caráter republicano das representações populares, marcadas, essencialmente, pela periodicidade dos mandatos.

Para os chamados agentes políticos não se aplica a regra da continuidade administrativa, incidente apenas para os agentes públicos que possuem vínculo profissional com o Estado. Para eles, a habilitação técnica os qualifica a entreter relação que se prolonga no tempo, sem qualquer descontinuidade.

Portanto, a reeleição do Presidente da República não viabiliza a responsabilização político-administrativa do Presidente da República por ato pretérito, praticado no primeiro mandato.

Isso não significa que o Presidente da República seja absolutamente irresponsável pelos atos pretéritos, mas isso ocorre em outros ambientes do Direito, estranhos ao campo da infração político-administrativa de *impeachment,* situações em que podem ser aplicadas a ele sanções até mais graves que a perda do mandato.

VI-B. A culpabilidade estrita: conduta dolosa grave

A culpabilidade revela-se, no *crime* de responsabilidade, como a intencional violação de um dever. Deve-se aferir, assim, o dolo. Como se sabe, a modalidade culposa incide apenas quando houver expressa previsão normativa,[83] o que não há na Constituição da República.

82. Luís Roberto Barroso, *Curso de direito constitucional*, São Paulo Saraiva, 2010, p. 300.

83. Essa é, inclusive, a redação do art. 18 do Código Penal.

Exige-se, assim, que se comprove, para fins de responsabilização, que o mandatário tenha querido o resultado ou assumido o risco de produzi-lo. Excepcionalmente, apenas se a Constituição expressamente assim dispusesse, seria possível a responsabilização baseada apenas na imprudência, negligência ou imperícia.

Exige-se, assim, que o Presidente da República tenha querido o resultado ou assumido o risco de produzi-lo. Consequentemente, a Lei n. 1.079/1950 deve ser interpretada considerando a exigência de atuação dolosa, devendo-se afastar interpretações equivocadas que levam ao entendimento de que o *crime* de responsabilidade pode ocorrer na modalidade culposa.

A culpabilidade deve, assim, envolver exclusivamente o dolo. Isto é, deve se demonstrar a consciência da ilicitude e o desejo dos seus resultados ilícitos. Não basta culpa, ainda que grave.

A título de exemplificação, a Constituição da República prevê que um dos fatores que pode levar ao *impeachment* é a prática de atos contra a probidade na administração (art. 85, inciso V).

Como a probidade a que se refere a Constituição da República não se confunde com aquela regulamentada pela Lei n. 8.429/1992, não se pode, jamais, aplicar, por exemplo, a regra da culpa grave para, num equivocado mecanismo hermenêutico de interpretação da Constituição pela lei, entender-se que a culpa grave bastaria para o *impeachment*.

Assim, quando se fala em ato contra a probidade na administração, estamos falando em ato doloso.

Como antecipado, o regime jurídico de cominação de infração político-administrativa de *impeachment* ao Presidente da República é regido pelo princípio democrático e, portanto, pela ideia de soberania popular.

Portanto, da conjunção do presidencialismo com o regime democrático impõe-se, obrigatoriamente, a exigência de gravidade da conduta.

O mandato nasce da soberania do povo. O Presidente da República, no Brasil, representa o povo e o Estado brasileiro no plano internacional. De todas as funções do Estado, a que mais imediatamente sofre os efeitos da soberania popular e aquela exercida pelo Presidente da República.

Soberania popular não significa qualquer maioria ocasional de opinião pública ou publicada. É a maioria aferida no processo eleitoral. Portanto, a mera maioria ocasional não é capaz, ao menos no presidencialismo, de promover a interrupção da vontade procedimentalizada da soberania popular.

Rememore-se, aqui, Norberto Bobbio, o qual, por meio da sua "teoria das regras constitutivas da democracia", construiu uma concepção procedimental da democracia quando afirmou que ela é "um conjunto de regras (primárias ou fundamentais) que estabelecem quem está autorizado a tomar decisões coletivas e com quais procedimentos".[84]

Romper com a vontade do eleitor, mesmo que pelo Legislativo, só se justifica no regime presidencialista se houver gravidade no plano jurídico, isto é, uma infração intensa à ordem jurídica.

Possíveis irregularidades em atos meramente contábeis e ilegalidades de pouca intensidade de ofensa a valores éticos e a determinados princípios e que não tenham implicado desvio de dinheiro público ou apropriação privada em benefício pessoal ou de terceiros, mas praticadas à vista do

84. Norberto Bobbio, *O futuro da democracia*, Rio de Janeiro, Paz e Terra, 2009, p. 30.

interesse público, podem ensejar, possivelmente, a responsabilidade do Presidente da República em outros âmbitos. Entretanto, não se extrai da Constituição da República a responsabilidade a que se refere a cominação de infração político-administrativa de *impeachment* ao Presidente da República.

Como antecipado, o presidencialismo não é regido pelo ocasionalismo. A cominação de infração político-administrativa de *impeachment* ao Presidente da República está inserta no Direito sancionatório. Não se sujeita, portanto, a juízos de conveniência e oportunidade, como no parlamentarismo, no qual o voto de confiança, não necessariamente lastreado em alguma ilicitude, é que define o *impeachment*.

Essa possibilidade não existe no sistema de governo presidencialista, no qual o Presidente da República assume a função do Executivo em sua integralidade ao acumular as funções de chefe de Estado, de governo e da Administração Pública.

No parlamentarismo, ao contrário, é possível o *impeachment* baseado no mero juízo de conveniência e oportunidade pelo fato de que o Executivo é fragmentado, sendo que a legitimidade do chefe de governo emerge do parlamento.

Portanto, o Presidente da República não pode ser afastado por mero juízo de conveniência e oportunidade do Parlamento, mas apenas pelo cometimento de infrações previstas normativamente e demonstradas com o devido processo legal.

Assim é que o *crime* de responsabilidade traz em si um regime jurídico, que visa a estabelecer certas garantias ao Presidente da República. No regime presidencialista, o mandato não pode ser interrompido por mero voto de desconfiança do Legislativo. O Chefe do Executivo não é o representante do Parlamento, o que ocorre no parlamentarismo. Não pode haver, portanto, a interrupção do mandato do Presidente porque se considera que ele agiu com incompetência ou inadequação no exercício das funções. A interrupção só pode ocorrer se houver conduta dolosa grave.

VIII – O papel da Câmara dos Deputados e o descabimento de recurso ao plenário no caso de exame de admissibilidade negativo por seu Presidente

Como antecipamos, os requisitos para a instauração do processo de *impeachment* do Presidente da República devem ser detidamente examinado pela Câmara dos Deputados e pelo Senado Federal.

O processamento dos *crimes* de responsabilidade divide-se em duas partes: juízo de admissibilidade e processo e julgamento. Em ambos os casos, caberá a verificação do atendimento dos requisitos para sua incidência válida.

O art. 86 da Constituição da República prevê que a acusação será deduzida perante a Câmara dos Deputados, o que demanda a adequada descrição de uma ação ajustada a um modelo legal de conduta proibida, contrária ao direito e culpável.

Ausentes algum desses pressupostos, a Câmara dos Deputados poderá rejeitar liminarmente a denúncia. É realizado, portanto, um juízo de admissibilidade, isso considerando a consistência da acusação, bem como se as alegações e fundamentos são procedentes. Cabe-lhe, inclusive, rejeitá-la, de plano, acaso patentemente inepta ou despida de justa causa.[85]

No caso de despacho do Presidente da Câmara dos Deputados que não recebe a denúncia de infração político-adminis-

85. Nesse sentido: STF, MS 30.672 AgR-DF, Rel. Min. Ricardo Lewandowski, j. 15.9.2011.

trativa, não é cabível recurso ao Plenário da mesma casa já que o exame prévio de admissibilidade por ele realizado não é, no nosso entendimento, passível de revisão.

Com efeito, tendo em vista que a denúncia de infração político-administrativa foi, dentro do exame prévio de admissibilidade realizado pelo Presidente da Câmara dos Deputados, afastada por não preencher os requisitos jurídicos necessários para a cominação de infração político-administrativa de *impeachment* ao Presidente da República, não há que se falar em cabimento de recurso ao Plenário.

Por essa razão, a previsão a que se refere o art. 218, § 3º, do Regimento Interno da Câmara dos Deputados, no sentido de que do despacho do Presidente que indeferir o recebimento da denúncia, caberá recurso ao Plenário, deve ser afastado.

A hipótese de recurso ao Plenário da Câmara dos Deputados é ainda mais descabida quando se constata que (*a*) não seria oportunizado ao Presidente da República o direito à defesa e, ainda, (*b*) constituir-se-ia em vulneração ao princípio da maioria qualificada a que se refere o art. 86 da Constituição da República, por meio da antecipação do exame de admissibilidade, o que só deveria ocorrer após instrução probatória de uma Comissão Especial.

O afastamento do devido processo legal, ainda que nessa fase da excepcional cominação de infração político-administrativa de *impeachment* ao Presidente da República, é afrontosamente inconstitucional – contraria o estrito regime constitucional do processo de *impeachment* – e traria consequências irreparáveis para o exercício da função pública democraticamente incumbida ao Presidente da República, espalhando insegurança social e política.

Vulnerar-se-ia, ainda, a regra da maioria qualificada a que se refere o art. 86 da Constituição da República, o qual exige não a mera maioria simples, mas o quórum de dois terços. Trata-se, portanto, de inconstitucional antecipação do juízo de admissibilidade, o que só deveria ocorrer por meio de maioria qualificada e após instrução probatória de uma Comissão Especial.

É inconstitucional, portanto, a antecipação do exame de admissibilidade da acusação que seria desencadeado por meio do inconstitucional recurso ao Plenário da Câmara dos Deputados, já que o Presidente da República seria alijado do necessário debate público que deve reger todo o processo de *impeachment.*

Por outro lado, em havendo exame positivo de admissibilidade, o art. 23, § 1º, da Lei n. 1.079/1950 prevê que, se por meio de votação nominal, decidir-se pela procedência da denúncia, considerar-se-á decretada a acusação, isso por dois terços da Câmara dos Deputados.

Autorizada a instauração do processo, a matéria passará à competência do Senado Federal, quando a acusação será processada e julgada,[86] conforme prevê o art. 52, inciso II, da Constituição da República. O Senado Federal poderá, igualmente, realizar a verificação do atendimento de requisitos para a sua incidência válida.

O art. 24 prevê que recebido no Senado Federal o decreto de acusação com o processo enviado pela Câmara dos Deputados e apresentado o libelo pela comissão acusadora, será remetida cópia do processo ao acusado, que será notificado para comparecer em dia prefixado perante o Senado Federal.

Oportunizada a ampla defesa ao imputado, o processo será julgado. O

86. Nesse sentido: STF. MS 21.564-DF, Rel. para o acórdão Min. Carlos Velloso, j. 23.9.1992.

julgamento será absolutório ou condenatório,[87] isso por dois terços dos votos de seus membros, limitando-se à decisão pela perda do cargo, com inabilitação, por oito anos, para o exercício de função pública (art. 52, parágrafo único, da Constituição da República).

Não cumpridos os requisitos para a incidência válida da infração político-administrativa, a Constituição da República será desobedecida, sendo possível, inclusive, que o Judiciário exerça o controle (*judicial review*) do preenchimento dos requisitos formais e materiais do processo de *impeachment* desde que se comprove lesão ou ameaça a direito (art. 5º, inciso XXXV, da Constituição da República).

Tendo em vista, por exemplo, que a denúncia de infração político-administrativa tenha sido, dentro do exame prévio de admissibilidade realizado pelo Presidente da Câmara dos Deputados, afastada por não preencher os requisitos jurídicos necessários para a cominação de infração político-administrativa de *impeachment* ao Presidente da República, e não cabendo recurso ao Plenário, restará ao Judiciário o controle da referida decisão.

IX. Respostas aos quesitos

PRIMEIRO QUESITO: *No plano do Direito material, quais são os requisitos jurídicos para a cominação de infração político-administrativa de* impeachment *ao Presidente da República?*

Para cominação de infração político-administrativa de *impeachment* ao Presidente da República é necessário o preenchimento dos seguintes requisitos: (*a*) prática de conduta típica por parte durante o exercício do mandato e no exercício das funções e (*b*) culpabilidade estrita, consistente na prática de conduta dolosa grave.

A conduta típica compreende uma ação ajustada a um modelo legal de conduta proibida capitulada no art. 85 da Constituição da República.

A prática de conduta típica durante o mandato e no exercício das funções deve ser cabalmente demonstrada, inclusive mediante um conjunto probatório requerido para as sanções penais uma vez que estamos diante da cominação de sanção de gravidade considerável.

Assim é que a primeira condição disposta pela Constituição é que haja um ato praticado pelo Presidente da República. Portanto, uma conduta ativa ou ao menos o que se possa chamar de omissão comissiva praticada na qualidade de Presidente da República. Não basta, portanto, a simples omissão. Nessa linha é o entendimento do eximio Lenio Luiz Streck, para o qual é preciso que se demonstre o dolo, a intenção de cometer o crime, não bastando, simplesmente, a omissão.[88]

Quando se fala em ato praticado pelo Presidente da República, exige-se, assim, a noção de autoria, bem como que ele tenha participado, de alguma forma, diretamente da produção do ato ou então ter assumido conscientemente suas consequências ilícitas. Não se pode atribuir ao Presidente da República a responsabilidade por atos praticados por outros agentes da Administração Pública.

87. José Afonso da Silva, *Curso de direito constitucional positivo,* São Paulo, Malheiros Editores, 2008, p. 551.

88. Lenio Luiz Streck, Entrevista: "Não há nenhum elemento objetivo para *Impeachment*", disponível em <http://zh.clicrbs.com.br/rs/noticias/proa/noticia/2015/02/lenio-streck-nao-ha-nenhum-elemento-objetivo-para-impeachment-4708988.html>, acesso em 1.6.2015.

Como a sanção é a perda do mandato, a conduta deve ocorrer neste mesmo mandato. O cargo do Presidente da República é caracterizado pela periodicidade. Assim é que o ato deve ocorrer no mandato atual, sob pena de se ignorar o caráter republicano das representações populares.

Para os chamados agentes políticos não se aplica a regra da continuidade administrativa, incidente apenas para os agentes públicos que possuem vínculo profissional com o Estado. Para eles, a habilitação técnica os qualifica a entreter relação que se prolonga no tempo, sem qualquer descontinuidade.

Portanto, a reeleição do Presidente da República não viabiliza a responsabilização político-administrativa do Presidente da República por ato pretérito, praticado no primeiro mandato.

A culpabilidade revela-se, no *crime* de responsabilidade, como a intencional violação de um dever. Deve-se aferir, assim, o dolo. Como se sabe, a modalidade culposa incide apenas quando houver expressa previsão normativa, o que não há na Constituição da República.

Exige-se, assim, que se comprove, para fins de responsabilização, que o mandatário tenha querido o resultado ou assumido o risco de produzi-lo.

A culpabilidade deve, assim, envolver exclusivamente o dolo. Isto é, deve se demonstrar a consciência da ilicitude e o desejo dos seus resultados ilícitos. Não basta culpa, ainda que grave.

Romper com a vontade do eleitor, mesmo que pelo Legislativo, só se justifica no regime presidencialista se houver gravidade no plano jurídico, isto é, uma infração intensa à ordem jurídica.

Possíveis irregularidades em atos meramente contábeis e ilegalidades de pouca intensidade de ofensa a valores éticos e a determinados princípios e que não tenham implicado desvio de dinheiro público ou apropriação privada em benefício pessoal ou de terceiros, mas praticadas à vista do interesse público, podem ensejar, possivelmente, a responsabilidade do Presidente da República em outros âmbitos. Entretanto, não se extrai da Constituição da República a responsabilidade a que se refere a cominação de infração político-administrativa de *impeachment* ao Presidente da República.

Em suma, o *crime* de responsabilidade traz em si um regime jurídico, que visa a estabelecer certas garantias ao Presidente da República. No regime presidencialista, o mandato não pode ser interrompido por mero voto de desconfiança do Legislativo. O Chefe do Executivo não é o representante do Parlamento, o que ocorre no parlamentarismo. Não pode haver, portanto, a interrupção do mandato do Presidente porque se considera que ele agiu com incompetência ou inadequação no exercício das funções. A interrupção só pode ocorrer se houver conduta dolosa grave.

SEGUNDO QUESITO: *Na hipótese de despacho do Presidente da Câmara dos Deputados não recebendo, dentro do exercício do exame prévio de admissibilidade, a denúncia de infração político-administrativa, é cabível recurso ao Plenário da casa?*

No caso de despacho do Presidente da Câmara dos Deputados que não recebe a denúncia de infração político-administrativa, não é cabível recurso ao Plenário da mesma casa já que o exame prévio de admissibilidade por ele realizado não é, no nosso entendimento, passível de revisão.

Com efeito, tendo em vista que a denúncia de infração político-administrativa foi, dentro do exame prévio de admissibilidade realizado pelo Presidente da Câmara dos Deputados, afastada por não preencher os requisitos jurídicos necessários para a cominação de infração político-administrativa de *impeachment* ao Presidente da República, não há que se falar em cabimento de recurso ao Plenário.

Por essa razão, a previsão a que se refere o art. 218, § 3º, do Regimento Interno da Câmara dos Deputados, no sentido de que do despacho do Presidente que indeferir o recebimento da denúncia, caberá recurso ao Plenário, deve ser afastado.

A hipótese de recurso ao Plenário da Câmara dos Deputados é ainda mais descabida quando se constata que (*a*) não seria oportunizado ao Presidente da República o direito à defesa e, ainda, (*b*) constituir-se-ia em vulneração ao princípio da maioria qualificada a que se refere o art. 86 da Constituição da República por meio da antecipação do exame de admissibilidade, o que só deveria ocorrer após instrução probatória de uma Comissão Especial.

O afastamento do devido processo legal, ainda que nessa fase da excepcional cominação de infração político-administrativa de *impeachment* ao Presidente da República, é afrontosamente inconstitucional – contraria o estrito regime constitucional do processo de *impeachment* – e traria consequências irreparáveis para o exercício da função pública democraticamente incumbida ao Presidente da República, espalhando insegurança social e política.

Vulnerar-se-ia, ainda, a regra da maioria qualificada a que se refere o art. 86 da Constituição da República, o qual exige não a mera maioria simples, mas o quórum de dois terços. Trata-se, portanto, de inconstitucional antecipação do juízo de admissibilidade, o que só deveria ocorrer por meio de maioria qualificada e após instrução probatória de uma Comissão Especial.

É inconstitucional, portanto, a antecipação do exame de admissibilidade da acusação que seria desencadeado por meio do inconstitucional recurso ao Plenário da Câmara dos Deputados, já que o Presidente da República seria alijado do necessário debate público que deve reger todo o processo de *impeachment.*

Este é o nosso parecer.

São Paulo, 11 de outubro de 2015.

CRIME DE RESPONSABILIDADE

Celso Antônio Bandeira de Mello
Fábio Konder Comparato

O advogado Flavio Crocce Caetano informa-nos o que segue.

Têm havido manifestações, até mesmo por parte de pessoas da área jurídica e inclusive mediante pareceres, segundo os quais a Presidente da República teria incorrido em comportamentos caracterizadores de crime de responsabilidade.

À vista disto formula-nos

CONSULTA

I – Qual o alcance e o significado do art. 86, § 4º, da Constituição Federal ?

II – Eventual parecer do Tribunal de Contas da União pela rejeição de contas presidenciais precisa ser aprovado pelo Congresso Nacional ?

III – Tal reprovação caracteriza hipótese caracterizadora de crime de responsabilidade?

IV – Em se tratando da prática de eventual crime de responsabilidade, o Presidente da República poderá responder tanto por conduta comissiva como omissa? Pode ser responsabilidade apenas na modalidade dolosa ou na culposa também?

V – Pode o Presidente da República e seu Vice terem o seu mandato cassado por decisão do Tribunal Superior Eleitoral em ação de impugnação de mandato eletivo, ao arrepio dos artigos 85 e seguintes da Constituição Federal?

Às indagações respondemos nos termos que seguem.

PARECER

1. Carlos Maximiliano, nosso maior mestre de hermenêutica, advertiu:

> "Cumpre evitar, não só o demasiado apego à letra dos dispositivos, como também o excesso contrário, o de forçar a exegese e deste modo encaixar na regra escrita, graças à fantasia do hermeneuta, as teses pelas quais se apaixonou, de sorte que *vislumbra no texto idéias apenas existentes no próprio cérebro, ou no sentir individual, desvairado por ogerizas e pendores, entusiasmos e preconceitos*" (*Hermenêutica e Aplicação do Direito*, Ed. Forense, 15ª ed., 1995, n. 107, p. 103 – o grifo é nosso).

O caso vertente é paradigmático da situação descrita como vitanda. De fato, não fora pelo respeito devido aos subscritores de pareceres em sentido contrário e diriamos sem a menor hesitação que a atual pretensão de "impeachment", em termos jurídicos, é literalmente absurda, pois não tem o mais remoto suporte no direito positivo, sendo à toda evidência dele desencontrada.

Liminar demonstração disto encontra-se na tendência, por alguns expressada, de tentar associar o tema de pretensos comportamentos censuráveis a um mandato anterior, ao invés de cifrá-lo ao período correspondente ao atual mandato, como seria o óbvio, em face da índole do instituto e de sua fisionomia normativa. Sobre tal destempero disse o ex-Ministro do Supremo Tribunal Federal Carlos Ayres Britto:

> "Já me aproximando do fecho deste breve estudo, ajuízo que o mandato para cujo desempenho se presta o citado compromisso é o conquistado em determinada eleição. Eleição específica, seguida de diplomação, posse e exercício também específicos. Ainda que mandato obtido por uma segunda vez, mas a significar apenas o seguinte: o cargo de presidente é o mesmo; não o mandato. Vale dizer: para o primeiro mandato do presidente da República, já houve uma anterior eleição, uma anterior diplomação, uma anterior posse, um anterior exercício. *Um precedente exercício que não se intercala com o novo (pelo contrário, se intervala), porque mandato novo é exercício que se abre para uma autônoma prova de fidelidade governamental à Constituição.* Autônoma prova, a partir de um compromisso virginalmente novo que se presta perante uma determinada composição do Congresso Nacional. Não perante outra composição numérica ou subjetiva. *Não um compromisso formal, reitere-se, a se somar ao anterior para fazer dos dois mandatos uma coisa só. Pelo que mandato presidencial vencido sem abertura e julgamento de crime de responsabilidade é, sozinho ou por si mesmo, página virada*"(Revista *Consultor Jurídico*, 1 de setembro de 2015 – os destaques são nossos).

Deveras, é ler o texto constitucional para ver-se, mesmo a um primeiro súbito de vista, o disparate de tentar buscar em um mandato anterior ao mandato em curso, elementos para increpar crime de responsabilidade a quem esteja no exercício da Presidência da República. Deveras, diz o artigo 86, § 4º:

> "§ 4º. O Presidente da República, na vigência de seu mandato, não pode ser responsabilizado por atos estranhos ao exercício de suas funções."

É óbvio que ao falar em "exercício de suas funções", o texto está reportado às funções que o Presidente *exerce* e não às funç*ões* que no passado exerceu, ainda que umas e outras sejam da mesma índole, pois, como bem averbado pelo eminente jurista dantes referido, são mandatos *distintos, sucessivos* e não se somam, como se fora um contínuo, a formar uma unidade, que houvera resultado de uma única eleição.

2. Acresce que o chamado "impeachment", não é uma sanção propriamente dita, um castigo por haver ofendido a Lei Magna, mas uma providência destinada a impedir que alguém que esteja a ferir gravemente a Constituição persista em condições de fazê-lo; donde a necessidade de obstar tal desenlace, retirando-o da função que lhe esteja a ensejar o desmando increpado. Deveras, a teor do art. 85, crimes de responsabilidade são os "que atentem" contra a Constituição e não os que em outro tempo histórico e político hajam atentado, pois, como dito, o de que se trata é de interditar a possibilidade de que continue no cargo quem esteja *presentemente* a revelar grave desapreço por certos bens jurídicos que esta haja pretendido colocar sob máximo recato.

De resto, ninguém duvidaria que sendo o mandato presidencial de quatro anos, encerrado este, o que surge é um segundo e diverso mandato cuja investitura dependeu de eleição na qual os que sufragaram o eleito nem ao menos são necessariamente os mesmos que o fizeram no pleito anterior. Não se pode, pois, suplantar a vontade popular expressa no resultado eleitoral para buscar em outro momento histórico e jurídico o fundamento requerido para o "impeachment", sem estar com isto ofendendo até mesmo o princípio republicano, pois, como disse o reputado constitucionalista Pedro Serrano, este

> "é assinalado pela eletividade, pela responsabilidade e, essencialmente, pela periodicidade dos mandatos. Nesse cenário, não há possibilidade de *impeachment* do presidente da República por ato praticado no exercício do mandato anterior" (*Folha de São Paulo* de 22.8.2015).

Eis, pois, que o art. 15 da lei n. 1.079, de 10.4.1950, que define os crimes de responsabilidade, segundo o qual: "A denúncia só poderá ser recebida enquanto o denunciado não tiver, por qualquer motivo, deixado definitivamente o cargo", só pode ser entendido em consonância com o art. 86, § 4º, ao lume do qual, consoante visto, não seria de admitir, para não disparatar, invocação de atos do Presidente relativos a mandato anterior.

3. Indaga-se ainda se manifestação do Tribunal de Contas com eventual rejeição das contas presidenciais necessita de aprovação do Congresso. *É obvio que sim, para surtir o efeito de rejeição* e ainda aqui basta ler o Texto Constitucional. Deveras, nele se estampa que o Tribunal de Contas, em despeito deste nome, não é um Tribunal, mas um órgão *auxiiar* do Poder Legislativo e apesar de sua assinalada importância o que faz, na matéria, é simplesmente emitir um *parecer, ou seja, um opinamento*, que o Legislativo acatará ou não, pois o art. 71 da Lei Magna dispõe literalmente que "O controle externo, *a cargo do Congresso Nacional*, será exercido com *o auxílio* do Tribunal de Contas da União".

Cumpre não confundir duas coisas inteiramente distintas e não extrair de uma delas ilações que à toda evidência seriam grosseiramente descabidas. A saber: uma coisa é a rejeição de contas, aprovada pelo Legislativo *e outra é a incursão em hipotético crime de responsabilidade.* A reprovação das contas pelo Legislativo é algo que, em si mesmo e por si mesmo em nada se confunde com o crime de responsabilidade.

A mais evidente, a mais cabal e irretorquível, demonstração disto está no fato de que não há um "quorum" especial no Legislativo para que este aprove o parecer do Tribunal de Contas que as rejeite, ao passo que, a teor do art. 86, *o simples recebimento de acusação de crime de responsabilidade do Presidente da República,* a afim de que este possa ser submetido a julgamento perante o Senado Federal, *só pode ser aceito por dois terços da Câmara dos Deputados.*

É óbvio que se a rejeição de contas implicasse em figura típica de crime de responsabilidade, este seria o "quorum" constitucional para admissão da rejeição de contas. Assim, a mera rejeição de contas não é fundamento bastante para dar como caracterizada a figura típica do art. 85, VI.

4. Cumpre salientar que o impedimento implicaria na desconstituição da vontade popular expressada por *vários milhões de votos por pouco mais de algumas centenas de votos proveniente de congressistas.* Algo, então, da mais supina gravidade.

Com efeito, é manifesto e da mais evidente obviedade que a essência da democracia descansa precisamente na escolha dos governantes por eleição popular. Logo, em sistema presidencialista, contraditar o resultado de uma eleição pelo impedimento de quem foi eleito, só é possível perante situação da mais alta seriedade e de uma excepcionalidade extrema, isto é, máxima. Daí que não pode ser admitida salvo em circunstâncias notavelmente anômalas.

Deveras, entender que algumas centenas de votos são suficientes para elidir aquilo que se constituiu com a adesão de vários milhões pressupõe algo de extremada anomalia. Qualquer pessoa, mesmo de apoucadas luzes, o perceberia de imediato.

Não se trata de um simples juizo de desconformidade com a gestão da coisa pública, por muito radical que fosse tal reprovação, que isto só em regime parlamentarista daria margem à substituição do *governo e ainda assim ao preço da dissolução do parlamento e convocação de eleições, se assim o entendesse o então chefe do governo*, pelo que, os atuais parlamentares, em tal caso, nos dias correntes, voltariam para casa, possivelmente combalidos.

Em suma: o instrumento jurídico do "impeachment" não pode ser brandido de maneira a cumprir aquilo que na expressiva dicção utilizada na linguagem do esporte mais popular do Brasil, se traduz no dito corrente de "ganhar no tapetão", quando um clube de futebol, esmagado em campo por força da superioridade do adversário, quer vencê-lo de qualquer modo, nem que seja por esta via inidônea e não se peja de assumir uma atitude desabrida, tal a que Eça de Queiroz colocou na boca de um seu personagem, segundo quem: "Eu sou como John Bull, se não vai na palavra vai na murraça".

Estas considerações óbvias, portanto, jamais autorizariam o entendimento de que a imputação de comportamentos apenas culposos abririam ensanchas para o impedimento de um Presidente da República. É inafastavel a presunção de que somente condutas comissivas dolosas perfariam um comportamento tão agressivo aos valores da República ao ponto de requererem a expulsão do primeiro mandatário.

5. Dado que a própria Constituição regrou o tema do impedimento não se pode aceitar nenhuma forma de efetuá-lo senão aquela mesma ali estabelecida, pelo que nem o Presidente da República, nem o Vice poderiam atualmente ter seus mandatos desconstituidos por decisão do Tribunal Superior Eleitoral em ação de impugnação de mandato eletivo, a qual, ademais tem o prazo de 15 dias, contados da diplomação, conforme art. 14, § 10, da Lei Maior, o que ainda mais ressalta o absurdo de suposição de tal ordem que viesse a ser alvitrada.

6. Isto posto, às indagações da Consulta respondemos:

> I – O alcance e o significado do art. 86, § 4º, da Constituição Federal, são os de retirar do cargo de Presidente da República aquele que, *no curso de seu atual mandato*, haja atentado gravemente contra a Lei Maior, afim de impedir que continue em condições de fazê-lo;
>
> II – Eventual parecer do Tribunal de Contas da União pela rejeição de contas presidenciais precisa ser aprovado pelo Congresso Nacional para produzir dito efeito, já que é o Congresso Nacional, auxiliado por aquele órgão, quem tem o poder de rejeitá-las;
>
> III – Tal reprovação não é bastante para caracterizar a figura do crime de responsabilidade, até porque não há *quorum* especial para o Legislativo reprová-las, ao passo que *o simples recebimento de acusação de crime de responsabilidade*

do Presidente da República, a afim de que este possa ser submetido a julgamento perante o Senado Federal, *só pode ser aceito por dois terços da Câmara dos Deputados*;

IV – Em se tratando da prática de eventual crime de responsabilidade, o Presidente da República só poderá responder por conduta comissiva e dolosa;

V – Nem o Presidente da República, nem seu Vice podem ter seus mandatos cassados por decisão do Tribunal Superior Eleitoral em ação de impugnação de mandato eletivo, ao arrepio dos artigos 85 e seguintes da Constituição Federal.

É o nosso parecer.

São Paulo, 30 de setembro de 2015

CONTRATAÇÕES PÚBLICAS: PLANEJAMENTO E PMI – PROCEDIMENTO DE MANIFESTAÇÃO DE INTERESSE

RODRIGO EDUARDO FERREIRA

Advogado graduado pela Pontifícia Universidade Católica de Campinas, possui extensão universitária em Contratos pela Pontifícia Universidade Católica de Campinas, em Direito Tributário pela Fundação Getúlio Vargas e em Direito Administrativo Aplicado pelo Instituto Brasiliense de Direito Público. Especialista em Direito Processual Civil pela Escola Paulista da Magistratura e em Direito Tributário pela Universidade Gama Filho. Mestrando em Direito Administrativo pela Pontifícia Universidade Católica de São Paulo

Introdução. 1. O Direito Administrativo moderno. 2. Contratações públicas e aplicabilidade do PMI/Procedimento de Manifestação de Interesse. 3. Fase interna das licitações: planejamento das contratações. 4. Procedimento de manifestação de interesse. 5. Questões relevantes do PMI/Procedimento de Manifestação de Interesse: 5.1 A natureza do PMI/Procedimento de Manifestação de Interesse – 5.2 A decisão pública e a influência do particular – 5.3 O direito à restituição dos custos – 5.4 O sigilo do negócio – 5.5 A obrigatoriedade do PMI/Procedimento de Manifestação de Interesse. Conclusão.

Resumo: Assunto importante para a ciência do Direito, notadamente para o Direito Administrativo, é compreender as nuances do planejamento das licitações, conhecido como fase preparatória ou interna, e do Procedimento de Manifestação de Interesse/PMI, por meio de estudo doutrinário que representa aprofundamento científico neste campo do conhecimento. Conclui-se pela existência, importância e relação de interdependência dos institutos.

Palavras-chave: Licitações, Contratações públicas, Planejamento, Procedimento de manifestação de interesse.

Abstract: Important issue for the science of law, notably to the Administrative Law, is to understand the nuances of planning bids, known as preparatory or internal phase, and the procedure for Expression of Interest, through doctrinal study that is scientific deepening in this field knowledge. The results confirmed the existence, importance and institutes interdependent relationship.

Keywords: Procurement, Government procurement, Planning, Procedure manifestation of interest.

Introdução

A concepção de Direito Administrativo vem sendo alterada ao longo dos anos, sobretudo em vista das mudanças no entendimento acerca da participação do Estado na vida da coletividade e também da capacidade de o Estado fazer frente aos investimentos públicos necessários para melhorar as necessidades da população, seja na prestação de serviços públicos, seja no desenvolvimento de infraestrutura cuja presença é imprescindível no meio social para melhorar a vida das pessoas.

Neste sentido, as contratações públicas evoluem (ou apenas se alteram para aqueles que não concordam com as mudanças ocorridas e não as entendem como uma evolução) e com este andar aparecem institutos jurídicos, no mínimo, curiosos, que por vezes alteram a posição das partes frente a assuntos de direito público.

É exatamente o caso do tema proposto para o presente trabalho, o Procedimento de Manifestação de Interesse/PMI é um instituto presente na fase interna da licitação que auxilia a própria Administração Pública na tomada de decisões e a preparar a melhor contratação pública que, não obstante tenha a participação prematura do sujeito privado, deve prestigiar o interesse público.

Ver-se-á a imprescindibilidade da realização de um planejamento cuidadoso e criterioso na licitação, este se traduz em uma fase denominada interna, porque acontece "da porta para dentro" na Administração Pública e nela é que se levantarão as justificativas que orientarão a escolha da parte do Estado por uma ou outra modalidade de contratação pública.

Cada espécie de contratação pública tem seus detalhes e, ao mesmo tempo, implicações. É visto que as modificações ficam por conta das regulamentações legislativas de cada um dos institutos, havendo aqueles que conferem maior separação entre as partes e consequentemente autoridade ao poder público, como no caso da Lei 8.666/1993, até aqueles outros intermediários, representados pela Lei de Concessões, Lei 8.987/1995, e, por fim, os que colocam Estado e particular quase que em um mesmo patamar de direitos e obrigações, razão pela qual, inclusive, são chamados parcerias público-privadas, regulados pela Lei 11.079/2004.

Neste ponto é relevante o estudo do tema.

1. O Direito Administrativo moderno

O estudo do Direito Administrativo tem mostrado que ultimamente há uma tendência de aumento da colaboração do particular, sujeito privado, pessoas físicas (naturais) ou jurídicas, com o Estado que, nesta seara, passa a deixar de lado um pouco a condição autoritária na relação jurídica. Significa que as atividades e empreendimentos de caráter público, e fala-se de caráter público porque são de interesse da coletividade que existam, deixam de ser incumbência cuja força motora é unicamente pública para admitir, de outro lado, a participação ou colaboração do particular. Em outras palavras, pode-se entender que alguns serviços públicos e obras públicas são também de interesse da iniciativa privada, ela apresenta um *modus operandi* para desenvolvê-lo, uma tecnologia que trabalha a favor da qualidade, procura o Estado para realizar esta atividade ou disputa no Estado uma oportunidade de realizá-lo recebendo, ao final, em decorrência do seu labor, o lucro almejado como se fosse simplesmente uma atividade empresarial econômica qualquer, mas que pela sua natureza, é do interesse estatal que seja prestada, realizada e desenvolvida.

Podem ser citados os exemplos mais variados acerca desta conclusão, como o contrato de gestão celebrado entre o poder público e organizações sociais, as parcerias com OSCIP's – Organizações da Sociedade Civil de Interesse Público –, dentre outras espécies hoje existentes que permitem uma discreta confusão entre as atribuições e responsabilidades de sujeitos públicos e sujeitos privados na medida em que se vê o particular como *longa manus* das funções antes entendidas como puramente públicas.

O PMI/Procedimento de Manifestação de Interesse é uma hipótese de participação do particular na vida do Estado porque permite às pessoas físicas ou jurídicas apoiar a decisão da Administração Pública a respeito de serviços públicos e obras públicas, mais precisamente sobre outorga de concessões, permissões e efetivação de parcerias público-privadas. Tem-se que o PMI oferece ao sujeito privado a possibilidade de apresentar soluções ao poder público, soluções que passam pela sua capacidade e expertise para se chegar a uma conclusão de melhora em um serviço público ou até mesmo criação de um benefício até o momento inexistente.

Isso se dá através de estudos e projetos que, se não servirem para ensejar a contratação do particular autor deste trabalho, possibilita ao Estado maior segurança e tranquilidade para decidir a respeito de uma determinada contratação pública, escolhendo o objeto a ser licitado (de acordo com o objetivo da contratação), a modalidade correta (licitação geral, concessão ou PPP) e, por fim, os detalhes da contratação mediante a estruturação do contrato administrativo.

A concepção clássica do Direito Administrativo, de outra banda, o entende sob o regime jurídico administrativo, dentro do qual se destaca a *supremacia do interesse público* ou, para outra importante parte da doutrina, as denominadas *prerrogativas públicas especiais*. Pensando nesta linha, uma vez que deve o Estado cumprir o interesse público, a forma de realizá-lo a contento seria impor sua condição de autoridade, o que configura uma relação jurídica indiscutivelmente verticalizada, com o Estado em patamar diverso do particular, acima, sem a qual o prestígio dos anseios coletivos seria difícil ou impossível porque estar-se-ia a depender de uma flexibilização do interesse particular. É como se existisse uma presunção de incompatibilidade entre ambos os escopos – público e privado – do qual, em primeira análise, não se duvida.

O pensamento hoje é flexibilizado, admite-se compactuar interesses público e coletivo, pois nem sempre os objetivos do particular podem de alguma forma atender também a pretensões da Administração Pública. Traduzindo este pensamento de uma forma muito simples, imagina-se que seja de interesse do Estado a prestação de um serviço e do particular prestá-lo para auferir lucro com essa prestação. Partindo-se da ideia de possibilidade de compactuação, a dúvida que remanesce seria apenas o ponto de equilíbrio nos detalhes, na estrutura do contrato, para se equalizar corretamente os dois interesses.

Assim é que ultimamente transacionar com o particular, frente ao interesse público, não tem sido considerado de plano uma inferiorização ou esvaziamento deste, ficando esta conclusão para análise do caso concreto e implicações materializadas pela conduta pública, ou seja, não se impossibilita de imediato esta mistura, o que se analisa é se a forma de desenvolvê-la está de alguma forma ferindo o interesse público cuja presunção de indisponibilidade é imprescindível para se manter a relação dentro de um regime jurídico de direito público ou, mais precisamente, de um regime jurídico de direito administrativo.

Dentro deste cenário e de dispositivos constitucionais como o art. 37, § 3ª, da Constituição Federal,[1] é que se passa a verificar com mais frequência a circulação do interesse privado na gestão da *res* pública.

2. Contratações públicas e aplicabilidade do PMI/Procedimento de Manifestação de Interesse

As contratações públicas são precedidas, regra geral, de um procedimento administrativo chamado "licitação". A obrigatoriedade da realização de licitação decorre da vedação do poder público escolher livremente um particular qualquer para com ele celebrar contrato administrativo, guarda relação com os princípios da isonomia, impessoalidade, moralidade e indisponibilidade do interesse público, tudo visando a uma seleção imparcial da melhor proposta para a coletividade.

O princípio da isonomia está presente para possibilitar a igualdade de condições entre *quaisquer interessados* em contratar com o Estado, da mesma forma que o princípio da impessoalidade, corolário do primeiro, visa a proibir condutas públicas direcionadas, pessoais, em detrimento de uma disputa objetiva e coletiva. A moralidade tende a pregar a honestidade da escolha pública e a indisponibilidade, evidentemente, determina a impossibilidade de se negociar ou diminuir o prestígio e a proteção do interesse da coletividade.

Uma contratação pública está submetida ao regime jurídico de Direito Administrativo, devendo obedecer a suas nuances e princípios. Porém, ela não se dá sempre da mesma forma, o ordenamento prevê regulamentações diferentes que, em alguns casos, representam até mesmo opção para a Administração Pública, opção entre uma ou outra forma de contratar um agente privado. Essas regulamentações é que perfazem as espécies de contratações públicas.

A mais comum é aquela realizada sob a égide do Estatuto de Licitações, a Lei 8.666/1993, a qual prevê algumas modalidades de acordo com a natureza do objeto e o valor envolvido. As contratações desenvolvidas por esta lei geral podem se dar na modalidade de concorrência, tomada de preços, convite, concurso e leilão. Existem ainda duas modalidades próximas a estas, mas reguladas por outras normas, é o caso da consulta, regida pela Lei 9.472/1997, e do pregão, estabelecido na Lei 10.520/2002. Não se confundir as modalidades de licitação com as espécies de contratações públicas; "licitação" é um gênero que comporta essas modalidades mencionadas, mas em última análise é uma espécie do gênero "contratações públicas".

Existem, no entanto, duas outras formas extremamente importantes, sobretudo quando o assunto for a prestação de serviços públicos. Geralmente cuidam de contratos administrativos de altos valores e chamam a atenção pelos detalhes inovadores da legislação, os quais se destacam pela flexibilização da autoridade e suficiência do Estado na realização do objeto, significa que nessas outras duas formas

1. Dispositivo que será oportunamente transcrito no trabalho.

enxerga-se uma diminuição da disparidade vertical, isto é, uma redução da desigualdade de patamar entre o particular e o poder público de forma que os interesses do primeiro recebem maior consideração pela lei, a qual prevê inclusive mecanismos de proteção que ultrapassam aqueles mais básicos previstos na Constituição Federal de 1988 e reproduzidos de forma mais detalhada na Lei 8.666/1993.

É o caso da concessão comum, regulada pela Lei 8.987/1995, que se presta à delegação ao particular de um serviço público, a execução de uma obra pública ou o uso de um bem público. Neste mesmo diploma legislativo, no art. 40,[2] está prevista a chamada delegação de serviço público, utilizada, segundo Celso Antônio Bandeira de Mello,[3] quando o Estado deseja não constituir direitos ao particular delegatário, cuja aplicabilidade, em vista de suas peculiaridades, acaba sendo mais restrita.

Outra disposição não menos importante, embora menos utilizada na prática pela Administração Pública, é a parceria público-privada, regulamentada pela Lei 11.079/2004, instituto que pressupõe uma maior negociação e divisão de riscos e interesses entre o Estado e o particular.

Nessas duas últimas formas de contratação pública – concessão e parceria público-privada – é que estão os institutos jurídicos mais questionados, talvez porque ainda recentes e na contramão da concepção clássica do Direito Administrativo. Por esta razão e também pelo fundamento do art. 21 da Lei 8.987/1995 e do art. 3º da Lei 11.079/2004, oportunamente transcritos, que o presente trabalho se pautará nessas formas para debruçar, sem a pretensão de esgotar o tema, no planejamento da licitação e no Procedimento de Manifestação de Interesse/PMI.

3. Fase interna das licitações: planejamento das contratações

As contratações públicas devem ocorrer, regra geral, por meio de licitações, instituto que, como visto, apresenta o escopo de retirar ao máximo a subjetividade e a pessoalidade da relação Estado-particular, sobretudo quando esta relação envolve pagamentos e consequências de âmbito econômico e financeiro ou, em palavras rudimentares, dinheiro saindo do Estado para um sujeito particular determinado.

Importante que não se estabeleça aqui qualquer confusão com os termos empregados; quando se fala em realização de licitação para ocorrência de uma contratação pública afirma-se que a disputa, o certame, a "briga" entre os particulares interessados em celebrar o contrato administrativo acontecerá segundo as regras do procedimento licitatório, as quais evidenciam uma seleção objetiva para se encontrar a melhor proposta para a Administração Pública. Assim, não significa que a regulamentação, a natureza da contratação será necessariamente dada pela Lei 8.666/1993, podendo ocorrer via concessão comum ou até mesmo parceria público-privado, mas cuja seleção se dará pelas regras do procedimento licitatório.

A Constituição Federal de 1988 determina esta obrigatoriedade consoante a matéria do art. 37, XXI, pelo qual:

2. "Art. 40. A permissão de serviço público será formalizada mediante contrato de adesão, que observará os termos desta Lei, das demais normas pertinentes e do edital de licitação, inclusive quanto à precariedade e à revogabilidade unilateral do contrato pelo poder concedente.

"Parágrafo único. Aplica-se às permissões o disposto nesta Lei."

3. Celso Antônio Bandeira de Mello, *Curso de Direito Administrativo,* 26ª ed., São Paulo, Malheiros Editores, 2008.

"Art. 37. A administração pública direta e indireta de qualquer dos Poderes da União, dos Estados, do Distrito Federal e dos Municípios obedecerá aos princípios de legalidade, impessoalidade, moralidade, publicidade e eficiência e, também, ao seguinte: (...)

"XXI – ressalvados os casos especificados na legislação, as obras, serviços, compras e alienações serão contratados mediante processo de licitação pública que assegure igualdade de condições a todos os concorrentes, com cláusulas que estabeleçam obrigações de pagamento, mantidas as condições efetivas da proposta, nos termos da lei, o qual somente permitirá as exigências de qualificação técnica e econômica indispensáveis à garantia do cumprimento das obrigações."

Trata-se de uma norma constitucional de eficácia contida porque estabelece uma regra geral que pode ser reduzida pela legislação infraconstitucional. É exatamente o que acontece quando a Lei de Licitações (Lei 8.666/1993) cria as exceções consubstanciadas nas hipóteses que ao poder público é permitido, é legal, contratar sem prévia licitação.

Porém, esta prerrogativa – contratar sem prévia licitação – não passa de uma exceção, pois, como dito, a regra geral é a realização do certame licitatório para se encontrar o particular vencedor e apto a contratar com o Estado.

Decorrente do princípio da indisponibilidade do interesse público é esta conclusão. O regime jurídico administrativo, ou seja, o conjunto de disposições legais aplicáveis à Administração Pública pauta-se, basicamente, em dois princípios: supremacia do interesse público e indisponibilidade do interesse público. Enquanto o primeiro busca garantir a prevalência do interesse público sobre o particular, o segundo visa a prestigiar a impossibilidade de o agente, na realização da função pública, dispor do interesse coletivo, público, para beneficar algum objetivo particularizado. Logicamente, e não poderia ser diferente, é que diz a regra geral ser obrigatório ao Estado fazer funcionar procedimento objetivo de seleção quando realizar contratação com os particulares administrados.

Ocorre que, de outro lado, a contratação pública está atrelada à função básica e rudimentar do Estado ocidental moderno: cumprir de ofício as necessidades da coletividade. Assim é que se faz necessário, primeiro, averiguar quais os objetivos a serem alcançados com o certame para, depois, definir o objeto a ser contratado. Este objeto deve ser preciso e totalmente evidenciado para possibilitar a competição entre os interessados de forma que possam eles certificar-se da capacidade de cumpri-lo e, principalmente, do real interesse e vantagem em cumpri-lo, pois a princípio o interesse almejado é do poder público. O particular precisa se enquadrar na seguinte moldura: prestar um serviço ou executar uma obra de uma forma que atenda ao Estado, por um valor que atenda ao Estado, mas que ao mesmo tempo lhe seja interessante e possibilite lucro.[4]

Começa-se aqui a falar então da "fase preparatória" da licitação ou, também assim conhecida, "fase interna" da licitação. Refere-se a atividades desempenhadas antes que seja publicado o edital, isto é, primeiro a Administração Pública dá vida aos esforços necessários para concluir o que pretende e de que forma pretende alcançar seus objetivos, considerando obvia-

4. O lucro do particular é defendido pela legislação e serve como garantia de que o contrato administrativo continuará sendo devidamente cumprido sem comprometimento do princípio da continuidade do serviço público.

mente suas limitações, como a financeira para, posteriormente, conferir publicidade ao documento que possibilita ciência aos particulares do interesse do Estado em realizar determinada contratação pública. Fala-se fase interna ou preparatória da licitação porque suas conclusões vão impactar todos os termos e regras constantes do edital.

Não apenas nas licitações comuns, regidas pela Lei 8.666/1993, é que incide esta preparação, mas também nas novas formas de contratação, regidas pela Lei de Concessões e pela Lei de Parcerias Público-Privadas, até porque, segundo o que determina o art. 175 da Constituição Federal, ao Estado compete a titularidade dos serviços públicos que poderá optar por prestá-los pelo intermédio de particulares, senão:

"Art. 175. Incumbe ao Poder Público, na forma da lei, diretamente ou sob regime de concessão ou permissão, sempre através de licitação, a prestação de serviços públicos.

"Parágrafo único. A lei disporá sobre:

"I – o regime das empresas concessionárias e permissionárias de serviços públicos, o caráter especial de seu contrato e de sua prorrogação, bem como as condições de caducidade, fiscalização e rescisão da concessão ou permissão;

"II – os direitos dos usuários;

"III – política tarifária;

"IV – a obrigação de manter serviço adequado."

E se haverá opção, esta deve ser satisfatoriamente justificada, se haverá prestação de serviços públicos por intermédio de particulares, significa que haverá contratações públicas com suas nuances e implicações jurídicas. Logo, é preciso encontrar as bases de uma justificativa para se optar por uma contratação pública determinada.

Atendo-se então ao planejamento das contratações públicas, que é obrigação constitucional da Administração Pública, mais precisamente das concessões e parcerias público-privadas, assunto do presente trabalho, importa inicialmente elucidar os dispositivos legais relacionados.

O art. 5º da Lei de Concessões, Lei 8.987/1995, dispõe que o edital da licitação para outorgar uma concessão ou permissão de serviço público será precedido de ato com a caracterização de seu objeto, área e prazo, além de uma justificativa que fundamente a opção escolhida, da seguinte forma:

"Art. 5º O poder concedente publicará, previamente ao edital de licitação, ato justificando a conveniência da outorga de concessão ou permissão, caracterizando seu objeto, área e prazo."

É evidente que a decisão estatal a respeito do objeto, da área e do prazo da outorga de concessão ou permissão deve estar baseada em alguma espécie de estudos e análises, isto é, de uma preparação. O próprio princípio da motivação dos atos administrativos, que pressupõe uma justificativa para toda conduta estatal, bem como o princípio da finalidade, que determina a perseguição do interesse público como horizonte da atuação do Estado, já determinariam, sozinhos, a necessidade de haver um planejamento prévio às contratações públicas. Do contrário, como saber se a contratação é pertinente, justa, cabível e necessária ou ao menos oportuna?

A Lei de Parcerias Público-Privadas, por sua vez, não esvazia esta incumbência prévia, senão:

"Art. 10. A contratação de parceria público-privada será precedida de licitação na modalidade de concorrência, estando a abertura do processo licitatório condicionada a:

"I – autorização da autoridade competente, fundamentada em estudo técnico que demonstre:

"a) a conveniência e a oportunidade da contratação, mediante identificação das razões que justifiquem a opção pela forma de parceria público-privada;

"b) que as despesas criadas ou aumentadas não afetarão as metas de resultados fiscais previstas no Anexo referido no § 1º do art. 4º da Lei Complementar n. 101, de 4 de maio de 2000, devendo seus efeitos financeiros, nos períodos seguintes, ser compensados pelo aumento permanente de receita ou pela redução permanente de despesa; e

"c) quando for o caso, conforme as normas editadas na forma do art. 25 desta Lei, a observância dos limites e condições decorrentes da aplicação dos arts. 29, 30 e 32 da Lei Complementar n. 101, de 4 de maio de 2000, pelas obrigações contraídas pela Administração Pública relativas ao objeto do contrato;

"II – elaboração de estimativa do impacto orçamentário-financeiro nos exercícios em que deva vigorar o contrato de parceria público-privada;

"III – declaração do ordenador da despesa de que as obrigações contraídas pela Administração Pública no decorrer do contrato são compatíveis com a lei de diretrizes orçamentárias e estão previstas na lei orçamentária anual;

"IV – estimativa do fluxo de recursos públicos suficientes para o cumprimento, durante a vigência do contrato e por exercício financeiro, das obrigações contraídas pela Administração Pública;

"V – seu objeto estar previsto no plano plurianual em vigor no âmbito onde o contrato será celebrado;

"VI – submissão da minuta de edital e de contrato à consulta pública, mediante publicação na imprensa oficial, em jornais de grande circulação e por meio eletrônico, que deverá informar a justificativa para a contratação, a identificação do objeto, o prazo de duração do contrato, seu valor estimado, fixando-se prazo mínimo de 30 (trinta) dias para recebimento de sugestões, cujo termo dar-se-á pelo menos 7 (sete) dias antes da data prevista para a publicação do edital; e

"VII – licença ambiental prévia ou expedição das diretrizes para o licenciamento ambiental do empreendimento, na forma do regulamento, sempre que o objeto do contrato exigir.

"§ 1º. A comprovação referida nas alíneas 'b' e 'c' do inciso I do *caput* deste artigo conterá as premissas e metodologia de cálculo utilizadas, observadas as normas gerais para consolidação das contas públicas, sem prejuízo do exame de compatibilidade das despesas com as demais normas do plano plurianual e da lei de diretrizes orçamentárias.

"§ 2º. Sempre que a assinatura do contrato ocorrer em exercício diverso daquele em que for publicado o edital, deverá ser precedida da atualização dos estudos e demonstrações a que se referem os incisos I a IV do *caput* deste artigo.

"§ 3º. As concessões patrocinadas em que mais de 70% (setenta por cento) da remuneração do parceiro privado for paga pela Administração Pública dependerão de autorização legislativa específica.

"§ 4º. Os estudos de engenharia para a definição do valor do investimento da PPP deverão ter nível de detalhamento de anteprojeto, e o valor dos investimentos para definição do preço de referência para a licitação será calculado com base em valores de mercado considerando o custo global de obras semelhantes no Brasil ou no exterior ou com base em sistemas de custos que utilizem como insumo valores de mercado do setor específico do projeto, aferidos, em qualquer caso, mediante orçamento sintético, elaborado por meio de metodologia expedita ou paramétrica."

É óbvia, portanto, a necessidade de uma verificação detalhada e profunda do que haverá de ser contratado para somente depois de existir esta segurança por parte da Administração Pública ser divulgada, mediante edital, as possibilidades e interesses envolvidos.

O edital da licitação é ato posterior, mas precedido de estudos e embasado nas conclusões encontradas pelo Estado, conclusões estas fundadas nos princípios da Administração Pública. Trata-se de "ato por cujo meio a Administração faz público seu propósito de licitar um objeto determinado, estabelece os requisitos exigidos dos proponentes e das propostas, regula os termos segundo os quais os avaliará e fixa as cláusulas do eventual contrato a ser travado", segundo definição de Celso Antônio Bandeira de Mello, designando, assim, documento que realiza a publicidade da licitação e que ao mesmo tempo fixa as condições do certame.[5]

Logo, sem os estudos prévios não há meios de se efetivar um edital satisfatório do ponto de vista do interesse público, uma vez que as condições da licitação devem garantir a realização do objeto que, por sua vez, deve possibilitar o alcance dos objetivos públicos com a contratação.

Os estudos preliminares, compreendendo a fase interna da licitação, devem versar sobre a viabilidade técnica e econômica do empreendimento, bem como analisar os eventuais impactos nos ambientes e culminar na elaboração dos projetos exigidos.

A viabilidade técnica compreende saber as condições de prestação do serviço para adequá-las ao alcance dos objetivos propostos, é preciso conhecer as implicações e possibilidades de se entregar o objeto tal como o Estado deseja. Sua análise nunca é isolada, pois está essencialmente ligada à verificação da viabilidade econômica e financeira que, por sua natureza, impacta diretamente nos aspectos técnicos a serem empregados, que definem a exteriorização da qualidade do que se efetivará, redundando também na identificação dos direitos e deveres dos usuários e dos particulares contratados.

Os estudos econômicos e financeiros são responsáveis por apontar tanto o impacto no orçamento público como o valor da tarifa aos usuários, compondo a contraprestação ao particular. Incialmente o Estado deve verificar o montante que pretende ou pode despender para realização do objeto a ser contratado, o que pode acontecer mediante contraprestação direta (pagamento), subsídios, aportes em fases específicas etc., para depois analisar a influência deste primeiro aspecto no segundo – a tarifa, assim compreendida como o preço pago pelo usuário do objeto licitado, que é somada a eventuais receitas alternativas a serem recebidas pelo particular, como locação de espaço para atividades empresárias, o que acontece, por exemplo, em terminais rodoviários. O conjunto desta averiguação permite identificar as condições técnicas exigíveis, a qualidade, bem como os critérios para a manutenção do equilíbrio econômico-financeiro[6] do contrato administrativo.

5. Celso Antônio Bandeira de Mello, *Curso de Direito Administrativo*, cit., p. 576.

6. O art. 37, XXI, da CF, fala em manutenção das condições da proposta que representa, em última análise, a preservação do lucro do particular evidenciado no momento em que se sagrou vencedor da licitação.

As conclusões obtidas pelos dois estudos mencionados conferem maior tranquilidade ao poder público para fixar o prazo da contratação e os valores envolvidos, pois haverá a noção de tempo e dinheiro necessários para retorno de capital investido pelo particular de forma a tornar compensadora sua participação no certame e atendimento das necessidades da coletividade.

Todo esse cenário indica para a Administração Pública qual ou quais são os projetos necessários para prosseguir na intenção de contratar. Portanto, o ponto zero da atuação estatal é encontrar uma necessidade pública, depois realizar este planejamento a fim de constá-lo em um projeto que será o condutor das escolhas públicas para realização do objeto a ser contratado.

Este é o planejamento e serve inclusive como justificativa dos agentes públicos responsáveis para se escolher entre uma ou outra modalidade de contratação (licitação pela regra geral, concessão comum ou parceria público-privada) e entre um ou outro objeto com condições variadas a serem postas no edital.

Assim, em resumo, a Administração Pública identifica a necessidade, define os objetivos a serem alcançados, precisa o objeto a ser contratado, realiza os estudos preliminares, analisa os impactos, faz a sua escolha e diante dela lança o edital já com a estrutura do contrato administrativo – cláusulas que estabelecem condições, direitos e deveres.

A questão que surge, então, é quem faz esse planejamento. Somente a Administração ou o particular pode participar?

A preparação para a contratação ou para a publicação do edital pode ser feita pela própria Administração Pública mediante o uso de seus servidores, obviamente convocando-se vários deles em virtude da necessidade de se compor conhecimentos e habilidades variadas, pois via de regra é preciso alguém que conheça a confecção de obras, lições de engenharia e também a natureza e percalços do serviço a ser prestado, como saúde, transporte ou educação. O BNDES/Banco Nacional do Desenvolvimento Econômico e Social, nos últimos anos, tem funcionado como um apoio da Administração Pública nesta tarefa porque, sendo um concentrador da liberação de crédito para realização dos mais variados empreendimentos, não se furta à verificação dos projetos (e consequentemente do planejamento) para fundamentar a liberação ou negativa de crédito, analisa, de uma forma geral, se o empreendimento "vai dar certo".

O particular, por sua vez, também pode ficar incumbido da realização do planejamento, o que acontece por opção da própria Administração Pública.

Em primeiro lugar, pode ser contratado designadamente para realizar a específica tarefa de planejar. Dispõe a Lei de Licitações:

"Art. 7º. As licitações para a execução de obras e para a prestação de serviços obedecerão ao disposto neste artigo e, em particular, à seguinte sequência:

"I – projeto básico;

"II – projeto executivo;

"III – execução das obras e serviços.

"§ 1º. A execução de cada etapa será obrigatoriamente precedida da conclusão e aprovação, pela autoridade competente, dos trabalhos relativos às etapas anteriores, à exceção do projeto executivo, o qual poderá ser desenvolvido concomitantemente com a execução das obras e serviços, desde que também autorizado pela Administração.

"§ 2º. As obras e os serviços somente poderão ser licitados quando:

"I – houver projeto básico aprovado pela autoridade competente e disponível para exame dos interessados em participar do processo licitatório;

"II – existir orçamento detalhado em planilhas que expressem a composição de todos os seus custos unitários;

"III – houver previsão de recursos orçamentários que assegurem o pagamento das obrigações decorrentes de obras ou serviços a serem executadas no exercício financeiro em curso, de acordo com o respectivo cronograma;

"IV – o produto dela esperado estiver contemplado nas metas estabelecidas no Plano Plurianual de que trata o art. 165 da Constituição Federal, quando for o caso."

Percebe-se que a legislação permite à Administração contratar pessoas especializadas para elaboração dos projetos que orientarão a futura contratação pública de um objeto mais concreto. O dispositivo ilustra e importância da fase de planejamento, interna, no procedimento licitatório.

Esses projetos são o Projeto Básico e o Projeto Executivo. O primeiro coloca os elementos que caracterizam o objeto a ser licitado, possibilitando conhecer o custo, o método e o prazo do que vier a ser contratado. O segundo traz os elementos suficientes ao entendimento da completa execução do objeto. Ambos consubstanciam planejamento da licitação.

Entretanto, a regulamentação legislativa incidente na participação do particular na fase de planejamento acarretará diferentes implicações jurídicas.

Isto porque nesta mesma Lei de Licitações, tem-se o art. 9º, notadamente os incisos I e II que, embora de constitucionalidade questionada na doutrina,[7] produzem efeitos no seguinte sentido:

"Art. 9º. Não poderá participar, direta ou indiretamente, da licitação ou da execução de obra ou serviço e do fornecimento de bens a eles necessários:

"I – o autor do projeto, básico ou executivo, pessoa física ou jurídica;

"II – empresa, isoladamente ou em consórcio, responsável pela elaboração do projeto básico ou executivo ou da qual o autor do projeto seja dirigente, gerente, acionista ou detentor de mais de 5% (cinco por cento) do capital com direito a voto ou controlador, responsável técnico ou subcontratado;

"III – servidor ou dirigente de órgão ou entidade contratante ou responsável pela licitação.

"§ 1º. É permitida a participação do autor do projeto ou da empresa a que se refere o inciso II deste artigo, na licitação de obra ou serviço, ou na execução, como consultor ou técnico, nas funções de fiscalização, supervisão ou gerenciamento, exclusivamente a serviço da Administração interessada.

"§ 2º. O disposto neste artigo não impede a licitação ou contratação de obra ou serviço que inclua a elaboração de projeto executivo como encargo do contratado ou pelo preço previamente fixado pela Administração.

"§ 3º. Considera-se participação indireta, para fins do disposto neste artigo, a existência de qualquer vínculo de natureza técnica, comercial, econômica, financeira ou trabalhista entre o autor do projeto, pessoa física ou jurídica, e o licitante ou responsável pelos serviços, fornecimentos e obras, incluindo-se os fornecimentos de bens e serviços a estes necessários."

Portanto, tem-se por vedada a participação do particular responsável pelo projeto preparatório da licitação na disputa pela contratação para realização do objeto. Esta disposição da Lei de Licitações aca-

7. Alguns sustentam a inconstitucionalidade do dispositivo porque ele estaria presumindo uma fraude, uma ilegalidade no ato administrativo.

bou ficando particularizada porque as outras normas trouxeram soluções diferentes para a mesma questão, representando uma diferença substancial que pode orientar a escolha da Administração Pública entre uma ou outra modalidade de contratação pública.

O caminho é diferente em outras regulamentações legislativas. A Lei 9.074/1995, que estabelece normas para outorga e prorrogação de concessões de serviços públicos, permite a participação do autor do projeto na licitação da seguinte forma:

"Art. 31. Nas licitações para concessão e permissão de serviços públicos ou uso de bem público, os autores ou responsáveis economicamente pelos projetos básico ou executivo podem participar, direta ou indiretamente, da licitação ou da execução de obras ou serviços."

A Lei 11.079/2004, que regulamenta as parcerias público-privadas, coloca idêntico tratamento, senão:

"Art. 3º. As concessões administrativas regem-se por esta Lei, aplicando-se-lhes adicionalmente o disposto nos arts. 21, 23, 25 e 27 a 39 da Lei no 8.987, de 13 de fevereiro de 1995, e no art. 31 da Lei no 9.074, de 7 de julho de 1995.

"§ 1º. As concessões patrocinadas regem-se por esta Lei, aplicando-se-lhes subsidiariamente o disposto na Lei n. 8.987, de 13 de fevereiro de 1995, e nas leis que lhe são correlatas."

Há, portanto, expressa determinação de aplicação do art. 31 da Lei 9.074/1995, que incide nas concessões comuns, às parcerias público-privadas, o qual permite explicitamente a participação do responsável pelo projeto, básico ou executivo, na licitação para contratação do serviço. Assim, quem trabalha no planejamento também pode vir a ser o contratado para executar o que fora planejado.

Este ponto é sobremaneira importante para se compreender o próximo tópico. Isto porque, além da possibilidade de a própria Administração Pública realizar os estudos prévios ou da hipótese de contratar particulares para fazê-lo especificamente, pode ela fazer uso, espontaneamente, do Procedimento de Manifestação de Interesse ou, então, permitir que o particular, mediante iniciativa deste, o faça para confecção de um projeto a ser eventualmente transformado em objeto licitado no futuro.

Por cuidar o Procedimento de Manifestação de Interesse/PMI de uma forma de participação ativa do particular na fase preparatória da licitação, é preciso saber se poderá ele, posteriormente, participar desta concorrendo para realizar o objeto, bem como quais os direitos que terá em virtude de atuação nesta fase preliminar da licitação.

4. Procedimento de manifestação de interesse

Na seara da colaboração do particular com o planejamento dos objetivos do Estado, oportuno adentrar nas peculiaridades do chamado PMI/Procedimento de Manifestação de Interesse.

O PMI pode ser conceituado como um instituto jurídico pelo qual o Estado permite, de ofício ou a requerimento do particular, que este apresente estudos e projetos para evidenciar a viabilidade e pertinência de concessões e parcerias público-privadas. Trata-se do recebimento de estudos e projetos pela Administração Pública, ofertados por pessoas físicas ou jurídicas, a fim de se instituir procedimento de licitação para contratação de objeto e realização do projeto. Explicando melhor, por meio do PMI os particulares chegam ao poder público apresentando projetos nos quais constam soluções para problemas de ordem pública, necessidades da coletividade, visando a despertar o interesse da Administração nessas soluções apresentadas.

Em última análise, o instituto é uma disputa de opiniões e sugestões, propostas para solucionar algo dentro ou de incumbência da Administração Pública, visando a estruturar uma futura contratação pública por meio de concessão ou permissão de serviços públicos, ou ainda por meio da efetivação de uma parceria público-privada. Nem sempre o poder público encontra dentro de sua estrutura todas as respostas necessárias, até porque, muitas vezes, o particular pode contar com melhor estrutura e expertise para encontrar as soluções cabíveis, razão pela qual as inovações legislativas trouxeram a possibilidade de existir uma cooperação entre particular e Estado para se identificar o caminho mais indicado ao atendimento de uma necessidade pública. Como exemplo pode-se citar projetos para melhoria e facilitação da mobilidade urbana (transporte), da iluminação pública, da prestação de um serviço público de saúde específico etc., ou seja, o interessado em realizar o objeto e ser contratado pela Administração Pública desenvolve um projeto e o apresenta como forma de elucidar como seria o desenvolvimento do empreendimento, quais seriam os objetivos alcançados e de que forma tudo aconteceria. A conclusão pode ou não interessar ao poder público.

A previsão legislativa do PMI está no art. 21 da Lei 8.987/1995 que assim dispõe:

"Art. 21. Os estudos, investigações, levantamentos, projetos, obras e despesas ou investimentos já efetuados, vinculados à concessão, de utilidade para a licitação, realizados pelo poder concedente ou com a sua autorização, estarão à disposição dos interessados, devendo o vencedor da licitação ressarcir os dispêndios correspondentes, especificados no edital."

Vê-se, portanto, que o PMI é realizado diretamente pelo poder público ou mediante sua autorização. Nesse aspecto aparecem as duas hipóteses existentes: a) por solicitação pública; b) por iniciativa do particular. Significa que tanto pode o Estado divulgar a oportunidade para que sujeitos privados apresentem seus estudos com as soluções que entenderem pertinentes como pode o particular, espontaneamente, procurar o Estado e requerer autorização para apresentar o seu projeto a fim de sugerir a realização de um determinado objeto.[8] Fato é que, em ambos os casos, não são afastados os princípios da publicidade e da impessoalidade, circunstância que obriga a Administração Pública, na segunda hipótese, a divulgar a oportunidade para que outros sujeitos eventualmente compactuando do mesmo interesse do primeiro possam também apresentar seus projetos e submeter à apreciação suas proposições.

A atuação do PMI está na fase de preparação da licitação, pois se consubstancia justamente em estudos preliminares e projetos, auxiliando na construção da justificativa estatal pela escolha da melhor modalidade de contratação pública, orienta a decisão pela concessão, permissão ou parceria público-privada, bem como a definição do objeto e a estrutura do futuro contrato administrativo.

O risco do PMI é do particular, isto é, ele – PMI – por si só não gera nenhuma obrigação para a Administração Pública. A qualquer momento o Estado pode concluir

8. Esta hipótese também é conhecida por MPI/Manifestação de Interesse da Iniciativa Privada.

pela não contratação, caso em que serão em vão os estudos até então realizados pela iniciativa privada, ou ainda a contratação pode seguir à efetivação, mas sem a consideração dos estudos apresentados pelo particular, hipótese também na qual o sujeito privado nada terá em troca dos seus esforços.

A exceção a esta regra fica por conta do caso em que, mesmo não sendo contratado o particular, o seu projeto é utilizado pelo Estado e até mesmo imposto ao vencedor para cumpri-lo e realizá-lo. Este vencedor não necessariamente será o autor do projeto escolhido pelo poder público para orientar a execução do contrato administrativo. Sendo esta a situação, incide a regra do art. 21 da Lei 8.987/1995, acima transcrito, que possibilita a previsão de ressarcimento ao autor do projeto no edital da licitação, neste caso o edital deve prever que o vencedor, ao realizar o projeto por outrem elaborado, deve ressarci-lo dos dispêndios efetuados para sua confecção.

A possibilidade do ressarcimento é afirmada também pela Lei 11.079/2004, que dispõe sobre as parcerias público-privadas, em seu art. 3º, que determina expressamente a incidência do art. 21 da Lei 8.987/1995 nos contratos por ela regulados. Surge a questão, que será melhor trabalhada no tópico seguinte, a respeito da obrigatoriedade ou facultatividade desta disposição no edital de licitação. Na prática alguns editais têm condicionado a assinatura do contrato administrativo pelo vencedor da licitação ao reembolso dos custos ao autor do projeto, mas há possibilidade também de inclui-lo – o autor do projeto – na SPE/Sociedade de Propósito Específico a fim de que receba um percentual dos lucros distribuídos.[9]

É certo, contudo, que os autores do projeto podem participar da licitação, pois o PMI tem cabimento nas concessões e PPP's (Parcerias Público-Privadas), ao contrário do que se evidenciou na regulamentação da Lei Geral de Licitações. Veja-se que, conforme o art. 31 da Lei 9.074/1995,[10] aplicável às concessões e PPP's, é garantido o direito subjetivo de participação do autor do projeto na licitação pautada no seu próprio projeto. Logo, o que buscou a lei foi incentivar a apresentação de estudos e projetos, permitir que o particular participante desta fase não se prejudique perante o intuito de executar o objeto a ser licitado.

O PMI institui uma competição já na fase preparatória da licitação, antecipando a disputa da fase licitatória propriamente dita, pois os particulares interessados concorrem com os seus projetos. O normal é existir uma fase de preparação com estudos que formarão a justificativa da Administração Pública e orientarão a elaboração do edital, depois passa-se à disputa propriamente dita quando os particulares, cientes do edital, inscrevem-se como licitantes a fim de alcançar o primeiro lugar na classificação de forma a saírem vencedores e celebrar o contrato administrativo. Assim, na fase prévia não se concebe, tradicionalmente, uma disputa, circunstância que fica um pouco alterada no caso do PMI.

É natural que no momento da apresentação da proposta, no futuro breve, o

9. Nas parcerias público-privadas é comum a constituição de uma SPE/Sociedade de Propósito Específico: trata-se de uma sociedade empresária muitas vezes constituída com a participação do poder concedente e do vencedor para exploração de um determinado objeto, podendo contar ainda em seus quadros, como sócios, demais colaboradores e participantes do empreendimento.

10. Dispositivo de lei transcrito no tópico anterior.

sujeito privado considere as suas ideias, sugestões e pontos de vista, pretendendo que seja o seu projeto selecionado pela Administração Pública, até porque, mesmo que não saia vencedor para realizar o projeto, a utilização deste poderá lhe gerar o direito de reembolso. Por esta razão, quando as pessoas, físicas ou jurídicas, apresentam seus projetos, estão já neste tempo concorrendo entre si porque pretendem a prevalência de suas ideias. Existe, portanto, uma antecipação da corrida licitatória.

Duas perguntas ainda remanescem sobre o tema: o PMI pode ser considerado gratuito para o poder público ou para a coletividade? Qualquer pessoa poderia apresentar os estudos e projetos?

Com relação à primeira pergunta, parece ser negativa a resposta. Embora o PMI não acarrete imediato risco à Administração Pública, tampouco a obriga a qualquer contraprestação, o projeto selecionado certamente conterá no estudo de viabilidade econômico-financeira o custo para sua realização, o que impacta na contraprestação pública ou na política tarifária do empreendimento. É possível presumir que o particular vencedor da licitação já haja embutido na proposta, no valor que pretende seja retornado ao seu patrimônio, o custo do projeto no qual se consubstanciou o PMI ou o custo do reembolso ao autor deste projeto. Por isso é que seria equivocado falar em gratuidade, trata-se de um custo inserido no lucro almejado pela realização do objeto, não configurando um estudo gratuito para soluções ante necessidades coletivas. Mesmo que não seja o seu autor o vencedor da licitação, o reembolso deste certame compõe o retorno financeiro do primeiro colocado.

No que tange à segunda questão, a respeito de quem poderia apresentar os estudos e projetos para, assim, propor soluções, a resposta parece restritiva. É comum se fixar critérios, requisitos para que um interessado possa efetivar um PMI perante a Administração Pública, os quais geralmente se resumem aos elementos de qualificação para licitação. Parte-se do pressuposto de que se a pessoa, física ou jurídica, não reúne condições de participar de certame licitatório, também não poderia participar da fase preparatória com estudos e soluções. Embora um pouco restritivo este entendimento na medida em que segura alguns interessados, impossível negar a sua coerência lógica.

O questionamento a ser respondido talvez seja o seguinte: por que impedir de apresentar o projeto se este somente tende a beneficiar a Administração Pública?

Com certeza esta apresentação não garante o direito de participar de futura licitação se o particular não detiver as condições de qualificação. Porém, neste caso surge outra questão: então poderia um particular sem preencher os requisitos para participar de uma licitação apresentar projeto e depois ser reembolsado?

Seria uma forma de retorno financeiro para quem não reúne condições de contratar com o Estado. Mesmo não vindo diretamente do Estado este reembolso, que conforme se verá adiante pode não se restringir ao limite do custo propriamente dito, é um retorno financeiro decorrente de uma contratação pública.

A questão é de difícil solução e terá que ser resolvida ante a ponderação de valores no caso concreto.

Todavia, embora pareça simples de compreender, o PMI apresenta muitas questões ainda não definitivamente resolvidas.

5. Questões relevantes do PMI/Procedimento de Manifestação de Interesse

5.1 A natureza do PMI/Procedimento de Manifestação de Interesse

Existe grande discussão a respeito da natureza do PMI. Parte extremamente relevante da doutrina o considera como uma licitação na modalidade concurso, outra parte o considera apenas como uma fase das concessões e PPP's.

Dizer que o PMI é uma licitação na modalidade concurso ressalta o seu caráter de disputa já na fase preliminar. Concurso é uma modalidade de licitação que visa a classificar e escolher trabalhos ou estudos de caráter técnico, artístico ou científico, o que acontece de acordo com critérios e parâmetros fixados no edital de licitação. Assim, se o PMI é uma disputa de sugestões, opiniões, entendimentos, é lógica esta forma de pensar: trata-se de uma disputa para se escolher um trabalho ou estudo técnico e consequentemente a solução por ele apresentada.

Um possível fundamento para enquadrar o PMI como hipótese de licitação na modalidade concurso está no art. 13 da Lei de Licitações, que estabelece:

"Art. 13. Para os fins desta Lei, consideram-se serviços técnicos profissionais especializados os trabalhos relativos a:

"I – estudos técnicos, planejamentos e projetos básicos ou executivos;

"II – pareceres, perícias e avaliações em geral;

"III – assessorias ou consultorias técnicas e auditorias financeiras ou tributárias;

"IV – fiscalização, supervisão ou gerenciamento de obras ou serviços;

"V – patrocínio ou defesa de causas judiciais ou administrativas;

"VI – treinamento e aperfeiçoamento de pessoal;

"VII – restauração de obras de arte e bens de valor histórico.

"VIII – (Vetado).

"§ 1º. Ressalvados os casos de inexigibilidade de licitação, os contratos para a prestação de serviços técnicos profissionais especializados deverão, preferencialmente, ser celebrados mediante a realização de concurso, com estipulação prévia de prêmio ou remuneração."

O próprio Estatuto de Licitações coloca que os estudos técnicos, planejamentos e projetos, quando apresentados ao Estado e sujeitos a seleção, estarão preferencialmente submetidos à licitação na modalidade concurso. Ademais, a própria lei permite ainda um caso de inexigibilidade ante a natureza singular do trabalho ou projeto a ser desenvolvido, segundo o art. 25, II, senão:

"Art. 25. É inexigível a licitação quando houver inviabilidade de competição, em especial: (...)

"II – para a contratação de serviços técnicos enumerados no art. 13 desta Lei, de natureza singular, com profissionais ou empresas de notória especialização, vedada a inexigibilidade para serviços de publicidade e divulgação;"

Portanto, existe fundamento para se considerar o PMI uma licitação na modalidade concurso na medida em que ele pressupõe uma disputa de interessados para fazer valer o seu trabalho de natureza técnica, consubstanciado geralmente em um projeto responsável por orientar a outorga de uma concessão ou permissão, ou ainda a efetivação de uma parceria público-privada, sendo possível inclusive enquadrar determinados casos na hipótese de inexigibilidade em virtude da natureza singular do assunto ou das pessoas.

Contudo, existem pensamentos em sentido contrário que defendem a inexistência de confusão entre o PMI e a licitação na modalidade concurso. Sustentam os defensores desta posição que no concurso, como em qualquer licitação, existe previsão orçamentária e mera apresentação de projeto, sendo que no PMI, além de não haver disposição legal obrigando a previsão orçamentária para o seu custeio, até porque o ressarcimento dos custos do projeto geralmente cabe ao vencedor da licitação para realizar o objeto, a apresentação do projeto somente tem lugar porque é um meio de o particular apresentar as soluções para a Administração Pública.

Outros dois pontos que poderiam diferenciar o PMI do concurso é que, em primeiro lugar, no PMI o particular não tem direito a lucro, salvo opinião em contrário conforme adiante se verá; o que existe é uma regulamentação que permite o ressarcimentos dos custos empregados para elaboração do projeto, circunstância totalmente diferente da licitação que garante a manutenção das condições efetivas da proposta, e, em segundo lugar, a diferença é que o PMI, ao contrário das modalidades de licitação, a princípio não gera contrato administrativo – o autor e a Administração não firmam o respectivo instrumento de contratação.

A questão está aberta e merece debates.

De qualquer forma, valioso é o conhecimento das lições de Maurício Zockun, para quem o PMI é uma licitação na modalidade concurso que o particular efetiva com base no direito constitucional de petição. Cabível a citação parcial do trabalho desenvolvido na linha do direito de petição:

"Pretendendo regrar o exercício desse direito no âmbito das concessões, o artigo 21 da Lei federal 8.987 prevê que a Administração poderá 'autorizar' que particular realize estudos, investigações, levantamentos e elabore projetos úteis à licitação destinada à concessão. Neste caso, prescreve essa lei, o vencedor da licitação deverá 'ressarcir' os dispêndios correspondentes, desde que especificados no edital.

"Sem embargos das mazelas técnicas e redacionais que permeiam esse dispositivo, com algum esforço exegético dele se edificam as seguintes prescrições: (1) que o particular poderá elaborar um esboço de projeto básico e/ou executivo indicando o serviço público que pode ser dado em concessão e/ou, ainda, de que forma essa concessão poderá se aperfeiçoar; (2) que essa colaboração particular está condicionada à prévia 'autorização' do poder público; (3) que eventual colaboração do particular se aperfeiçoará na fase interna da licitação; e (4) acaso os esforços empreendidos pelo particular sejam aproveitados pela Administração, então se indicará no edital os valores a serem 'ressarcidos' pelo vencedor do certame.

"Cuidemos de declinar algumas obviedades constitucionais que devem ser observadas na hipótese.

"(...)

"Quarta – Se o particular selecionado terá 'ressarcido' seu 'direito autoral', se o valor desse ressarcimento estará assinalado no edital e deve compor a proposta financeira vencedora, reverberando na fixação da tarifa, então a Administração deve instaurar processo seletivo capaz de legitimar a escolha por ela empreendida. Isso porque, o particular receberá contrapartida pela atividade desempenhada, o que exige um tratamento impessoal e eficiente em busca da satisfação do interesse público.

"E, entre nós, os processos seletivos meritórios para escolha de projetos técnicos são realizados por meio de licitação, na modalidade concurso.

"Quinta – E se isso prospera, a remuneração fixada ao vencedor desse concurso a título de prêmio que, por injunção lógica, deverá ser ressarcida por quem vencer a licitação destinada à concessão. Observe-se, contudo, que esse ressarcimento não será realizado em prol do particular (posto que ele será remunerado com o prêmio outorgado em concurso), mas à Administração (que incorreu no gasto relativo ao prêmio outorgado).

"Dessas premissas resulta o fecho deste pensamento: o artigo 21 da Lei 8.987 exige prévia realização de licitação, na modalidade concurso, acaso se queira franquear aos particulares a possibilidade de isonomicamente elaborar, total ou parcialmente, projeto básico e/ou projeto executivo em licitações volvidas às concessões. A participação de particular nesse certame se exterioriza pelo exercício do direito de petição, observados os requisitos de habilitação (daí porque a expressão 'autorizar', empregada pelo noticiado artigo 21, pode, quando muito, se equiparar a requisito de habilitação). O prêmio pago pela Administração ao vencedor do concurso deverá ser ressarcido, nos termos do artigo 21 da Lei 8.987."[11]

A importância de se concluir a natureza do PMI serve para se saber com exatidão quais as regras e princípios que porventura lhe sejam aplicáveis.

11. Maurício Zochun, "A Constituição e o PMI nas Concessões: os confins do art. 21 da Lei 8.987", Última Instância, 2012, in <http://ultimainstancia.uol.com.br/conteudo/colunas/58071/a+constituicao+e+o+pmi+nas+concessoes+os+confins+do+artigo+21+da+lei+8.987.shtml>.

5.2 A decisão pública e a influência do particular

A iniciativa privada pode auxiliar a tomada de decisões da Administração Pública? Será que é possível compor os interesses de forma a não se negociar o interesse público?

Não parece impossível tal compatibilização. Porém, o Estado deve certificar-se de que dispõe dos meios necessários para haver completa inteligência dos estudos apresentados pelo particular e sobre eles realizar avaliação satisfatória conforme os critérios estabelecidos para alcance e prestígio do interesse público.

Afinal, enquanto o poder público defende o interesse da coletividade, o particular não tem esta obrigação, cinge-se à defesa do lucro, por isso o seu projeto pode considerar aspectos mais interessantes para o executor do que para o recebedor do produto final. É natural que aconteça algo nesse sentido, razão pela qual o PMI não desonera a Administração Pública de efetivar integral verificação dos detalhes daquilo que está sendo proposto, desde o próprio método de desenvolvimento até os materiais a serem empregados influenciam no resultado da contratação pública. Caso o Estado não disponha do necessário para verificar esses detalhes dos projetos apresentados, estar-se-á diante de uma situação na qual o interesse público sujeita-se a risco, pois o particular não tem a obrigação de defender esses anseios, mas o seu, representado pelo lucro, irá certamente elaborar um projeto que, sem perder a competitividade com os demais, prestigiará em primeiro lugar sua pretensão básica.

Outro ponto não menos importante é o direcionamento da licitação. Ao permitir a participação na licitação daquele que elaborou o projeto do que será executado, é possível que este projeto traga elementos que aumentem as chances do seu autor ser escolhido como vencedor do certame, ou até mesmo fulminem as chances de terceiros, caso em que na prática estar-se-á diante de uma licitação direcionada. Por exemplo, a exigência de aspectos técnicos em um mesmo projeto, às vezes desnecessários, pode ser para tornar apta determinada empresa que reúna essas peculiaridades em detrimento de suas concorrentes.

A Administração Pública deve assegurar-se de que contém o respaldo necessário para que sua escolha, decisão, seja em prol do interesse público, este não pode ser prejudicado em virtude do projeto e, ao mesmo tempo, deve-se garantir a mais ampla possível disputa entre quaisquer interessados de forma a evitar a imposição de um projeto que cause intrinsicamente um direcionamento da licitação.

Se por um lado o PMI é uma ajuda, uma facilitação, por outro traz este ônus ao Estado que, atento, fiscaliza o cumprimento dos objetivos deste instituto jurídico que não podem afetar garantias constitucionais e legais das contratações públicas.

5.3 O direito à restituição dos custos

Discute-se sobre o direito ao reembolso dos custos para elaboração do projeto. É um direito subjetivo do seu autor?

Parece que a dicção do art. 21 da Lei 8.987/1995 não deixa dúvida quanto à obrigatoriedade de restituição. Esta conclusão tem base em outros dois institutos relacionados ao tema: direito autoral e enriquecimento sem causa.

O projeto, por representar um trabalho de ordem técnica, está inserido nas regras de proteção da propriedade intelectual, configurando o autor como detentor de direito autoral. Este direito liga-se à pessoa do autor e lhe gera atributos econômicos na medida em que a utilização da criação acarreta obrigação de pagamento, afinal não se dispensa a Administração Pública de obter uma cessão de uso daquilo que por outrem foi criado.

A diferença é que no caso do PMI não será um proveito econômico propriamente dito porque não se garante, a princípio, qualquer espécie de lucro ao particular autor dos estudos, o que lhe está assegurado não passa da recomposição patrimonial pelos custos assumidos na elaboração do projeto, salvo entendimentos em sentido contrário como se verá adiante.

Do ponto de vista do enriquecimento sem causa, instituto com origem no direito civil, o particular não pode custear um estudo que será usado pela Administração Pública sem o devido ressarcimento, é como se o Estado se utilizasse de algo elaborado às expensas de outrem sem entregar a devida contraprestação. Seria um enriquecimento sem causa da pessoa jurídica de direito público que teria gratuitamente um projeto, muitas vezes construído com excelência, em detrimento do patrimônio do particular que despendeu recursos para finalizá-lo.

Assim é que o reembolso dos gastos representa uma garantia mínima aos sujeitos privados porventura interessados em contratar com o Estado, uma garantia de que, casos seus estudos sejam selecionados, e somente se os estudos vierem a ser selecionados, venham à efetiva utilização, serão ressarcidos do custo, até porque seu conteúdo será cedido à Administração Pública.

Novamente oportunas as lições de Maurício Zockun:

"Terceira – Assinala o art. 21 da Lei 8.987 que, na hipótese de a Administração se valer, total ou parcialmente, de estudo que lhe foi franqueado por particular, então o vencedor da licitação deverá 'ressarcir' os dispêndios por ele suportados, nos termos do edital de licitação.

"Ressarcir significa indenizar, reparar ou, ainda, compensar. Em uma apressada meditação, poder-se-ia imaginar que esse expediente não se presta à contraprestação do particular; destina-se, pelo contrário, a recompor o seu patrimônio, eis que esgarçado com os custos incorridos nos estudos empreendidos.

"Mas essa visão parece incorrer em um paradoxo!

"Afinal, se o estudo levado a efeito pelo particular supostamente atendeu em larga medida ao interesse público (posto que incorporado ao projeto básico e/ou executivo e, portanto, à minuta do edital), caso o particular denegue sua utilização pelo Estado, não restará alternativa ao poder público senão expropriar esse direito. Sucede que essa expropriação, para ser 'justa' na dicção constitucional, deverá tomar em conta não apenas os custos incorridos pelo particular em sua feitura, mas também o 'valor de mercado' desse 'direito autoral'.

"Logo, a expressão 'ressarcir', adotada pelo art. 21 da Lei 8.987, significa dizer recompor o direito transferido à Administração e utilizado pelo vencedor do certame. Essa recomposição se dará pelo 'valor de mercado' do 'direito autoral' cedido, sob pena de ela ser constitucionalmente 'injusta'."[12]

Portanto, encontra-se na sublime doutrina posição no sentido de que o ressarcimento ao sentido literal da palavra não se resume, devendo abranger, ainda, uma mais valia sobre o trabalho porque, em última análise, se representa recomposição patrimonial significa restituir o que vale e o que vale é o valor de mercado. A Administração, utilizando um trabalho do particular sem custear o valor de mercado causa a este, segundo a ilustre lição acima, prejuízo, porque se o fosse vender o preço não se restringiria ao ressarcimento dos custos propriamente ditos. Trata-se de pensamento lógico e fundamentadamente defensável.

Diante deste cenário da indiscutibilidade do direito ao reembolso dos custos ou do valor do projeto, surge outra questão: qual o critério para se precificar os estudos realizados pelo particular?

A esta indagação parece que respostas são muito menos certeiras. Não obstante a possibilidade de se utilizar comprovantes de gastos, alguns aspectos do preço ainda remanescem abstratos, como a quantidade de horas de profissionais ou funcionários dedicados ao projeto, o próprio valor de mercado etc. Por isso é que tentando conferir maior objetividade e segurança ao preço aparece de fato a utilização de uma licitação na modalidade concurso, pois embora existam as formalidades essenciais a qualquer licitação que dificultam e atrasam a realização do PMI, o pagamento do autor do projeto estará menos sujeito a discussões porque presente em edital licitatório prévio ao dispêndio de recursos.

Esses argumentos são úteis aos participantes de PMI país afora, servem para defender seus interesses e garantir seus direitos frente aos esforços para propor soluções em prol da Administração Pública.

5.4 O sigilo do negócio

O particular terá interesse de divulgar algo inovador, de repente um sigilo do seu negócio ou do seu método, sem a garantia de que será vencedor da licitação ou até mesmo de que o seu projeto será escolhido?

12. Idem, ibidem.

As empresas, sobretudo prestadoras de serviços, concorrem cotidianamente no mercado de forma voraz sempre objetivando a redução de seus custos e, para tanto, utilizam de métodos e técnicas inovadoras que podem gerar economia sem comprometer a qualidade do resultado final.

Este é um sério problema que cerca o PMI. O princípio da publicidade, previsto no art. 37 da Constituição Federal, de certa forma o prejudica porque expõe o particular a uma perda dos seus "segredos industriais".

De um lado, por este motivo, ele pressupõe a inexistência de inovações que poderiam muito servir também aos interesses da Administração Pública e consequentemente da coletividade, pois é admissível da parte do sujeito privado o receio de divulgar seu *modus operandi*, que muitas vezes é a essência do seu negócio, e disponibilizá-lo à concorrência. Por outro lado, a possibilidade de segredo e restrição de informações é, e não poderia ser diferente, rechaçada pela doutrina:

"Da atuação do particular nessa fase interna da licitação pode decorrer a formulação de proposta que soe mais adequada à tutela do interesse público; proposta incorporada pela Administração, mas fruto do gênio e de meditação do aludido particular. Mas, justamente porque se vive em regime republicano, a Administração não pode especular com a coisa pública. Ela tem o dever de franquear a outros particulares o conhecimento da proposta que lhe foi encaminhada e ofertar-lhes a possibilidade de elaborarem outras volvidas ao mesmo fim. E isso para que, de posse dos múltiplos estudos, possa optar por um ou por nenhum deles; tudo em vista do interesse público."[13]

13. Idem, ibidem.

Este ponto coloca em xeque a real serventia do PMI, embora admita-se a colaboração de particulares com o poder público, se esses particulares não puderem trazer as soluções que realmente lhe acarretem a diferença, talvez o seu uso pela Administração Pública não represente uma vantagem na proporção do que se imaginava quando da sua criação.

É muito difícil pensar em uma solução para este problema, pois qualquer entendimento em sentido contrário ao da publicidade padeceria de inconstitucionalidade, mas é um desafio lançado pela criação do instituto, o avanço nos estudos pode trazer um mecanismo que possibilite a utilização de segredos sem a correspondente divulgação. Paradoxal na seara do direito público, mas também necessário e oportuno para o próprio direito público.

5.5 A obrigatoriedade do PMI/Procedimento de Manifestação de Interesse

O PMI é um procedimento obrigatório? Parece negativa a resposta.

A Administração Pública não pode se furtar à realização do planejamento da licitação, identificando todos os elementos necessários para sua tomada de decisão e efetivação da contratação a ser realizada. Nisto consistem os projetos básicos e executivos, que evidenciam a natureza do que será contratado e como será cumprido o contrato administrativo, abarcando também, esta fase, a preocupação com os parâmetros orçamentários da contratação.

Porém, a fase preparatória não contempla como requisito obrigatório ou essencial o Procedimento de Manifestação de Interesse.

Este é uma faculdade da Administração Pública que, de ofício ou atendendo a uma solução do particular, leva a cabo para facilitar ou melhor embasar a escolha pela modalidade de contratação, definição do objeto e estruturação do contrato administrativo.

Ainda que se defenda, como parte da doutrina, ser uma decorrência do direito de petição,[14] cuja autorização do Estado se resumiria à verificação dos requisitos de qualificação para procedimento licitatório, o que prestigia a participação do particular nas decisões do Estado, o PMI não pode ser tido como obrigatório.

Não serão raras as vezes que o poder público já terá definida sua posição, certeza de suas escolhas, revelando-se desnecessária a participação do particular nessa fase preparatória. Somente quando assim se justificar é que deverá ser implementado o PMI.

Os dispositivos constitucionais relacionados são os seguintes:

"Art. 5º. Todos são iguais perante a lei, sem distinção de qualquer natureza, garantindo-se aos brasileiros e aos estrangeiros residentes no País a inviolabilidade do direito à vida, à liberdade, à igualdade, à segurança e à propriedade, nos termos seguintes: (...)

"XXXIV – são a todos assegurados, independentemente do pagamento de taxas:

"a) o direito de petição aos Poderes Públicos em defesa de direitos ou contra ilegalidade ou abuso de poder;

"(...)

"Art. 37. A administração pública direta e indireta de qualquer dos Poderes da União, dos Estados, do Distrito Federal e dos Municípios obedecerá aos princípios de legalidade, impessoalidade, moralidade, publicidade e eficiência e, também, ao seguinte: (...)

"§ 3º. A lei disciplinará as formas de participação do usuário na administração pública direta e indireta, regulando especialmente: (...)."

As normas constitucionais devem ser entendidas em conjunto com o dispositivo que materializa o PMI no ordenamento jurídico, o art. 21 da Lei 8.987/1995, e embora seja defensável sua condição de direito do particular, desde que interessado e apto, não parece ser uma obrigação estatal.

Do contrário, haveria atraso e excesso de formalidade nas contratações públicas porque teriam que ser precedidas necessariamente de estudos prévios via PMI, procedimento por vezes mais demorado que os levantamentos efetivados pela própria Administração Pública, ainda mais se a conclusão for no sentido de ser ele realizável por meio de licitação na modalidade concurso.

Não ser obrigatório é diferente de ser ignorado. Em virtude da indisponibilidade do interesse público, sempre que for possível notar uma vantagem ou ao menos possibilidade de vantagem ao Estado na realização do Procedimento de Manifestação de Interesse este é cabível e sua dispensa passa a ser juridicamente questionável.

Conclusão

Importante o estudo do tema, o Procedimento de Manifestação de Interesse é um

14. Opinião de Maurício Zockun: "Primeira – O exercício do direito de petição, independentemente da sua finalidade, não está condicionado à prévia aceitação pela Administração. Logo, a colaboração do particular em vista da melhor tutela do interesse público pela Administração prescinde da 'autorização' versada no art. 21 da Lei 8.987. Dá-se de imediato, salvo se se tratar de coisa diversa de direito de petição (e se trata, como adiante veremos)".

mecanismo interessante porque permite ao particular colaborar com o desenvolvimento das atividades estatais sem que, pelo menos de início, se questione a colidência de interesses. Aplicável às concessões e parcerias público-privadas, até mesmo em virtude da natureza e peculiaridades dessas formas de contratação pública, nas quais se evidencia de certa forma uma flexibilização da relação verticalizada, serve para permitir compactuar em prol do bem comum os interesses dos sujeitos privados e da Administração Pública.

O alerta fica por conta do poder público que, diante de um estudo realizado por outrem, que muitas vezes participará da licitação visando a vencê-la e executar o contrato administrativo, deve assegurar a independência na tomada de decisão e efetivação da escolha. O PMI é um instituto jurídico que visa a beneficiar, ajudar o Estado, nunca pode ser usado para subverter os princípios do regime jurídico de Direito Administrativo.

O PMI ainda enfrenta alguns questionamentos. Há dúvida sobre a sua natureza, se apenas uma mera etapa facultativa do planejamento das licitações, um passo da fase interna, ou se uma própria licitação na modalidade concurso. Além deste ponto, é de ressaltar o problema da divulgação de segredos industriais, comerciais, técnicos e operacionais pelos participantes que, uma vez desenvolvendo os estudos, darão publicidades aos aspectos interiores de seus negócios. São pontos que merecem maior debate ou maior consenso para se diminuir as dúvidas que cercam o tema e se sedimentar os direitos e deveres daqueles que se aventuram na materialização do instituto.

De outro lado, parece não restar dúvidas sobre o direito de reembolso do particular autor do projeto, desde que seja utilizado pela Administração Pública, ressaltado o debate acerca do que abrange este reembolso, isto é, se apenas custos ou também o acréscimo decorrente da valorização praticada pelo mercado, bem como da dispensabilidade, isto é, da sua não obrigatoriedade na fase preparatória da licitação, podendo o Estado finalizar sozinho a fase interna e partir para a divulgação do edital.

O tema demanda ainda extensa continuidade e desenvolvimento de estudos e discussões.

Referências bibliográficas

GUIMARÃES, Fernando Vernalha. *Infraestrutura e Contratos Públicos: Nota sobre o Procedimento de Manifestação de Interesse (PMI)*, in <www.vgpadvogados.com.br/pdf/nota_procedimento.pdf>.

MAZZA, Alexandre. *Manual de Direito Administrativo*. 4ª ed. São Paulo, Saraiva, 2014.

MELLO, Celso Antônio Bandeira de. *Curso de Direito Administrativo*. 26ª ed. São Paulo, Malheiros Editores, 2008.

NETTO, Luísa Cristina Pinto e. "Interesse público e administração concertada", *Revista Brasileira de Direito Municipal*. Belo Horizonte, Fórum, 2014.

SAADI, Mário Márcio Lima. *O Procedimento de Manifestação de Interesse à Luz do Ordenamento Jurídico Brasileiro*. Pontifícia Universidade Católica de São Paulo, 2014.

ZOCKUN, Maurício. "A Constituição e o PMI nas Concessões: os confins do art. 21 da Lei 8.987", Última Instância, 2012, <http://ultimainstancia.uol.com.br/conteudo/colunas/58071/a+constituicao+e+o+pmi+nas+concessoes+os+confins+do+artigo+21+da+lei+8.987.shtml>.

A DISCRICIONARIEDADE NO PROCESSO ADMINISTRATIVO DISCIPLINAR FEDERAL[1]

NUNO ROBERTO COELHO PIO

Bacharel em Direito pela Pontifícia Universidade Católica de São Paulo.
Advogado em São Paulo

1. Introdução. 2. Fundamento e contornos da discricionariedade no Estado Democrático de Direito. 3. Espécies de discricionariedade. 4. Dever-poder disciplinar e processo administrativo disciplinar. 5. Discricionariedade no processo administrativo disciplinar federal: 5.1 Breve descrição do processo administrativo: 5.1.1 Sindicância – 5.1.2 Processo administrativo disciplinar sob o rito ordinário –5.1.3 Processo administrativo disciplinar sob o rito sumário – 5.2 Discricionariedade na instauração do processo e justa causa – 5.3 Discricionariedade na aplicação da sanção. 6. Conclusão.

Palavras-chave: Discricionariedade, Processo administrativo disciplinar, Estado Democrático de Direito, Conceitos fluidos, Limitações no caso concreto, Instauração, Aplicação da sanção.

1. Introdução

Este trabalho busca discutir o tema da discricionariedade no processo administrativo em âmbito federal.

Inicialmente, pode causar estranheza falar em um processo, que é garantia, sujeito à discricionariedade: seria, a rigor, quase uma contradição em termos. Afinal, se o processo é garantia da observância da limitação da atuação estatal no exercício do poder – aqui especialmente o poder

1. Adaptação de monografia jurídica apresentada como requisito parcial para conclusão de graduação em Direito pela PUC-SP, em novembro de 2014, sob orientação da Profa. Dra. Carolina Zancaner Zockun.

disciplinar –, então sujeitar tal garantia à conveniência e oportunidade daquele que exercerá o poder, sendo conveniência e oportunidade conceitos tão abertos quanto o são, seria abrir perigosa e larga margem para a subversão de toda a lógica do Estado Democrático de Direito, e uma malversação tanto do poder quanto da garantia, quando esta se transforma em um teatro de cartas marcadas para o exercício arbitrário daquele, tudo fundamentado na conveniência e oportunidade. Isto é, um processo feito sob aspectos de conveniência e oportunidade, abre-se de forma arriscada a ser conduzido arbitrariamente, como o processo de Kafka, como mera formalidade procedimental para um exercício arbitrário que se fundamenta em conveniência e oportunidade abertas e preenchíveis ao desejo da vontade, com qualquer conteúdo que lhes sirva.

Mas há que se lembrar que, enquanto o processo se traduz em uma sucessão encadeada de atos, o processo administrativo se condensa de uma sucessão de atos administrativos, sujeitos ao regime jurídico de Direito Administrativo, e que apenas por estarem logicamente encadeados em um processo não desnaturam sua natureza jurídica ou perdem quaisquer de seus atributos, incluindo aí a discricionariedade que porventura carreguem. Está aí o problema: como resolver esse aparente conflito entre a necessidade de se evitar o uso arbitrário de poder – e aí, com isso, preservar a própria natureza e razão de ser do Estado Democrático de Direito – e ao mesmo tempo entender o ato como ato administrativo dotado de todos os seus atributos, como permitir que ele conviva assim sem descambar para o arbítrio? Como conciliar essas duas realidades dissonantes?

Nestas inquietações a doutrina e a jurisprudência se digladiam sem cessar e sem encontrar uma resposta satisfatória que a um só tempo resolva esta aparente contradição e determine com segurança o campo que delimita o mérito administrativo interdito à apreciação judicial.

Para buscar responder a tais inquietações, acreditamos ser necessário retornar ao fundamento. Buscar nas sólidas bases ideológicas tanto do Direito Administrativo quanto do próprio Estado Democrático de Direito a resposta para estes problemas.

Assim, este estudo se propõe a realizar uma análise dogmática e sistemática da discricionariedade à luz do Estado Democrático de Direito, buscando delimitar com bastante clareza a sua definição. O intento visará a entender a discricionariedade, entender porque ela existe e como se manifesta, para então, num corte metodológico jurídico positivo, verificar no seio do processo administrativo federal a ocorrência de decisões que se amoldem ao perfil que formularemos a respeito de discricionariedade.

2. Fundamento e contornos da discricionariedade no Estado Democrático de Direito

As bases ideológicas sobre as quais se funda o Direito Administrativo e, mais do que isso, o próprio Estado Democrático de Direito, são, como ensina Bandeira de Mello, as construções filosóficas encabeçadas por Rousseau, Montesquieu e Locke no século XVIII. Essas concepções têm por principal objeto o poder – como imposição unilateral de uma vontade – e o seu exercício no Estado.

Sumariando estes ideais, escreve o iluminista britânico:[2]

2. John Locke, *Segundo Tratado sobre o Governo Civil*, trad. Magda Lopes e Marisa Lobo da Costa, Rio de Janeiro, Vozes, 1994, pp. 35 e 74.

"Todo o poder que o governo possui, uma vez que esse vise apenas o bem da sociedade e já que não deve por isso ser arbitrário ou leviano, deverá ser exercido através de leis estabelecidas e promulgadas, para que as pessoas possam conhecer os seus deveres e estar seguras e protegidas dentro do perímetro da lei, e para que também os soberanos possam ser mantidos dentro dos seus limites."

Deveras, esta nova conceituação filosófica que estrutura o Estado moderno tem por finalidade encontrar limitações para o poder, atacando seu uso desmedido e absoluto. Todos os homens são iguais desde o berço, motivo pelo qual não se admite, num Estado Democrático de Direito que um imponha sua vontade sobre o outro.

Todavia, para assegurar a vida em sociedade e a proteção da liberdade e da propriedade de seus componentes, vê-se a necessidade de criação de um ente sobre o qual recairá o dever de assegurar esta proteção. A este ente, formado como Estado pelo contrato social, se atribuirão deveres, seja, para os mais liberais, o dever de garantir segurança e de solucionar os conflitos, retirando dos particulares a autotutela, seja com deveres de prestação positiva nos modernos Estados de bem-estar social.

Em ambos os casos se atribuirão poderes instrumentais para a consecução destes deveres, cujo cumprimento é o interesse público que vive em cada indivíduo componente da sociedade como membro desta sociedade. Assim o poder – leia-se imposição unilateral e coercitiva de vontade – só será legítimo na exata medida do que a própria sociedade outorgar ao Estado para a finalidade instrumental a que se propõe. Ademais disto, o Estado de Direito pressupõe um núcleo duro de direitos inacessíveis ao próprio Estado, mesmo na consecução dos deveres que lhe recaem. Direitos fundamentais, inerentes à condição humana.

Neste esteio, pode-se dizer portanto que o exercício de poder no Estado está condicionado a uma função pública e limitado pelos direitos fundamentais e suas respectivas e assecuratórias garantias fundamentais.

Essa questão evidencia-se com muita clareza no âmbito do Direito Administrativo na noção de legalidade, na medida em que todo o agir estatal é orientado *secundum legem* e jamais *praeter legem*. Isto pois os cidadãos, todos iguais e livres, ao legislar limitam a si próprios e estipulam as finalidades a serem alcançadas pelo Estado. Neste sentido, podem fazer tudo que esteja na parcela de liberdade à qual não renunciaram, contudo o Estado deve estar adstrito às finalidades que lhe foram confiadas.

O administrar, aplicar a lei de ofício, é o retrato perfeito do poder – uno e indivisível – submetido à função executiva dos deveres impostos pelo povo – titular do poder – ao Estado, na forma de lei – interesse público positivado –, o que preenche o conceito de função pública como ensina o mestre Celso Antônio Bandeira de Mello:

"A ordenação normativa propõe uma série de finalidades a serem alcançadas, as quais se apresentam para quaisquer agentes estatais como obrigatórias. A busca destas finalidades tem o caráter de dever (antes do que "poder") caracterizando uma função em sentido jurídico."[3]

Veja-se, entretanto, que materialmente, por imperativo lógico-fático, é impossível ao legislador prever e regrar

3. Celso Antônio Bandeira de Mello, *Discricionariedade e Controle Jurisidicional*, São Paulo, Malheiros Editores, 2012, p. 13.

todas as hipóteses e comportamentos que revelem as opções da sociedade para o modo de agir Estatal, todos os detalhes que devem ser tomados no administrar. Neste contexto é que se insere a figura da discricionariedade para preencher as lacunas que surgem desta impossibilidade de regramento, pela lei, da minúcia e do detalhe em cada situação concreta.

Na dicção de Maria Sylvia Zanella di Pietro: "A discricionariedade é indispensável para permitir o poder de iniciativa da Administração, necessário para atender às infinitas, complexas e sempre crescentes necessidades coletivas".[4]

Nestas situações, caberá ao administrador realizar uma escolha, todavia sua escolha não é livre. Esta escolha lhe é dada para melhor atingir a finalidade legal que, do contrário, não o seria diante da citada impossibilidade fática de regrar a tudo na minúcia e no detalhe.

A discricionariedade não é porta aberta para o arbítrio. Como expressão de poder dentro do Estado Democrático de Direito, onde todo o poder emana do povo que submete o Estado ao Direito – sendo o Direito expressão deste poder democrático –, o "poder" discricionário é antes um dever-poder. Poder instrumental do cumprimento de um dever, condicionado à finalidade, à função, e limitado pela legalidade, que abrange, obviamente, os direitos e garantias fundamentais.

Neste sentido leciona Celso Antônio Bandeira de Mello[5] indo além e determinando que cabe ao administrador no uso da discricionariedade o "dever de adotar a solução mais adequada à satisfação da finalidade legal, quando, (...) dela [*da lei*] não se possa extrair, objetivamente, uma solução unívoca para a situação vertente".

É importante salientar contudo que esta lição comporta uma interpretação cautelosa a fim de não levar a erro o leitor mais apressado que nela veria a incoerência de dar ao administrador a escolha da melhor escolha. Deste modo se lhe retiraria qualquer margem de volição e sua tarefa seria de simples e mera livre interpretação e que, assim, poderia ser no todo revista no âmbito do controle judicial. Não é este raciocínio que pretende empreender o citado mestre.

Deveras, cabe ao administrador sempre buscar a melhor solução, a solução mais adequada à finalidade legal, contudo ele poderá se deparar com duas ou mais opções igualmente adequadas à satisfação da finalidade legal – do contrário, a solução seria a solução unívoca a que faz referência o douto administrativista.

Nos casos em que haja tal solução unívoca, depreensível de plano pela simples subsunção do direito ao caso concreto, se estará diante de simples interpretação. Contudo nos casos em que haja mais de uma solução, igualmente adequada ao caso concreto, o administrador deverá empregar volição, expressão de vontade entre vários indiferentes jurídicos de modo que, como ensina Araújo: "a consideração axiológica da melhor alternativa se fará por meio de outros critérios que não de direito".[6]

A única expressão de vontade que é legítima em um Estado Democrático de Direito, cujo titular de todo o poder é o

4. Maria Sylvia Zanella Di Pietro, *Discricionariedade Administrativa na Constituição de 1988*, São Paulo, Atlas, 2001, p. 67.

5. Celso Antônio Bandeira de Mello, *Discricionariedade e Controle Jurisidicional*, cit., p. 48.

6. Florivaldo Dutra de Araújo, *Motivação e Controle do Ato Administrativo*, Belo Horizonte, Del Rey, 1992, pp. 86-87.

povo: uma expressão de vontade que se coadune com a melhor expressão do interesse público. Assim, a discricionariedade não será um cheque em branco. Trata-se do que Caio Tácito chamou "liberdade vigiada"[7] para a Administração.

Certo é dizer, então, que embora forneça ao Administrador uma possibilidade de escolha, de volição, de expressão de uma vontade frente a um indiferente jurídico, ainda assim não se pode ver na discricionariedade – como se via na doutrina anteriormente – um verdadeiro poder discricionário. A discricionariedade na leitura constitucional, na leitura do Estado Democrático de Direito, é, na verdade, uma discricionariedade axiológica e teleologicamente orientada, jungida ao dever de escolher, no caso concreto, a melhor opção diante do interesse público, quando a lei não o tenha podido fazer na minúcia e no detalhe.

A finalidade do ato administrativo, como pressuposto teleológico do ato é o bem jurídico por ele objetivado; a razão de ser para a qual a lei concebeu a possibilidade de expedição daquele ato.[8] Assim, o pressuposto teológico do ato administrativo discricionário será a expressão do interesse público no ato individual e concreto quando não foi manifestada – por impossibilidade fática – no ato geral e abstrato. No dizer de Vitor Nunes Leal,[9] "o fim de qualquer ato administrativo, discricionário ou vinculado, é, sem dúvida alguma, o interesse coletivo".

A "melhor opção" então, a que fez referência Celso Antônio Bandeira de Mello, é aquela que se incline para o interesse público. Qualquer volição discricionária que não se incline servil ao interesse público configurará desvio de função definido nos seguintes termos:

"Quando a autoridade administrativa faz uso do seu poder em casos e para fins diversos dos pretendidos pela lei temos o desvio de poder. Nesta hipótese, o ato emana do órgão administrativo nos limites de sua competência e nas formas prescritas, mas não conforme o escopo da lei."[10]

Empregando as palavras de Cretella,[11] trata-se de um "uso indébito que o agente administrativo faz do poder discricionário de que é detentor, para a consecução de fim diverso do que a lei preceituará". Um poder desviado, uma competência extrapolada, uma prerrogativa abusada.

Entretanto, uma vez definida esta premissa, como então avaliar se o administrador se assenhorou das competências que não lhe cabiam, delas atuando como autêntico *dominus,* ou se atuou como efetivo administrador na custódia do interesse público que lhe compete administrar? Qualquer resposta que buscasse inquirir o íntimo decisório ou o móvel[12] de cada decisão tomada esbarraria em impossibilidades e subjetivismos.

7. Caio Tácito, *Direito Administrativo*, São Paulo, Saraiva, 1975, p. 6.

8. Celso Antônio Bandeira de Mello, *Curso de Direito Administrativo*, São Paulo, Malheiros Editores, 2011, p. 409.

9. Vitor Nunes Leal, "Poder discricionário e ação arbitrária", in *Problemas de Direito Público*, in *Problemas de Direito Público*, Rio de Janeiro, Forense, 1960, p. 284; e *RDA*, vol. 14, p. 59.

10. Oreste Ranelletti e Antonio Amorth, *Novissimo Digesto Italiano*, t. 2: Verbetes de AQ a AY, subitem "atti amministrativi", 1958.

11. José Cretella Junior, *O Desvio de Poder na Administração Pública*, Rio de Janeiro, Forense, 2002, p. 33.

12. Celso Antônio Bandeira de Mello, *Discricionariedade...*, cit., p. 87.

Para avaliar se o ato destinou-se ao interesse público ou se desviou-se de sua finalidade, a análise a ser feita deve ter por objeto a motivação, e deve avaliar se o ato é razoável e proporcional. Se a opção adotada frente a um indiferente jurídico é proporcional e razoável – em relação à finalidade da norma –, ela será uma opção destinada e jungida a atingir o interesse público.

Assim, a razoabilidade e a proporcionalidade se encontram no campo da legalidade,[13] de sorte que o mérito administrativo imune ao controle jurisdicional é somente a opção feita – por critérios extrajurídicos – entre duas opções – indiferentes jurídicos – igualmente razoáveis e proporcionais de acordo com a finalidade legal e, portanto, jungidas ao atingimento do interesse público.

Em outras palavras:

"A razoabilidade – que, aliás, postula a proporcionalidade – a lealdade e boa-fé, tanto como o respeito ao princípio da isonomia, são princípios gerais do Direito que também concorrem para conter a discricionariedade dentro de seus reais limites, assujeitando os atos administrativos a parâmetro de obediência inadversável."[14]

É dizer: o objeto do controle jurisdicional – que evidencia *a contrario sensu* os contornos da discricionariedade e do mérito administrativo – não será controlar se o administrador fez a melhor escolha – volição amparada em critérios extrajurídicos –, mas se aquela escolha que fez atende ao interesse público porque destinada na mesma direção da finalidade pretendida pela norma e também porque proporcional e razoável.

3. Espécies de discricionariedade

Superadas as questões iniciais é imperioso tratar da forma como a discricionariedade é posta nas mãos do administrador. Inicialmente a discricionariedade pode localizar-se tanto no antecedente quanto no consequente da norma jurídica.

Na doutrina,[15] já Caio Tácito[16] e Consuelo Sarria[17] observavam a discricionariedade no antecedente da norma nos pressupostos do ato administrativo, no juízo subjetivo do administrador em verificar e valorar a ocorrência de determinado fato no mundo fenomênico, ao qual a lei atribui como efeito jurídico uma atitude a ser tomada pela Administração, e no consequente quando constatados os pressupostos de fato outorgando-lhe determinada liberdade para o modo de executar a ação a ser tomada.

Entende-se esta ocorrência fática como o motivo[18] que enseja a produção

13. José Cretella Junior, *O Desvio de Poder na Administração Pública*, cit., p. 64, afirma que "Examinar o fim da lei é examinar-lhe a legalidade. Examinar os motivos da lei é também examinar-lhe a legalidade".

14. Embargos no RE 75.421, de relatoria do Min. Xavier de Albuquerque, 1975.

15. Na jurisprudência esta questão também já foi tratada com bastante acuidade. A respeito, ver a decisão proferida no julgamento do RMS 24.699 de relatoria do Min. Eros Grau.

16. Caio Tácito, *Desvio de Poder em Matéria Administrativa*, tese, 1951, pp. 24 e ss.

17. Consuelo Sarria, *Poder Discrecional Administrativo en Derecho Administrativo en Latinoamérica II*, Bogotá, Ediciones Rosaristas, 1986, pp. 280 a 282.

18. Celso Antônio Bandeira de Mello diferencia os conceitos de motivo e móvel. Este seria a motivação interna e psicológica do administrador, ao passo que aquele reporta-se à motivação externa, residindo na lei – motivo de direito – ou em fenômenos empíricos – motivo de fato.

do ato administrativo e a atitude como seu objeto. Explicitando isto, escreve Caio Tácito:[19] "O poder discricionário é a faculdade concedida à Administração de apreciar o valor dos motivos e determinar o objeto do ato administrativo, quando não o preestabeleça à regra de direito positivo".

Seja no antecedente seja no consequente da norma jurídica, Celso Antônio Bandeira de Mello[20] aponta que há dois meios de se encontrar a possibilidade do agir discricionário: (i) quando norma jurídica diretamente abra opção e margem de liberdade para o administrador; e (ii) diante dos chamados "conceitos fluidos".[21] Derivando, portanto, a discricionariedade da vontade geral veiculada na lei, como anteriormente se tratava. Não havendo assim discricionariedade fora da hipótese legal, quer pela expressa possibilidade de escolha quer pelo enunciado de conceitos fluidos.

A primeira hipótese é de clara e fácil intelecção. Tormentoso se faz analisar o conteúdo da segunda hipótese, atinente pois aos conceitos fluidos. Primeiro é imperioso delimitar o que são conceitos fluidos: são aqueles conceitos que de plano não revelam o seu conteúdo, são conceitos plurissignificativos tais como "notável saber", "urgência", "relevância", usualmente empregados na redação de normas jurídicas. São chamados também imprecisos, vagos ou ainda indeterminados.[22]

Ao aplicador da lei cabe a interpretação e o preenchimento destes conteúdos diante do caso concreto. O que se pergunta é então: esta interpretação será um exercício de mera intelecção, e aí sem qualquer margem de escolha para o administrador, ou será um exercício de volição, aí então residente a discricionariedade administrativa?

A doutrina alemã[23] rechaça, de forma veemente, qualquer discricionariedade diante de conceitos fluidos, ao passo que respeitáveis autores pátrios, tais como Celso Antônio Bandeira de Mello[24] e Maria Sylvia Zanella di Pietro,[25] postulam no sentido contrário.

As duas correntes que se debruçam sobre esta questão, caminham juntas até certo ponto, divorciando-se somente em um aspecto: diante de conceitos fluidos se está verdadeiramente diante de conceitos

19. Caio Tácito, *Desvio de Poder...*, cit., nota 25.

20. Celso Antônio Bandeira de Mello, ob. cit., p. 48.

21. Em relação aos conceitos fluidos ou indeterminados é pertinente trazer à baila a advertência de Eros Grau, para quem não é correto falar em conceitos indeterminados vez que estes, como "signos de predicados axiológicos", terão sempre um conteúdo determinado, havendo possível indeterminação somente nos termos que o designam. Cf. Eros Grau, "Notas sobre os conceitos jurídicos", *Revista de Direito Público*, n. 74, p. 219.

22. Antonio Fernando de Sousa observa que existem conceitos fluidos em outros ramos do Direito, porém é somente no campo do Direito Administrativo que esta discussão toma palco vez que nas demais situações será sempre o judiciário a preencher estes conceitos, ao passo que no Direito Administrativo caberá esta função à Administração, restando ao judiciário o papel de verificar se isto ocorreu de forma correta. Cf. António Francisco de Sousa, *Conceitos Indeterminados no Direito Administrativo*, Coimbra, Almedina, 1994, p. 18.

23. Cf. Klaus Günther, *Teoria da Argumentação no Direito e na Moral: Justificação e Aplicação*, trad. Cláudio Molz, São Paulo, Landy, 2004.

24. Celso Antônio Bandeira de Mello, ob. cit., p. 23.

25. Maria Sylvia Zanella Di Pietro, ob. cit., p. 132.

fluidos ou não? Isto é, no caso concreto o conceito fluido se revela sem questionamentos, esgotando-se na interpretação meramente intelectiva, ou há ainda situações em que permanece indeterminado, ensejando, portanto, o juízo de conveniência e oportunidade?

Para a primeira corrente, trata-se de exercício de mera intelecção:

"Não pode existir, na dimensão deôntica, algo como "meio honesto" ou "meio criminoso". Ou é ou não é, sob pena da própria desintegração de qualquer sentido para o valor em referência. Em outras palavras, não quer dizer que pelo fato das pessoas nem sempre conseguirem alcançar (ser) a virtude (dever-ser), esta, em si mesma, deva ser graduada. Só há sentido para o valor em sua aplicação bipolar com o respectivo desvalor; qualquer graduação nesse percurso desintegra a própria significação do termo."[26]

Contudo para a segunda, há zonas de certeza conceitual, seja positiva ou negativa, mas há entre elas uma zona de incerteza. Algo próximo do que Maria Sylvia Zanella Di Pietro descreverá em classificação própria, dividindo os conceitos fluidos em duas categorias: (i) conceitos de experiência – que comportam apenas uma opção clara e certamente verificável; e (ii) conceitos de valor – que comportam discricionariedade.[27]

Como se percebe, a segunda corrente aplica para os conceitos fluidos o mesmo raciocínio empregado dantes neste estudo acerca da discricionariedade buscar a "melhor opção", sendo portanto volição extrajurídica entre duas ou mais "melhores opções" caracterizadas como indiferentes jurídicos igualmente proporcionais e razoáveis no atingimento da finalidade legal.

Aqui a conversa é a mesma. Certamente há situações em que não haverá espaço para volição e a mera intelecção preencherá o conceito tido por indeterminado. Trata-se do que a doutrina alemã chamou de *Begriffskern* ou "núcleo fixo". Mas é evidente que há ainda situações em que tais conceitos não se aclaram diante do caso concreto, situação que se enquadra no chamado *Begriffshof* ou "halo conceitual".

Esta distinção é tratada com bastante clareza por Regina Helena Costa,[28] motivo pelo qual transcrevemos agora sua lição:

"O agente desenvolve primeiro uma atividade interpretativa, e, visto que a norma realmente, por impossibilidade lógico-natural, não consegue tudo regular em forma absolutamente especificada e detalhada, a atividade interpretativa do agente administrativo, socorrida de todos os meios que indiquem uma correta teoria da interpretação das leis administrativas, chega a um ponto em que não tem mais o que verificar diante da incerteza da vontade legal. No fim das contas, decorrido todo o processo interpretativo, fica ao órgão um campo circunscrito de liberdade quanto à determinação de sua competência, e portanto também de seu agir."

4. Dever-poder disciplinar e processo administrativo disciplinar

Já identificamos aqui a discricionariedade e seus contornos no Estado Democrático de Direito, bem como os limi-

26. Cristiano Carvalho, *Teoria do Sistema Jurídico: direito, economia, tributação*, São Paulo, Quartier Latin, 2005, p. 79.

27. Idem, ibidem, p. 76.

28. Regina Helena Costa, "Conceitos jurídicos indeterminados e discricionariedade administrativa", *Revsta Justitia* 51 (145), jan.-mar. 1989.

tes que separam o mérito administrativo como uma volição discricionária do exame de legalidade. Como vimos, para que não seja infirmada de desvio de finalidade e não se confunda com arbítrio, haverá discricionariedade quando se falar em volição entre dois ou mais indiferentes jurídicos todos proporcionais e razoáveis no atingimento da finalidade legal – expressão do interesse público. Ademais, sabemos nós, haverá discricionariedade diante de conceitos fluidos quando estes não apontem para uma solução unívoca dentro de uma zona de certeza positiva ou negativa.[29]

Portanto, como a discricionariedade e seus contornos dependerão em sua análise de examinar a finalidade legal sob qual é posta a discricionariedade, bem como dos limites impostos pelo caso concreto, antes de seguir em direção ao rumo do presente estudo – que é identificar se existe discricionariedade no processo administrativo disciplinar –, é preciso tecer algumas linhas sobre o dever-poder disciplinar e o processo em si.

Como pincelamos brevemente no início deste estudo, o Estado Democrático de Direito presta-se unicamente a cumprir as finalidades que o interesse público lhe impõe, conforme descrito nas leis e, em especial, na Constituição da República. Na execução de seus misteres, assim definidos como sua razão única de ser, o Estado, como ente abstrato que é, precisa valer-se de executores para cumprir materialmente os seus agires. Vale-se, portanto, de agentes públicos, isto é, pessoas no exercício de função pública.[30]

Trata-se aqui da chamada "teoria do órgão",[31] segundo a qual por uma imputação volitiva, a vontade do Estado se verifica pelos seus agentes. Nas palavras de Carvalho Filho: "O Estado por ser um ente abstrato não tem vontade própria, como pessoa jurídica atua através de seus agentes, que são pessoas físicas dotadas de vontade real".[32]

Ocorre que tais agentes são naturalmente falíveis e, quer por erro, quer por dolo, quer por culpa, podem prejudicar a execução do agir estatal. Em outras palavras, pode-se dizer que a falha dos agentes públicos pode prejudicar o serviço público de que estão encarregados.

Tais falhas e más condutas possuem dois influxos principais, que serão a razão de ser do dever-poder disciplinar: eficiência e responsabilidade:

Em primeiro lugar, estando a eficiência consagrada como princípio constitucional de fundamental observância para a Administração Pública, esta, para o cumprimento deste dever de assegurar a eficiência dos serviços por si prestados, tendo em vista que são prestados por agentes naturalmente falíveis, deve assegurar a correção da conduta de servidores faltosos e a expulsão de servidores nocivos, que prejudiquem esta eficiência.

29. Cf. Genaro Carrió, *Notas sobre Derecho y Lenguage*, Buenos Aires, Abeledo Perrot, 1972, p. 29.

30. Celso Antônio Bandeira de Mello assim conceitua: "função pública, no Estado Democrático de Direito, é a atividade exercida no cumprimento do dever de alcançar o interesse público, mediante o uso de poderes instrumentalmente necessários conferidos pela ordem jurídica" (*Curso de Direito Administrativo*, São Paulo, Malheiros Editores, 2012, p. 29).

31. Hely Lopes Meirelles, *Direito Administrativo Brasileiro*, São Paulo, Malheiros Editores, 2009, p. 68.

32. José dos Santos Carvalho Filho, *Manual de Direito Administrativo*, 18ª ed. rev., ampl. e atual., Rio de Janeiro, Lumen Juris, 2007.

Em segundo lugar, a noção de responsabilidade, característica do sistema republicano, como apontou Geraldo Ataliba em notável monografia, aqui se afigura. Os servidores públicos, enquanto gestores da coisa alheia – a *res publica* – têm por corolário desta situação a responsabilidade.[33]

Como assevera Dalmo Dallari:[34] "Todos os que agirem, em qualquer área ou nível, como integrantes de algum órgão público ou exercendo função pública, devem ser juridicamente responsáveis por seus atos e omissões".

O chamado poder hierárquico, ou organização hierárquica da Administração, estrutura esta responsabilidade de modo que os ocupantes de cargos pinaculares na estrutura da Administração – *e.g.* o Chefe do Executivo e seus auxiliares diretos (secretários e ministros) – respondam diretamente ao dono da coisa pública, ao povo, por meio de seus representantes, nos termos do art. 85 da Carta Maior. Assim prestando contas e respondendo por sua administração perante o dono e senhor daquilo que lhe foi dado administrar.

Se assim o fazem os hierarcas maiores na estrutura administrativa, compete-lhes o dever-poder de assegurar que o mesmo se dê em relação àqueles que deles se encontram abaixo na estrutura administrativa, de modo a que sejam também responsáveis pelo exercício que fizerem de sua função pública. Um instrumento, de disciplina hierárquica, jungido ao fim último de garantir a boa administração da qual prestarão contas ao povo.

Falamos de uma prerrogativa de punir internamente, administrativamente, sem necessidade de recorrer ao Judiciário, os agentes públicos por infrações que cometam no exercício da função pública. Poder que é instrumento posto a serviço de um dever: o dever de assegurar a boa prestação do agir estatal, de manutenção da legalidade, de uma administração proba e correta, segundo os ditames que a lei lhe traça.

Assim se formata, portanto, um dever-poder disciplinar, definido então como: "a supremacia especial que o Estado exerce sobre todos aqueles que se vinculam à Administração por relações de qualquer natureza, subordinando-se às normas de funcionamento do serviço ou do estabelecimento que passam a integrar definitiva ou transitoriamente".[35]

Como se pode perceber, os agentes públicos, na qualidade de executores do agir estatal, têm em suas mãos, e nas funções públicas que exercem, a curatela do interesse público. São eles a dar corpo à Administração. Todos os deveres e regras que sobre esta recaem, sobre os seus agentes recaem. Infringindo-se estes deveres, estarão sujeitos a sanções disciplinares de acordo com a gravidade de falta que tenham praticado.[36]

Nestes pressupostos se fundamenta, portanto, o dever-poder disciplinar. Contudo o seu uso não pode ser arbitrário. Seguindo o mesmo raciocínio aqui praticado para todos os poderes exercidos no seio do Estado, este também encon-

33. Geraldo Ataliba, *República e Constituição*, São Paulo, Malheiros Editores, 2011, pp. 67 e 68.

34. Dalmo Dallari, *Constituição e Constituinte*, São Paulo, Saraiva, 1982, p. 30.

35. Hely Lopes Meirelles, ob. cit., p. 124.

36. José Armando da Costa, *Teoria e Prática do Processo Administrativo Disciplinar*, Brasília, Brasília Jurídica, 2011, p. 2.

tra-se condicionado pela finalidade do ato – deve destinar-se a punir apenas o servidor faltoso e não converter-se em instrumento de perseguição ou favorecimento –, assim como está condicionado pela legalidade, notadamente pelos direitos do servidor imputado – um julgamento justo e imparcial, com ampla defesa e contraditório etc.

Para instrumentar estes limites, como medida de garantia para que o dever-poder disciplinar não fuja a tais limites e a sua finalidade, erige-se o direito fundamental do direito ao devido processo legal, previsto nos artigos 8º e 10º da Declaração Universal dos Direitos Humanos de 1948 e nos incisos LIV e LV do art. 5º da Constituição da República. Instrumentalizada esta garantia no processo administrativo disciplinar.

5. Discricionariedade no processo administrativo disciplinar federal

A discricionariedade no processo administrativo disciplinar é tema de bastante controvérsia na jurisprudência[37] e na doutrina. A primeira oscila entre posicionamentos diametralmente diversos, ora pela total discricionariedade, ora pela total vinculação, sem contudo apontar critérios gerais e objetivos para um ou outro posicionamento.

A doutrina, a seu turno, congrega-se em três grandes linhas de pensamento: (i) total vinculação – para esta linha não há qualquer discricionariedade no processo administrativo disciplinar e o controle jurisdicional é total;[38] (ii) discricionariedade limitada pela legalidade – os defensores desta tese enxergam a existência de discricionariedade no processo administrativo federal desde que haja previsão legal;[39] e (iii) discricionariedade limitada pelas características do caso concreto – para esta linha existe margem de volição no processo administrativo disciplinar desde que não haja solução unívoca apontada pela legalidade ou pela sua faceta de razoabilidade e proporcionalidade, isto é, desde que haja duas ou mais opções de indiferentes jurídicos igualmente razoáveis e proporcionais à escolha do administrador.[40]

Evidentemente, como se depreende dos capítulos anteriores, entendemos que a conformação constitucional da discricionariedade no Estado Democrático de Direito brasileiro é pela limitação do agir estatal discricionário encontrada no caso concreto. O que nos levaria a entender que, se alguma discricionariedade há no processo administrativo disciplinar, será essa a feição que tal discricionariedade assumirá, levando-nos à filiação junto à terceira corrente.

Identificada, portanto, a premissa maior de nosso silogismo: o que define discricionariedade, podemos partir para a análise do processo administrativo disciplinar federal – objeto de nosso estudo – e então subsumir as premissas menores – as decisões no processo administrativo disciplinar – à definição proposta para então concluir se ali se está presente discricionariedade ou não.

37. Ver por exemplo: STJ, 5ª T., RMS 16981-SP, rel. Min. Gilson Dipp, j. 6.4.2004, *DJU* 17.5.2004, p.245; e STJ, 3ª Seção, rel. Min. Arnaldo Esteves Lima, j. 28.4.2010.

38. Cf. Lucas Rocha Furtado, *Curso de Direito Administrativo*, Belo Horizonte, Fórum, 2013, p. 680.

39. Cf. Hely Lopes Meirelles, ob. cit., p. 121.

40. Cf. Vitor Nunes Leal, ob. cit., p. 284.

5.1 Breve descrição do processo administrativo

Inicialmente, é mister identificar quais decisões, no seio do processo administrativo federal, ensejariam uma escolha volitiva onde se pode abrir margem para encontrar decisões que se amoldem à definição e contornos de discricionariedade. Para tanto, faz-se necessária uma breve descrição do processo administrativo disciplinar e suas fases de modo a verificar em quais delas há a incidência de tais decisões.

5.1.1 Sindicância

A sindicância é processo simplificado e possui faceta dupla. É usada, entre nós, de um lado como meio sumaríssimo de apuração das infrações disciplinares, voltada a infrações de menor potencial ofensivo; e de outro como procedimento anterior à instauração do processo administrativo disciplinar.[41]

O procedimento é semelhante ao do processo administrativo disciplinar, que melhor será descrito a seguir.

Se na sindicância for constatado que não houve infração, arquiva-se o processo; se se apurar que houve falta leve, aplica-se penalidade de advertência ou suspensão de até 30 dias; e, por fim, se se apurar que houve falta mais gravosa, carecedora de penalidade mais severa, instaura-se o processo administrativo disciplinar, servindo a sindicância como peça de instrução para este.[42]

5.1.2 Processo administrativo disciplinar sob o rito ordinário

O processo administrativo disciplinar, por dicção do art. 151 da Lei federal 8.112/1990, possui três fases distintas: (i) instauração; (ii) inquérito administrativo – que abrange a instrução, a defesa e o relatório; e (iii) o julgamento.

Para instauração, à semelhança da sindicância, a autoridade competente expedirá portaria determinando quais serão os membros da comissão processante, bem como disciplinando o prazo de duração do processo e a infração a ser apurada.[43]

Na fase do inquérito, a comissão processante produzirá as provas cabíveis e uma vez tipificada a infração disciplinar ser-lhe-á aberto prazo para defesa com prazo de dez dias. Apreciada a defesa, a comissão elaborará relatório conclusivo descrevendo as provas produzidas.[44]

O relatório é então encaminhado para a autoridade competente para julgamento. No teor do art. 141 da Lei 8.112/1990 pode acontecer de esta autoridade ser a mesma que dirigiu o processo administrativo disciplinar, o que, malgrado positivado em nossa ordem jurídica, para Romeu Bacellar,[45] se define

41. José Cretella Junior, *Tratado de Direito Administrativo*, São Paulo, Forense, 2002, p. 153.

42. Lei federal 8.112/1990:

"Art. 145. Da sindicância poderá resultar: I – arquivamento do processo; II – aplicação de penalidade de advertência ou suspensão de até 30 (trinta) dias; III – instauração de processo disciplinar.

(...)

"Art. 154. Os autos da sindicância integrarão o processo disciplinar, como peça informativa da instrução."

43. Art. 149 da Lei 8.112/1990.

44. Arts. 155, 161 e 165 da Lei 8.112/1990.

45. Romeu Felipe Bacellar Filho, *Princípios Constitucionais do Processo Administrativo Disciplinar*, São Paulo, Max Limonad, 1998. p. 107.

como "execrável anomalia do processo administrativo disciplinar no Brasil. Trata-se de um processo assemelhado àquele vivenciado nos tempos da Inquisição, onde a mesma autoridade administrativa que acusa é quem julga a matéria".

A autoridade julgadora pode divergir, mediante livre convencimento motivado, das conclusões apontadas no relatório.

5.1.3 Processo administrativo disciplinar sob o rito sumário

O processo sob o rito sumário apresenta a mesma estrutura do rito ordinário. Traz como diferenças:[46] (i) prazos reduzidos em comparação com este; (ii) necessidade de estar comprovada a materialidade da infração; e (iii) possibilidade de apresentação apenas de provas documentais, sem prejuízo de adotar-se o rito ordinário diante da necessidade de dilação probatória.[47]

Como podemos observar, os atos que contemplam uma possibilidade de discricionariedade são a instauração do processo – discricionariedade nos pressupostos do ato –, e a decisão que impõe sanção ao servidor faltoso. Passamos a analisar então se estas decisões se amoldam à definição de discricionariedade e, por conseguinte, se configuram mérito administrativo ou se podem, em via diversa, serem revaloradas pelo controle jurisdicional.

46. Art. 133 da Lei 8.112/1990.

47. Vinícius de Carvalho Madeira, *Lições de Processo Disciplinar*, Brasília, Fortium Editora, 2008, p. 139.

5.2 Discricionariedade na instauração do processo e justa causa

Falando-se da instauração do processo falar-se-ia em discricionariedade no antecedente da norma jurídica, isto é: o administrador teria discricionariedade para avaliar os elementos fáticos e, entendendo presentes os pressupostos fáticos, ensejar a produção do ato administrativo.

Contudo a legislação retirou expressamente esta avaliação das mãos do administrador ao estabelecer peremptoriamente:

"Art. 143. A autoridade que tiver ciência de irregularidade no serviço público é obrigada a promover a sua apuração imediata, mediante sindicância ou processo administrativo disciplinar, assegurada ao acusado ampla defesa."

Certo é que, em havendo qualquer notícia de irregularidade, a autoridade não dispõe de discricionariedade e deve determinar a apuração, todavia, em que pese a dicção referida, algumas questões remanescem. Podemos elencá-las: (i) a autoridade terá discricionariedade ao escolher instaurar uma sindicância ou um processo administrativo? (ii) uma vez concluída a sindicância, a autoridade possui discricionariedade para avaliar os fatos decidir instaurar ou não processo administrativo?

A primeira indagação é de fácil solução. De acordo com o suporte fático de que dispuser o administrador, se houver materialidade e indícios de autoria o instrumento é o processo administrativo, se estiverem ausentes estes elementos o caminho será a sindicância – igualmente o será em caso de a infração noticiada ser infração leve. A conduta é vinculada.

Com relação à segunda indagação, a resposta ganha novos contornos, principalmente à luz do disposto no parágrafo único do art. 144 do mesmo normativo:

"Art. 144. Parágrafo único. Quando o fato narrado não configurar evidente infração disciplinar ou ilícito penal, a denúncia será arquivada, por falta de objeto."

Tal dispositivo consagra a justa causa para instauração do processo administrativo disciplinar. Os direitos fundamentais da proteção à imagem, à honra, a presunção de inocência[48] e a própria concepção de segurança jurídica[49] impelem para o reconhecimento da necessidade de demonstração de tais mínimos indícios, esta justa causa de instauração, chamada por José Armando da Costa[50] de plausibilidade da irregularidade ou ainda de *fumus boni iuris*.

Nas palavras de Adilson Dallari:[51]

"Não é possível instaurar-se um processo administrativo disciplinar genérico para que, no seu curso se apure se, eventualmente, alguém cometeu falta funcional. Não é dado à Administração Pública nem ao Ministério Público, simplesmente molestar gratuitamente e imotivadamente qualquer cidadão por alguma suposta eventual infração da qual ele, talvez, tenha participado."

Portanto, se não estiver presente a justa causa, não poderá ser dado ensejo ao processo administrativo disciplinar. E essa constatação igualmente nos traz para a definição de discricionariedade que a ela se amolda e responde satisfatoriamente a questão, definindo que, nos casos de certeza negativa, quando completamente ausente a justa causa, tal qual descreve Adilson Dallari, assim como nos casos de certeza positiva quando seja clara a presença da justa causa, haverá mera atividade de intelecção. Contudo, no halo conceitual, haverá margem de volição discricionária.

5.3 Discricionariedade na aplicação da sanção

Como vimos defendendo, a ocorrência da discricionariedade depende da existência de vários objetos, todos válidos para o direito, dentre os quais o administrador escolha por volição extrajurídica. Portanto é necessário verificar se, na escolha das sanções a aplicar, este quadro se afigura.

Os modelos de sistemas de sanções variam quanto ao grau de tipicidade, conceito advindo do Direito Penal desde a clássica obra de Cesare Bonesana, o Marquês de Beccaria, no sentido de que, para combater a arbitrariedade judicial, a lei deveria definir claramente a conduta incriminada e fixar claramente as penas decorrentes das práticas de cada delito.[52]

Entretanto, ao contrário do Direito Penal, onde a tipicidade é absoluta,[53]

48. "(...) II – No Processo Administrativo Disciplinar o ônus da prova incumbe à Administração" (AGU, Parecer AGU/MF-04/98 (Processo 10168.001291/95-93, de 23.4.1998).

49. Cf. Luis Roberto Barroso, *Temas de Direito Constitucional*, t. II, Rio de Janeiro, Renovar, 2002, p. 553.

50. José Armando da Costa, *Controle Judicial e Ato Disciplinar*, Brasília, Brasília Jurídica, 2002, p. 203.

51. Adilson Abreu Dallari, "Limitações à atuação do Ministério Público", in *Improbidade Administrativa*. São Paulo, Malheiros Editores, 2001, p. 38.

52. Cesare Bonesana, *Dos Delitos e das Penas*, trad. Nelso Jahr Garcia, [s.e.] [s.a.], pp. 36 a 39.

53. Guilherme de Souza Nucci, *Manual de Direito Penal*, São Paulo, Ed. RT, 2011, p. 88.

sob o regime de Direito Administrativo, como observa José Armando da Costa,[54] há três diferentes regimes disciplinares, classificados de acordo com as diferentes medidas de tipicidade que empregam: a) quase absoluta atipicidade; b) relativa tipicidade; e c) quase absoluta tipicidade.

No primeiro sistema há alto grau de subjetivismo, as infrações colocam-se em termos fluidos e em róis exemplificativos, conferindo larga margem de atuação para o aplicador.[55] No terceiro há um elevado rigor, bastante próximo do direito penal e do conceito lá expressado sob a máxima *nullum crimen sine lege stricta*, no sentido de que a lei deve descrever detalhadamente a conduta infracional, cominando-lhe a sanção. O segundo é um misto entre os demais sistemas, abrangendo infrações – normalmente mais leves –, que se aproximam da atipicidade, e outras – normalmente mais graves –, que se colocam na tipicidade estrita.

Numa análise jurídico-positiva do processo administrativo federal, temos que, pela dicção das disposições da Lei 8.112/1990, se revela nitidamente entre nós a adoção do segundo modelo, isto é, uma tipicidade moderada.

O sistema entre nós adotado é em regra típico, no sentido de que a previsão legal disciplinar abarca, na previsão da sanção, tanto o antecedente quanto o consequente da norma jurídica, atribuindo uma penalidade determinada para cada determinada infração.

As infrações puníveis com demissão vão listadas no art. 132 da Lei 8.112/1990. A advertência pune as infrações às proibições contidas nos incisos I a VIII e XIX do art. 117 da lei. A suspensão cabe à reincidência das infrações punidas com advertência.

A relativização desta tipicidade dá-se pela possibilidade legal de atribuição de diferentes penalidades para uma mesma infração. Veja-se o teor do art. 129 da citada lei, *in verbis*:

"Art. 129. A advertência será aplicada por escrito, nos casos de violação de proibição constante do art. 117, incisos I a VIII e XIX, e de inobservância de dever funcional previsto em lei, regulamentação ou norma interna, que não justifique imposição de penalidade mais grave."

Coloca-se aqui uma previsão de atipicidade, cabendo ao administrador escolher a sanção a ser imposta. Estabelecido isto, resta saber se esta escolha se dará com discricionariedade ou se será uma escolha vinculada, atrelada à mera interpretação da lei.

Sabemos ser discricionário o escolher entre vários objetos possíveis, desde que igualmente válidos para o direito. Assim, diante da tipicidade não há dúvida, só há uma única sanção aplicável, a solução é unívoca.[56] Haverá não o emprego da volição, mas exercício da subsunção. Cabe-nos, pois, investigar o tratamento a ser dado às sanções atípicas. Mais especificamente quanto à escolha entre advertência e suspensão – e o prazo de suspensão –,

54. Cf. José Armando da Costa, *Direito Administrativo Disciplinar*, São Paulo, Método, 2009.

55. Como exemplo deste sistema pode-se citar o regime disciplinar do Exército – Decreto 4.346/2002 – quem em seu artigo 14 estatui ser infração disciplinar "toda ação praticada pelo militar contrária aos preceitos estatuídos no ordenamento jurídico pátrio ofensiva à ética, aos deveres e às obrigações militares, mesmo na sua manifestação elementar e simples, ou, ainda, que afete a honra pessoal, o pundonor militar e o decoro da classe".

56. Maria Sylvia Zanella Di Pietro, ob. cit., p. 208.

qual seja a atipicidade colhida pela lei que enuncia o regime disciplinar na esfera federal e que é objeto de nosso estudo.

Para a escolha destas sanções e para definição de prazo da suspensão, o art. 128 da Lei 8.112/1990 fixa as bases para esta dosimetria à semelhança do que é o art. 59 do Código Penal para a fixação da dosimetria da pena naquele campo. Como explica Flávio Henrique Unes Pereira: "A culpabilidade e as peculiaridades do caso concreto são, por conseguinte, indispensáveis para a fixação da sanção disciplinar adequada".[57]

Todavia, a dosimetria é dada segundo conceitos fluidos. Tal como explicita Maria Sylvia Zanella Di Pietro, a lei, para nortear a decisão dosimétrica do administrador, emprega termos e expressões tais como "falta grave", ou "procedimento irregular".

Tal constatação nos devolve à discussão já empreendida neste estudo e responde à questão: uma vez que a escolha da sanção se dá com discricionariedade marcada por conceitos fluidos, na fixação da sanção esta discricionariedade estará presente fora das zonas de certeza positiva e negativa, quando haja escolha extrajurídica entre indiferentes jurídicos.

Garcia Vitta[58] chega a esta mesma conclusão. Afirma ele então que, o controle jurisdicional poderá se deparar com três diferentes hipóteses: (i) na zona de certeza positiva ao entender que outra sanção que não a aplicada seria a melhor, o juiz anulará o ato punitivo; (ii) na zona de certeza negativa quando o juiz não enxerga a solução mais adequada, contudo se convence de que a sanção aplicada é inadequada, igualmente anulará o ato; (iii) no halo conceitual, quando não for clara e evidente a solução mais adequada, prevalecerá a escolha discricionária do administrador e o ato será mantido.

6. Conclusão

No Estado Democrático de Direito, uma pessoa não pode se impor sobre outra. Trata-se da adoção do império da lei em detrimento do império do homem. A lei, como expressão da vontade geral, interesse público positivado, retira do particular uma parcela de sua liberdade – preservando-a intacta no demais – ao passo que giza a atuação do Estado, criado pelo povo titular do poder para consecução dos fins por ele – povo – determinados. Quais fins? Resposta: A expressão de vontade de cada membro da sociedade enquanto membro da sociedade visando ao bem comum: o interesse público.

Por esta razão, o particular pode fazer o que a lei não lhe vede ou proíba ao passo que o Estado pode e deve fazer o que a lei lhe determina.

Contudo, a lei não poderá, por imperativo fático, regrar toda e qualquer situação específica no detalhe e na minúcia, assim como não poderá definir uma solução genérica peremptória para uma infinidade de casos concretos. Neste sentido faz-se necessária a discricionariedade.

A discricionariedade é então o decidir, no caso concreto, a melhor solução para a execução da lei quando esta não seja capaz de definir uma solução unívoca. Haverá casos de certeza negativa e positiva diante dos quais será clarividente a solução mais adequada, contudo, em outros, aos olhos do direito haverá duas

57. Flávio Henrique Unes Pereira, *Sanções Disciplinares: o alcance do controle jurisdicional*, Belo Horizonte, Fórum, 2007, p. 85.

58. Heraldo Garcia Vitta, *A Sanção no Direito Administrativo*, São Paulo, Malheiros Editores, 2003, pp. 101-102.

ou mais soluções igualmente "melhores" e adequadas.

Nestes casos há um indiferente jurídico e a escolha se dará por critérios extrajurídicos, com a expressão de volição do administrador.

Ainda assim será uma volição teleguiada pelo interesse público e não uma livre expressão de vontade visto que o administrador é isto mesmo – administrador – e não *dominus* do interesse público e da coisa pública.

A expressão de vontade então não é livre, mas definida pelo melhor atingimento do interesse público na valoração de tais critérios extrajurídicos.

Como é impossível verificar o móvel subjetivo do agente pelo atingimento ou não do interesse público, a avaliação deve ser pela razoabilidade e proporcionalidade de sua escolha à luz da finalidade legal do ato. A premissa é de que, se a opção adotada frente a um indiferente jurídico é proporcional e razoável, ela será uma opção destinada a atingir o interesse público.

Assim, o objeto do controle jurisdicional – que evidencia *a contrario sensu* os contornos da discricionariedade e do mérito administrativo – não será controlar se o administrador fez a melhor escolha – volição amparada em critérios extrajurídicos –, mas se aquela escolha que fez atende ao interesse público porque destinada na mesma direção da finalidade pretendida pela norma e também porque proporcional e razoável.

A doutrina, a seu turno, congrega-se em três grandes linhas de pensamento: (i) total vinculação – para esta linha não há qualquer discricionariedade no processo administrativo disciplinar e o controle jurisdicional é total; (ii) discricionariedade limitada pela legalidade – os defensores desta tese enxergam a existência de discricionariedade no processo administrativo federal desde que haja previsão legal; e (iii) discricionariedade limitada pelas características do caso concreto – para esta linha existe margem de volição no processo administrativo disciplinar desde que não haja solução unívoca apontada pela legalidade ou pela sua faceta de razoabilidade e proporcionalidade, isto é, desde que haja duas ou mais opções de indiferentes jurídicos igualmente razoáveis e proporcionais à escolha do administrador.

Optamos pela terceira corrente, entendendo que é a que mais se coaduna com a conformação constitucional do Estado Democrático de Direito brasileiro e que, ademais, é o que se identifica ao analisar cada uma das decisões possivelmente discricionárias no seio do processo administrativo federal.

Os atos que contemplam uma possibilidade de discricionariedade são a instauração do processo – discricionariedade nos pressupostos do ato –, e a decisão que impõe sanção ao servidor faltoso.

Para a instauração do processo há a necessidade de justa causa por imperativo dos direitos à honra, imagem, presunção de inocência e segurança jurídica. Nos casos de certeza negativa, quando completamente ausente a justa causa, assim como nos casos de certeza positiva quando seja clara a presença da justa causa, haverá mera atividade de intelecção. Contudo, no halo conceitual, haverá margem de volição discricionária.

Para a aplicação da sanção, para as sanções típicas há estrita vinculação, ao passo que para a aplicação das sanções atípicas há discricionariedade. Para as sanções atípicas há a previsão de uma dosimetria, contudo a lei, para nortear a decisão dosimétrica do administrador emprega termos e expressões tais como "falta grave", ou "procedimento irregular". Uma vez que a escolha da sanção se dá com discricionariedade marcada por conceitos fluidos, esta discricionariedade estará presente fora das zonas de certeza positiva e negativa, quando haja escolha extrajurídica entre indiferentes jurídicos.

Em ambos os casos o que se verifica, portanto, é que a discricionariedade existe e seus contornos são dados pelos limites impostos pelo caso concreto; as respostas à investigação acerca da discricionariedade em ambos os momentos redundam, portanto, na existência de volição desde que presentes dois ou mais indiferentes jurídicos razoáveis e proporcionais diante da finalidade legal.

Referências bibliográficas

ALVES, Léo da Silva. *Ajustamento de Conduta e Poder Disciplinar*. Brasília, CEBRAD, 2008.

ARAÚJO, Florivaldo Dutra de. *Motivação e Controle do Ato Administrativo*. Belo Horizonte, Del Rey, 1992.

ATALIBA, Geraldo. *República e Constituição*. São Paulo, Malheiros Editores, 2011.

BACELLAR FILHO, Romeu. Felipe. *Princípios Constitucionais do Processo Administrativo Disciplinar*. São Paulo, Max Limonad, 1998.

BANDEIRA DE MELLO, Celso Antônio. *Discricionariedade e Controle Jurisidicional*. São Paulo, Malheiros Editores, 2012.

________. *Curso de Direito Administrativo*. 28ª ed. São Paulo, Malheiros Editores, 2011.

BARROSO, Luis Roberto. *Temas de Direito Constitucional*, t. II. Rio de Janeiro, Renovar, 2002.

BONESANA, Cesare. *Dos Delitos e das Penas*. Trad. Nelso Jahr Garcia. [s.e.] [s.a.].

CARRIÓ, Genaro. *Notas sobre Derecho y Lenguaje*. Buenos Aires, Abeledo Perrot, 1972.

CARVALHO, Cristiano. *Teoria do Sistema Jurídico: direito, economia, tributação*. São Paulo, Quartier Latin, 2005.

CARVALHO FILHO, José dos Santos. *Manual de Direito Administrativo*. 18ª ed. rev., ampl. e atual. Rio de Janeiro, Lumen Juris, 2007.

CRETELLA JUNIOR, José. *O Desvio de Poder na Administração Pública*. Rio de Janeiro, Forense, 2002.

________. *Tratado de Direito Administrativo*. São Paulo, Forense, 2002.

COSTA, José Armando da. *Teoria e Prática do Processo Administrativo Disciplinar*. Brasília, Brasília Jurídica, 2011.

________. *Direito Administrativo Disciplinar*. São Paulo, Método, 2009.

________. *Controle Judicial e Ato Disciplinar*. Brasília, Brasília Jurídica, 2002.

COSTA, Regina Helena. "Conceitos jurídicos indeterminados e discricionariedade administrativa", *Revsta Justitia*, 51 (145), jan.-mar. 1989.

DALLARI, Adilson Abreu. "Limitações à atuação do Ministério Público", in *Improbidade Administrativa*. São Paulo, Malheiros Editores, 2001.

DALLARI, Dalmo. *Constituição e Constituinte*. São Paulo, Saraiva, 1982.

DI PIETRO, Maria Sylvia Zanella. *Discricionariedade Administrativa na Constituição de 1988*. São Paulo, Atlas, 2001.

FURTADO, Lucas Rocha. *Curso de Direito Administrativo*. Belo Horizonte, Fórum, 2013.

GRAU, Eros. "Notas sobre os conceitos jurídicos", *Revista de Direito Público*, n. 74.

GÜNTHER, Klaus. *Teoria da Argumentação no Direito e na Moral: Justificação e Aplicação*. Trad. Cláudio Molz. São Paulo, Landy, 2004.

LEAL. Vitor Nunes. "Poder discricionário e ação arbitrária", in *Problemas de Direito Público*. Rio de Janeiro, Forense, 1960; e *RDA*, vol. 14.

LOCKE, John. *Segundo Tratado sobre o Governo Civil*. Trad. Magda Lopes e Marisa Lobo da Costa. Rio de Janeiro, Vozes, 1994.

MADEIRA, Vinícius de Carvalho. *Lições de Processo Disciplinar*. Brasília, Fortium Editora, 2008

MEIRELLES, Hely Lopes. *Direito Administrativo Brasileiro*. 35ª ed. São Paulo, Malheiros Editores, 2009.

NUCCI, Guilherme de Souza. *Manual de Direito Penal*. São Paulo, Ed. RT, 2011.

PEREIRA, Flávio Henrique Unes. *Sanções Disciplinares: o alcance do controle jurisdicional*. Belo Horizonte, Fórum, 2007.

RANELLETTI, Oreste; AMORTH, Antonio. *Novissimo Digesto Italiano*, t. 2: Verbetes de AQ a AY, subitem "atti amministrativi", 1958.

SARRIA, Consuelo. *Poder Discrecional Administrativo en Derecho Administrativo en Latinoamérica II*. Bogotá, Ediciones Rosaristas, 1986.

SOUSA, António Francisco de. *Conceitos Indeterminados no Direito Administrativo*. Coimbra, Almedina, 1994.

TÁCITO, Caio. *Desvio de Poder em Matéria Administrativa*. Tese, 1951.

________. *Direito Administrativo*. São Paulo, Saraiva, 1975.

VITTA, Heraldo Garcia. *A Sanção no Direito Administrativo*. São Paulo, Malheiros Editores, 2003.

"PODER" REGULAMENTAR ANTE O PRINCÍPIO DA LEGALIDADE

CELSO ANTÔNIO BANDEIRA DE MELLO

1. O Texto Constitucional brasileiro, em seu art. 5º, II, expressamente estatui que: "Ninguém será obrigado a fazer ou deixar de fazer alguma coisa senão em virtude de *lei*".

Em estrita harmonia com tal dispositivo e travando um quadro cerrado dentro do qual se há de circunscrever a Administração, o art. 84, III, ao se referir à competência do Chefe do Poder Executivo para expedir decretos e regulamentos, explicita que suas emissões destinam-se à "fiel execução" das leis. *Litterim*; "sancionar, promulgar e fazer publicar as leis, bem como expedir decretos e regulamentos para sua fiel *execução*".

Ambos os preceptivos respondem com precisão capilar a objetivos fundamentais do Estado de Direito e exprimem com rigor o ideário e as preocupações que nele se substanciaram. Ambos firmam o chamado *princípio da legalidade da Administração*, o qual, de resto, também está expressamente referido na cabeça do art. 37 da Lei Magna.

2. Com efeito, por meio das disposições mencionadas cumpre-se o projeto de outorgar às pessoas a garantia constitucional de que suas liberdades não serão de nenhum modo coartadas (nem por proibições, nem por imposições) senão em decorrência de mandamento provenínente do *corpo legislativo*; isto é: do colégio representativo dos cidadãos, fórum no qual se processa o contemperamento das diferenças entre as várias tendências e grupos que ali se sintetizam.

Com isto firma-se, igualmente, o princípio da *garantia da liberdade como regra, em prol da autonomia da vontade*, segundo o qual "o que não está proibido aos particulares está, *ipso facto*, permitido". Ante os termos dos preceptivos constitucionais citados, entende-se: "o que não está *por lei* proibido, está juridicamente permitido".

É este aspecto que o art. 5º, II, enfatiza, conquanto seja certo que também se encontra retratado no art. 84, III. Além disto, na esfera das *liberdades econômicas* o mesmo princípio está reiterado, agora em sua feição específica traduzida tanto no enunciado do art. 170, *caput* e inc. III, que proclamam, respectivamente, a "livre iniciativa", como um dos pilares da ordem econômica, e a livre concorrência, como um dos princípios que a governam, quanto na dicção do parágrafo único do mesmo artigo, segundo o qual: "E assegurado a todos o livre exercício de qualquer atividade econômica, independentemente de autorização de órgãos públicos, salvo nos *casos previstos em lei*".

3. Por outro lado, nos aludidos versículos constitucionais se estampa o cuidado que engendrou a tripartição do exercício do Poder, isto é, o de evitar que se concentrem os poderes públicos em um "mesmo homem ou corpo de principais", para usar das expressões do próprio Montesquieu, cautela indispensável, porquanto, no dizer deste iluminado teórico: "é uma experiência eterna a de que todo homem que tem poder é levado a abusar dele; ele vai até que encontre limites". Nisto, aliás, justificou sua postulação de que aquele que faz as leis não as execute nem julgue; que o que julga não faça as leis nem as execute e que aquele que as executa não *faça as leis* nem julgue (*De L'Esprit des Lois,* Paris, Garnier Frères, Libraires Éditeurs, 1869, pp. 142 e 143).

É esta preocupação que, embora já abrigada no art. 5º, II, vem a ser particularmente encarecida no art. 84, III, dispositivo pelo qual se interdita ao Executivo expedir decretos e regulamentos senão para executar fielmente a lei. Seu desiderato, pois, é impedir que sob o rótulo de regulamentar se expeçam disposições de caráter legislativo, vale dizer, normas constitutivas de direitos e obrigações (imposições de fazer ou não fazer) não previstas em lei. Dessarte, com tal preceito, firma-se cânone basilar de nosso Direito Público — oposto ao da autonomia da vontade — segundo o qual *o que, **por lei,** não está antecipadamente permitido à Administração está, **ipso facto,** proibido*.

4. Na doutrina, quer nacional, quer alienígena, acotações do mesmo jaez podem ser colhidas aos racimos. Assim, entre nós, Hely Lopes Meirelles anotou: "Enquanto na administração particular é lícito fazer tudo que a lei não proíbe, na Administração Pública só é permitido fazer o que a lei autoriza" (*Direito Administrativo Brasileiro*, 15ª ed., Ed. RT, 1990, p. 78). Cirne Lima, com sua incontendível autoridade, prelecionou: "Supõe, destarte, a atividade administrativa a preexistência de uma regra jurídica, reconhecendo-lhe uma finalidade própria. Jaz, conseqüentemente, a Administração Pública debaixo da legislação que deve enunciar e determinar a regra de Direito" (*Princípios de Direito Administrativo*, 5ª ed., Ed. RT, 1982, p. 22). O nunca assaz pranteado Seabra Fagundes, expressão pinacular do Direito Público brasileiro, resumiu tudo em frase lapidar, por sua exatidão e síntese, ao dizer que administrar é *aplicar a lei de ofício* (*O Controle dos Atos Administrativos pelo Poder Judiciário*, 5ª ed., Forense, 1979, pp. 4 e 5). Nós mesmos, inúmeras vezes, averbamos que: "A legalidade na Administração não se resume à ausência de oposição à lei, mas pressupõe autorização dela, como condição de sua ação" (*Curso de Direito Administrativo*, 4ª ed., Malheiros Editores, 1993, p. 25).

Entre os publicistas estrangeiros encontram-se aos bolhões enunciados da mesma força. Sirva de exemplo o seguinte esclarecimento de Fritz Fleiner: "Administração legal significa, pois: Administração posta em movimento pela lei e exercida nos limites de suas disposições" (*Principes Généraux du Droit Administratif Allemand*, 1933, p. 87). O eminente Professor de Coimbra, Afonso Rodrigues Queiró proferiu os seguintes preciosos ensinamentos: "A atividade administrativa é uma atividade de subsunção dos fatos da vida real às categorias legais" (*Reflexões sobre a Teoria do Desvio de Poder*, Coimbra Editora, 1940, p. 19); ou "o Executivo é a *longa manus* do legislador" (*Estudos de Direito Administrativo*, Coimbra, Atlântida, 1968, p. 9). Renato Alessi indica que a atividade administrativa subordina-se à legislativa tanto em um sentido negativo (proibições concernentes a atividades, finalidades, meios e formas de ação) quanto em um sentido *positivo*, significando este último não apenas que a lei pode vincular positivamente a atividade administrativa a determinadas finalidades, meios ou formas, mas que, sobretudo no que concerne a atividades de caráter jurídico, a Administração "pode fazer tão-somente o que a lei consente" (*Sistema Istituzionale del Diritto Amministrativo Italiano*, 3ª ed., Giuffrè, 1960, p. 9). Michel Stassinopoulos cunhou esta admirável frase para descrever a inevitável dependência administrativa da lei no Estado de Direito: "Em um Estado de Direito, a Administração encontra-se não apenas na impossibilidade de agir *contra legem* ou *extra legem*, mas é obrigada a agir sempre *secundum legem*" (*Traité des Actes Administratifs*, Athènes, Librairie Sirey, 1954, p. 69). Ernst Forsthoff encarece as relações entre o princípio da legalidade e a liberdade individual, ao esclarecer que isto se dá por uma dupla maneira: por um lado, através do expresso reconhecimento de liberdades determinadas, tanto pela Constituição como pelas leis ordinárias, e, de outro, graças ao princípio da legalidade da Administração "que não admite maiores intervenções na liberdade e propriedade além das que se acham legalmente permitidas. Este princípio se baseia na divisão de Poderes e pressupõe que a Administração age embasada na lei e que o legislador não expede, sob forma de leis, atos administrativos" (*Traité de Droit Administratif Allemand*, trad. da 9ª ed. alemã, de 1966, por Michel Fromont, Bruxelles, Établissements Émile Bruylant, 1969, p. 282).

É, pois, livre de qualquer dúvida ou entredúvida que os precitados dispositivos constitucionais brasileiros (arts. 5º, II, 84, III, e 37) consagram, com luminosa explicitude, esta enérgica proteção — a que aludem os doutrinadores referidos — contra eventuais pretensões do Executivo de disciplinar, ele próprio e segundo seus próprios critérios, a liberdade e a propriedade dos administrados, mediante imposição de obrigações de fazer ou não fazer radicadas meramente em regulamentos.*

5. Convém registrar, ainda, que o fato de a lei ser geral e abstrata — concorrendo, então, para prestigiar os valores de *impessoalidade* e da *igualdade*, na medida em que tal estrutura normativa embaraça naturalmente as perseguições e favoritismos — não é a única razão que justificaria confiar-se ao Poder Legislativo o delicado mister de disciplinar a liberdade e a propriedade das pessoas.

* Nas Constituições dos países do Continente europeu não há dispositivos de equivalente amplitude. Por razões históricas e por tradição constitucional, neles, os regulamentos têm um âmbito de disposição muitíssimo maior do que no Direito brasileiro. É que nossa feição constitucional, a partir de 1891, não se inspirou nas Constituições dos países europeus continentais, permissivos de maior latitude das competências regulamentares do Executivo, mas no modelo norte-americano, refletindo, pois, em última instância, tal como este, a mesma preocupação do Direito inglês, notoriamente defensiva da liberdade e propriedade dos indivíduos. Daí resulta que estas só por lei podem ser afetadas. Então, não é difícil perceber que as citações colhidas em doutrinadores da Europa Continental aplicam-se com muito maior exatidão ao caso brasileiro do que aos países de origem dos doutrinadores alienígenas colacionados.

Com efeito, os regulamentos também são, normalmente, gerais e abstratos. Contudo, há diferenças extremamente relevantes entre eles e as leis. Estas diferenças, a seguir referidas, ensejam que as leis ofereçam aos administrados garantias muitas vezes superiores às que poderiam derivar unicamente das características de abstração e generalidade também encontradiças nos regulamentos.

6. Deveras, as leis provêm de um órgão colegial — o Parlamento — no qual se congregam várias tendências ideológicas, múltiplas facções políticas, diversos segmentos representativos do espectro de interesses que concorrem na vida social, de tal sorte que o Congresso se constitui em verdadeiro cadinho onde se mesclam distintas correntes. Daí que o resultado de sua produção jurídica, as leis — que irão configurar os direitos e obrigações dos cidadãos — necessariamente terminam por ser, quando menos em larga medida, fruto de algum contemperamento entre as variadas tendências. Até para a articulação de uma maioria são necessárias transigências e composições, de modo que a matéria legislada resulta como o produto de uma interação, ao invés da mera imposição rígida das conveniências de uma única linha de pensamento.

Com isto, as leis ganham, ainda que em medidas variáveis, um grau de proximidade em relação à média do pensamento social predominante muito maior do que o que ocorreria caso fossem a simples expressão unitária de uma vontade individual, embora representativa, também ela, de uma das facções sociais. É que, afinal, como bem observou o insuspeito Kelsen, o Legislativo, formado segundo o critério de eleições proporcionais, ensejadoras, justamente, da representação de uma pluralidade de grupos, inclusive de minorias, é mais democrático que o Executivo, ao qual se acede por eleição majoritária.

Se fosse possível, mediante simples regulamentos expedidos por presidente, governador ou prefeitos, instituir deveres de fazer ou não fazer, ficariam os cidadãos à mercê, se não da vontade pessoal do ungido no cargo, pelo menos, da perspectiva unitária, monolítica, da corrente de pensamento de que este se fizesse porta-voz.

Mas não só isto, entretanto. Ainda há mais.

7. O próprio processo de elaboração das leis, em contraste com o dos regulamentos, confere às primeiras um grau de controlabilidade, confiabilidade, imparcialidade e qualidade normativa muitas vezes superior ao dos segundos, ensejando, pois, aos administrados um teor de garantia e proteção incomparavelmente maiores.

É que as leis se submetem a um trâmite graças ao qual é possível o *conhecimento público* das disposições que estejam em caminho de serem implantadas. Com isto, evidentemente, há uma fiscalização social, seja por meio da imprensa, de órgãos de classe, ou de quaisquer setores interessados, o que, sem dúvida, dificulta ou embarga eventuais direcionamentos incompatíveis com o interesse público em geral, ensejando a irrupção de tempestivas alterações e emendas para obstar, corrigir ou minimizar tanto decisões precipitadas quanto propósitos de favorecimento, ou, reversamente, tratamento discriminatório, gravoso a grupos ou segmentos sociais, econômicos ou políticos. Demais disto, proporciona, ante o necessário trâmite pelas Comissões e o reexame pela Casa Legislativa revisora, aperfeiçoar tecnicamente a normatização projetada, embargando a possibilidade de erros grosseiros, ilogismos ou inconveniências mais flagrantes. Finalmente, propicia um quadro normativo mais estável, a bem da segurança e certeza jurídicas, sem as quais é impossível um planejamento razoável da atividade econômica das pessoas e empresas e até dos projetos individuais de cada qual. E, até mesmo para garantir o desfrute de todas as vantagens mencionadas, o constituinte brasileiro teve o cuidado de regular minuciosamente o processo legislativo, obstando a que, por disposições infraconstitucionais, se pudesse estabelecer um rito menos prudente na elaboração das leis.

8. Já, os regulamentos carecem de todos estes atributos e, pelo contrário, propiciam as mazelas que resultariam da falta deles, motivo pelo qual, se são perfeitamente prestantes e úteis para a simples delimitação mais minudente das providências necessárias ao cumprimento dos dispositivos legais, seriam gravemente danosos — o que é sobremodo claro em país com as características políticas do Brasil — se pudessem, por si mesmos, instaurar direitos e deveres, impondo obrigações de fazer ou não fazer.

Deveras, opostamente às leis, os regulamentos são elaborados em gabinetes fechados, sem publicidade alguma, libertos de qualquer fiscalização ou controle da sociedade ou, mesmo, dos segmentos sociais interessados na matéria. Sua produção se faz apenas em função da vontade, isto é, da diretriz estabelecida por uma pessoa, o Chefe do Poder Executivo, sendo composto por um ou poucos auxiliares diretos seus ou de seus imediatos. Não necessita passar, portanto, nem pelo embate de tendências políticas e ideológicas diferentes, nem mesmo pelo crivo técnico de uma pluralidade de pessoas instrumentadas por formação ou preparo profissional variado ou comprometido com orientações técnicas ou científicas discrepantes. Sobre mais, irrompe da noite para o dia, e assim também pode ser alterado ou suprimido.

São visíveis, pois, a natural inadequação e os imensos riscos que adviriam para os objetivos essenciais do Estado de Direito — sobreposse, repita-se, em um país ainda pouco afeito a costumes políticos mais evoluídos — de um poder regulamentar que pudesse definir, por força própria, direitos ou obrigações de fazer ou não fazer imponíveis aos administrados.

9. Tudo isto certamente explica o caráter cortante dos arts. 5º, II, e 84, III, da Constituição brasileira, por força dos quais é iniludivelmente claro que *só por lei se regula liberdade e propriedade; só por lei se impõem obrigações de fazer ou não fazer*, e só para cumprir dispositivos legais é que o Executivo pode expedir decretos e regulamentos. Também por tudo isto se explica o redobrado cuidado do constituinte ao reiterar, no âmbito das liberdades econômicas, a absoluta inteireza e valia destas colunas mestras de nosso sistema, conforme resulta do art. 170 — encarecedor da liberdade de iniciativa — de seu inc. III — encarecedor da livre concorrência — e do § 1º deste preceptivo, que, uma vez mais, renova a submissão total dos atos administrativos à lei e a diretriz básica de que só por lei é possível restringir a liberdade econômica. O aludido versículo, repita-se, dispõe ser livre o exercício de qualquer atividade econômica, independentemente de autorização dos órgãos públicos, salvo os casos previstos em *lei*.

Segue-se que os regulamentos *não podem aportar à ordem jurídica direito ou obrigação que já não estejam, na* ***lei****, previamente* ***caracterizados e de modo suficiente***, isto é, nela delineados, ao menos pela indicação dos critérios e balizamentos indispensáveis para o reconhecimento de suas composturas básicas.

Foi o que de outra feita averbamos, apostilando que "há inovação proibida sempre que seja impossível afirmar-se que aquele específico direito, dever, obrigação, limitação ou restrição já estavam estatuídos e identificados na lei regulamentada. Ou, reversamente: há inovação proibida quando se possa afirmar que aquele específico direito, dever, obrigação, limitação ou restrição incidentes sobre alguém não estavam já estatuídos e identificados na lei regulamentada. A identificação referida não necessita ser absoluta, mas deve ser suficiente para que se reconheçam as condições básicas de sua existência em vista de seus pressupostos, estabelecidos na lei e nas finalidades que ela protege" (*Ato Administrativo e Direitos dos Administrados*, Ed. RT, 1981, p. 98).

10. De resto, novidade alguma existe no trecho mencionado. Advertências do mesmo tom têm sido feitas, a cotio e a sem-fins, por doutores da máxima suposição. Não é demais pôr em curso cita literal de algumas passagens colhidas nestes doutrinadores. Pontes de Miranda bordou com pena de ouro os seguintes comentos: "Se o regulamento cria direitos ou obrigações novas, *estranhas* à lei, ou faz reviverem direitos, deveres, pretensões, obrigações, ações ou execuções que a lei apagou, é inconstitucional. *Tampouco pode ele limitar, modificar, ampliar direitos, deveres, pretensões, obrigações ou exceções*" (*Comentários à Constituição de 1967, com a Emenda 1169*, 2ª ed. revista, t. III/316, Ed. RT, 1970, — grifos nossos).

E mais: "*Onde se estabelecem, alteram ou extinguem direitos, não há regulamentos — há abuso do poder regulamentar*, invasão de competência do Poder Legislativo. O regulamento nada mais é que auxiliar das leis, auxiliar que sói pretender, não raro, o lugar delas, sem que possa, com tal desenvoltura, justificar-se e lograr que o elevem à categoria de lei" (ob. cit., p. 314 — grifos nossos).

É que, como disse Geraldo Ataliba: "Sua função é facilitar a execução da lei, é especificá-la de modo praticável e, sobretudo, acomodar o aparelho administrativo para bem observá-la" ("Decreto regulamentar no sistema brasileiro", *RDA* 97/23).

Daí haver este último mestre incluído entre as conclusões do referido estudo a de que o regulamento "*nada cria de novo*; apenas dá disposições administrativas, tendentes à fiel execução da lei; *não erige norma nova*; apenas adequa os órgãos administrativos para bem cumprirem ou permitirem o cumprimento da lei" (loc. cit., p. 32 — grifos nossos).

Seabra Fagundes, de seu turno, anotou que o regulamento: "Prende-se em essência ao texto legal. O seu objetivo é tão-somente facilitar, pela especificação do processo executório e pelo desdobramento minucioso do conteúdo sintético da lei, a execução da vontade do Estado expressa em ato legislativo" (*O Controle dos Atos Administrativos pelo Poder Judiciário*, 5ª ed., Forense, 1979, p. 24, nota de rodapé 2).

E disse, logo adiante: "Não lhe cabe alterar situação jurídica anterior, mas apenas pormenorizar as condições de modificação originária de outro ato (a lei). Se o fizer, exorbitará, significando uma invasão pelo Poder Executivo da competência legislativa do Congresso" (ob. e loc. cits.).

Em suma: entre a lei e o regulamento não existem apenas diferenças de origem ou de posição na hierarquia da norma jurídica. Como bem ressaltara Oswaldo Aranha Bandeira de Mello, ponto de supino relevo para distingui-los está em que, no que atina à força jurídica que possuem: "... a lei *inova originariamente* na ordem jurídica, enquanto o regulamento não a altera", pois esta, como diz o mesmo mestre: "*E fonte primária*, ao passo que o regulamento é fonte secundária, inferior" (*Princípios Gerais de Direito Administrativo*, 2ª ed., v. I/316, Forense, 1979 — grifos nossos), de tal forma que os regulamentos: "... hão de ter por conteúdo regras orgânicas e processuais destinadas a pôr em execução os princípios institucionais estabelecidos em lei, ou normas em desenvolvimento dos preceitos constantes da lei, expressos ou implícitos, dentro da órbita por ela circunscrita, isto é, das diretrizes, em pormenor, por ela determinadas" (ob. e v. cits., p. 314).

11. Esta diferente força jurídica, a de inovar originariamente (lei) ou, tão-só, a de especificar *o que já foi objeto de disciplina*, portanto, o que já sofreu, por lei, *caracterização e delineamento anterior* (regulamento), é que oferece deslinde para outro problema cuja solução seria tormentosa não fora a diretriz fornecida pela distinção em apreço. A saber: o problema dos limites de liberdade passíveis de serem deferidos pela lei ao regulamento sem incorrer em delegação de poderes disfarçada, ou, mesmo ingenuamente, procedida em descompasso com o Texto Constitucional.

Com efeito, a questão é transcendente, pois de nada adiantariam aturadas cautelas para acantonar o regulamento em seu campo de expressão próprio se, por força da própria obra legislativa, fosse possível, indiretamente, dilatar-lhe a esfera de ação e ensejar, por meio transverso, infiltração do Executivo em área que se quer defendida contra suas eventuais incursões. Vale dizer: de nada adiantariam os arts. 5º, II, e 84, III, se, ulteriormente, o legislador pudesse entregar, de mão beijada, a esfera da liberdade e da propriedade dos administrados para ser disciplinada por via de regulamento.

Fora isto possível e a garantia constitucional de que "ninguém poderá ser obrigado a fazer ou *deixar de fazer* alguma coisa senão em virtude *de lei*", a segurança de que os regulamentos seriam meramente executivos, a certeza de que o livre exercício de qualquer atividade econômica seria livre e independente de autorização de órgãos públicos, "salvo nos casos estabelecidos *em lei*", deixariam de se constituir em proteção constitucional, convertendo-se em preceitos que vigorariam se e na medida do amor ou desamor do legislador ordinário pela Lei Magna. Em suma: não mais haveria a garantia *constitucional* aludida, pois os ditames ali insculpidos teriam sua valia condicionada às decisões infraconstitucionais, isto é, às que resultassem do querer do legislador ordinário.

É dizer: se à lei fosse dado dispor que o Executivo disciplinaria, por regulamento, tal ou qual liberdade, o ditame assecuratório de que ninguém será obrigado a fazer ou deixar de fazer alguma coisa senão em virtude de lei perderia o caráter de garantia constitucional, pois o administrado seria obrigado a fazer ou deixar de fazer alguma coisa ***ora*** *em virtude de regulamento,* ***ora*** *de lei*, ao líbito do Legislativo, isto é, conforme o legislador ordinário entendesse de decidir. É óbvio, entretanto, que, em tal caso, este último estaria se sobrepondo ao constituinte e subvertendo a hierarquia entre Constituição e lei, evento juridicamente inadmissível em regime de Constituição rígida.

Aliás, note-se, *nem mesmo por "lei delegada" seria possível ao Executivo regular direitos individuais*, ante a vedação explícita do art. 68, III, o qual embarga que tal matéria seja objeto da referida espécie legislativa.

12. Por tudo quanto se expôs, resulta óbvio que são inconstitucionais as disposições regulamentares produzidas na conformidade de *delegações disfarçadas*, resultantes de leis que meramente transferem ao Executivo o encargo de disciplinar o exercício da liberdade e da propriedade das pessoas. Tal perigoso vício é especialmente vitando e contra ele adverte Pontes de Miranda, ao averbar: "Se o Poder Legislativo deixa ao Poder Executivo fazer lei, delega; o poder regulamentar é o que se exerce sem criação de regras jurídicas que alterem as leis existentes e sem alteração da própria lei regulamentada... Nem o Poder Executivo pode alterar regras jurídicas constantes de lei, a pretexto de editar decretos para a sua fiel execução, ou regulamentos concernentes a elas, *nem tal atribuição pode provir de permissão ou imposição legal de alterar regras legais ou estendê-las ou limitá-las ... Onde o Executivo poderia conferir ou não direitos, ou só os conferir segundo critério seu ou parcialmente seu, há delegação de poder*" (ob. e v. cits., pp. 312 e 313).

Mesmo que não o faça com precisão capilar, a lei tem que caracterizar o direito ou a obrigação, limitação, restrição que nela se contemplem, tanto como o enunciado dos pressupostos para sua irrupção e os elementos de identificação dos destinatários da regra, de sorte que, ao menos, a compostura básica, os critérios para seu reconhecimento estejam de antemão fornecidos. Assim, o espaço regulamentar conter-se-á dentro destas balizas professadamente enunciadas na lei.

Na delegação feita indiretamente justamente faltam estas especificações, pois se pretende, ao arrepio da Constituição, liberar o Executivo para compô-las, ficando-lhe concedido como que um cheque em branco, a ser preenchido por via regulamentar. E isto, evidentemente, não é tolerado pela Constituição. Seria de absoluta inanidade o preceituado nos artigos insistentemente referidos se houvesse tolerância para com práticas do gênero, e os objetivos do Estado de Direito, que foram tão zelosamente resguardados na Lei Magna, soçobrariam por inteiro. Interpretação que ignorasse as limitações mencionadas contrariaria a sábia advertência de Carlos Maximiliano, o sumo mestre brasileiro em tema de hermenêutica, assim expressada: "Deve o Direito ser interpretado inteligentemente, não de modo a que a ordem legal envolva um absurdo, prescreva inconveniências, vá ter a conclusões inconsistentes ou impossíveis" (*Interpretação e Aplicação do Direito*, 2ª ed., Ed. da Livraria do Globo, 1933, p. 183).

Com efeito, seria um absurdo e afrontoso à inteligência supor que a Constituição estabeleceu mecanismos tão cautelosos para defesa de valores ciosamente postos a bom recato os quais, entretanto, seriam facilmente reduzidos a nada graças ao expediente singelo das delegações procedidas indiretamente. É que, como disse o precitado Geraldo Ataliba, em frase altamente sugestiva: "Ninguém construiria uma fortaleza de pedra, colocando-lhe portas de papelão".

EMPRESAS ESTATAIS E REGIME ADMINISTRATIVO (SERVIÇO PÚBLICO — INEXISTÊNCIA DE CONCESSÃO — DELEGAÇÃO — PROTEÇÃO AO INTERESSE PÚBLICO)

GERALDO ATALIBA

Professor Titular da Faculdade de Direito da Universidade de São Paulo

I — Introdução

1. Empresas estatais. Dilema do legislador

Em face do clima político e do panorama doutrinário posteriores à II Guerra Mundial, e tendo as circunstâncias levado à frustração da autarquia como figura ágil de administração indireta, resolveu o legislador dotar de versatilidade e rapidez de movimentos certas entidades públicas (públicas pela origem, pela função, pelo capital, pelos recursos).

Podia ter elaborado lei de agilização das autarquias, estabelecendo os procedimentos internos, regras especiais de relacionamento com o próprio Estado e com terceiros (usuários, fornecedores de serviços e coisas), formalidades menos solenes, tornando mais expedita a sua atuação. Estabeleceria, assim — sem desrespeitar a essência do *regime administrativo*, protetor da coisa pública — um rol de regras flexibilizadoras da autarquia. Entendeu, porém, que isso seria complicado, exigiria uma lei com inúmeras derrogações, prevendo todo tipo de atos e relações, para ir a cada qual dando o tratamento desembaraçado e flexível entendido necessário.

Optou pela solução inversa: "dê-se às entidades o regime de empresa: assim elas serão ágeis, expeditas e lépidas, sem os entorpecimentos próprios das autarquias".

Ocorre, porém, que bens, dinheiros, funções e pessoal público não podem ser equiparados plenamente aos privados. Não podem gozar do desembaraço peculiar ao privado. Daí a Constituição e as leis preverem derrogações ao regime de empresa, dessas empresas estatais, exatamente tendo em vista a proteção da *res publica*.

As empresas estatais não podem ter regime jurídico integralmente igual ao das pessoas jurídicas privadas. A Constituição impõe regras peremptórias que as tornam inexoravelmente diversas. Lucidamente, Celso Antônio escreve: "De toda sorte, quaisquer empresas públicas e sociedades de economia mista — sejam exploradoras de atividade econômica ou sejam prestadoras de serviços públicos (ou responsáveis por obras públicas) — por força da própria Constituição, vêem-se colhidas por normas ali residentes que *impedem a perfeita simetria de regime jurídico entre elas e a generalidade dos sujeitos de direito privado*. Vejamos, pois, os dispositivos constitucionais que se aplicam indistintamente a quaisquer sociedades de economia mista ou empresas públicas, em relação aos quais, portanto, é irrelevante a disseptação entre os dois tipos mencionados" (*Curso de Direito Administrativo*, 4ª ed., Malheiros Editores, p. 95).

E, subseqüentemente, recapitula os preceitos dos arts. 5º, LXXIII; 14, § 9º; 37, *caput* e incs. II, XVI, XVII, XIX e XX; 49, X; 52; 54 (55, I); 71, II, III e IV; 165, § 5º; 169, para recordar regras incontornáveis modeladoras do regime das estatais (ob. cit., pp. 96 e 97). Por isso, pode asserir: "Justifica-se, pois, a assertiva, dantes feita, de que o precitado art. 173, § 1º, da Lei Magna expressou-se de modo muito imperfeito ao estatuir que tais entidades, quando exploradoras da atividade econômica, reger-se-iam pelas normas aplicáveis às empresas privadas, inclusive quanto ao direito do trabalho e das obrigações. Com efeito, a série de dispositivos supra-mencionados, além de não fazer disseptação alguma entre os tipos de empresa pública e sociedade de economia mista — o que já induziria a concluir que efetivamente abarca a ambas as espécies — contém regras que, quando menos em sua esmagadora maioria, a toda evidência, não teriam por que ser restritas apenas às prestadoras de serviço público, pois suas razões informadoras comparecem com igual procedência perante as exploradoras de atividade econômica. Logo, não é exato que estas últimas sejam disciplinadas na conformidade das normas regentes das empresas privadas".

À vista destas judiciosas ponderações, pode-se ter por verdade, como premissa de qualquer estudo, que a igualação entre empresa estatal e privada não existe, senão "em princípio", jamais podendo ser tida como absoluta.

Tantas e tão peremptórias são as regras constitucionais diversificadoras, que se torna forçoso dizer: as empresas estatais têm regime semelhante, mas de nenhum modo igual ao das empresas privadas.

O rol dos preceitos constitucionais oportunamente sublinhado por Celso Antônio — como advertindo a doutrina e a jurisprudência contra a visão simplista que, negligenciando-o, levou às distorções que tanto vêm prejudicando o adequado tratamento das estatais — fala por si mesmo.

As regras constitucionais interferentes com o "regime privado" das empresas estatais, alterando-o e "deformando-o", implicam torná-lo um híbrido, muito mais público que privado. Delas decorrem inúmeras outras claramente implícitas e algumas suas conseqüências imperiosas, não tão claras, igualmente implícitas; todas, porém, imperativas, inarredáveis, dada a impostergável necessidade de proteção ao interesse público.

Como não há uma lei didática, organizando e sistematizando isso, e como são diversas as medidas em que tais imperativos se fazem presentes — conforme a entidade desenvolva serviço público ou "explore atividade econômica" — o alcance e mesmo compreensão desses princípios são incertos e dão margem a mil e uma tergiversações e resistências. Por outro lado, o clima de excepcionalidade constitucional — que acompanhou e presidiu a fase mais dinâmica desse processo — influiu na legislação e na interpretação, de modo extremamente deformante, dando ensejo à expansão de graves preconceitos que influíram pesadamente sobre certos intérpretes e aplicadores, inclusive judiciais. Daí as perplexidades que marcaram a doutrina e a jurisprudência das últimas três décadas, com graves lesões aos princípios constitucionais protetores do interesse público.

2. Dilema do aplicador

Não pode, diante de tudo isso, o intérprete ir apressadamente aos superficiais autores que trataram dessa temática com um olho no Dec.-lei 200 e outro na Lei de S/A. Deve, pelo contrário, pôr as vistas em plano mais alto e deter-se na meditação dos imperativos constitucionais, para tentar "armar" o regime próprio de cada estatal, combinando, prudentemente — com as doses normativas e cargas valorativas próprias — cada princípio e cada regra invocados.

3. Considerações gerais

Há certa compreensível perplexidade na doutrina dominante diante do fenômeno da investidura de *empresas estatais* para desenvolvimento de serviços públicos. É explicável. A doutrina é, em geral, conservadora. O legislador é que, muitas vezes, vai à frente, independentemente de qualquer doutrina. Produz suas decisões legislativas, sem perguntar aos estudiosos o que pensam.

Foi o que ocorreu, no Brasil, à revelia de toda uma elaboração européia, que aqui reproduzíamos. Lá está a origem dessa perplexidade, que se projeta também na nossa jurisprudência. Nossa realidade legislativa, porém, aí está, a desafiar os estudiosos, para que ofereçam armas, instrumentos e argumentos à jurisprudência.

A rapidez das inovações legislativas, em certos momentos — como o foi o período de exceção constitucional que vivemos entre 1964 e 1988 — custou a ver-se correspondida pelas meditações mais judiciosas dos doutos.

O Dec.-lei 200/67 disse que a empresa pública deve ser criada para a "exploração de atividade econômica". Os escritores mais apressados — e, por isso, sempre, mais superficiais — armaram um coro de repetição acrítica e ligeira disso, ignorando que lei ordinária revoga-se ou ab-roga-se por lei ordinária. Também passaram à margem da imprescindível consideração de que o Dec.-lei 200 — como simples diploma federal — tinha seu alcance limitado à esfera jurídica da União, não alcançando os Estados e Municípios. Esse decreto-lei — elaborado nos ambientes fechados, obscuros, asfixiados e medíocres, sem participação da opinião pública, sem colaboração de juristas, sem a crítica dos doutos, sem o comentário dos experientes — surgiu subitamente, acompanhado de discurso pretensamente modernizante, mas indisfarçavelmente marcado pelo obscurantismo que o engendrou. Daí que, além dos graves defeitos técnicos que ostenta, tenha vindo à luz com o espírito contraditório, tacanho e parcial que o caracteriza.

Disso resultou uma cópia de escritos (que não qualificamos "doutrina") afirmando como científico o enunciado do seu art. 5º, II, assim tido, jornalisticamente, como revelador de um princípio maior e transcendental ("empresa pública explora atividade econômica").

Ora, não só já havia legislação especial (não modificada, portanto, pelo

Dec.-lei 200) instituindo empresas públicas para desenvolvimento de serviço público, como continuaram os legisladores federais, estaduais e municipais a criar empresas públicas para esse fim. Não era, assim, lícito prosseguir-se pretendendo afirmar ser princípio cardeal do nosso Direito que empresas públicas servem à exploração de atividade econômica.

Em conseqüência, não era (como persiste não sendo) correto ignorar o regime administrativo (como o define Celso Antônio) ou a relação de administração (como concebida por Cirne Lima), e suas exigências, para elaborar doutrina (como a dominante) que repete conceitos, princípios, preceitos e diretrizes peculiares à empresa, desconsiderando que, nos casos em que prestam serviço público, não podem ter a liberdade e o regime típicos de Direito Privado.

Falhou e errou a doutrina predominante (numericamente falando) quando desenvolveu discurso centrado no cunho empresarial das entidades e deixando de lado ou (o que é o mesmo) negligenciando as múltiplas, severas e inafastáveis exigências constitucionais informadoras necessárias do regime dos serviços públicos. Daí surgiram as esdrúxulas e inaceitáveis afirmações de que a empresa estatal é irrestritamente suscetível de falência, penhora de bens, e outras condições e sujeições próprias das empresas privadas. Daí a errônea inteligência de que podem contratar tudo livremente e fazer despesas ao alvedrio de seus dirigentes. Ignorou-se solenemente o regime peculiar — a inafastabilidade — dos contratos administrativos. (É justo ressaltar o resgate de teses corretas que Celso Antônio acaba de fazer ao publicar a 4ª edição de seu *Curso de Direito Administrativo*, São Paulo, Malheiros Editores, 1993, pp. 87 e ss.)

Daí a desproteção ao interesse público, o desamparo ao serviço público, a instauração do arbítrio, a ausência de tutela aos usuários dos serviços públicos por elas prestados e os desmandos com bens e dinheiros públicos. Tudo como se a lei pudesse modificar a Constituição, para desqualificar o cunho de serviço público de certas atividades (portos, correios, energia elétrica, comunicações etc., cf. art. 21) constitucionalmente assim qualificadas ou (o que tem o mesmo efeito) como se a lei pudesse desproteger o serviço público, desguarnecer os dinheiros públicos e instaurar o arbítrio do Poder Executivo, ou de seus nomeados, na gestão de bens e serviços de todo o povo, como o são os públicos.

Dessa "doutrina" pobre, pedestre, superficial e sem seriedade nasceram as absurdas "concessões" para quem já era delegado (por força de lei); a grosseira falsificação de se "contratar" entidades legais para ... cumprirem suas finalidades legais; empresa mista sem verdadeira participação privada; leis dando isenção de impostos para quem já era imune; despesa pública sem licitação, manipulação arbitrária de pessoal; execução sem processo de conhecimento e quejandos absurdos, gritantemente aberrantes do regime constitucional dos bens, dinheiros e interesses públicos.

Tudo isso, aqui palidamente pincelado, foi resultado da desvalorização do espírito público, que acompanha todo processo ditatorial; do enfraquecimento da consciência constitucional; do desprezo pelos valores básicos da ordem jurídica. Tudo isso deu-se num clima político e cultural que exaltou os explicadores apressados das coisas, em detrimento dos cientistas; que deixou em segundo plano a voz serena dos mestres, para salientar os palpites "oportunos" dos áulicos que — com raro senso de oportunidade — sabem louvar os atos governamentais com palavras de angélico e desinteressado louvor.

Tudo deu-se num clima em que as vozes sensatas e ponderadas dos mais sábios (e, pois, mais prudentes) foi abafada, se não calada, para não atrapalhar o ímpeto das correntes "salvadoras", que sempre cercam os governantes discricionários.

É evidente que em tal "onda" não foram envolvidos os nossos melhores publicistas, como Seabra Fagundes, Caio Tácito, Víctor Nunes, Bilac Pinto, Baleeiro, Celso Antônio, Adilson Dallari, Sérgio Ferraz, Carlos Velloso, Sérgio Andréa Ferreira, Eros Grau, Lúcia Valle Figueiredo, M. Sylvia Z. Di Pietro, Carlos Ari Sundfeld etc., mas suas opiniões não foram ouvidas, nem antes, nem depois.

Os que sobreviveram devem ser convocados à ingente tarefa de pôr ordem nas coisas, começando por reafirmar que o serviço público é regido pelos princípios que protegem a coisa pública contra todas as agressões, inclusive internas, partidas de seus agentes (Ruy Cirne Lima), é absolutamente submetido à legalidade (Seabra Fagundes) e, por exigência constitucional, informa-se por regime estrito, inderrogável e exigente (Celso Antônio), que não pode ser e não é emasculado pela "forma" empresarial que o legislador, eventualmente, resolve fazer revestir cada entidade criada para seu desempenho (do serviço público).

Com firmeza, Celso Antônio assevera: "O traço nuclear das empresas estatais, isto é, das empresas públicas e sociedades de economia mista, reside no fato de serem coadjuvantes de misteres estatais. Nada pode dissolver este signo insculpido em suas naturezas. Dita realidade jurídica representa o mais certeiro norte para a intelecção destas pessoas. Conseqüentemente, aí está o critério retor para interpretação dos princípios jurídicos que lhes são obrigatoriamente aplicáveis, pena de converter-se o acidental — suas personalidades de direito privado — em essencial, e o essencial — seu caráter de sujeitos auxiliares do Estado — em acidental" (*Curso* ... cit., p. 90).

Deixa claro, ao intérprete, que inverterá — praticando grave erro de interpretação — o sentido transcendente da noção de Estado-meio, Estado-servidor, Estado-social ou Estado de Direito, se à forma (sociedade) der prevalência sobre o conteúdo (serviço público e seu regime jurídico).

Isto, que foi visto com firmeza e clareza pela melhor (porém, infelizmente, escassa) doutrina nossa, ainda não se refletiu na jurisprudência, com a devida energia, por falta de adequada provocação. A problemática aqui examinada é boa expressão disso e seu estudo oferece oportunidade para encaminhar-se o equacionamento.

4. Natureza jurídica das estatais prestadoras de serviço público

Da condição formal de empresa estatal decorrem conseqüências — que absolutamente não alteram a essência do regime publicístico dos serviços que presta.

Na qualidade de empresa estatal, o regime de suas "relações com terceiros pode ser o próprio das entidades de direito mercantil", sendo que *para o serviço em si* terá "prerrogativas e regime específico de direito público, protetor da *atividade* assim configurável" (Celso Antônio Bandeira de Mello, *Prestação de Serviços Públicos e Administração Indireta*, São Paulo, Ed. RT, 1973, p. 130). As empresas estatais "... concebidas para prestar serviços públicos ou desenvolver quaisquer atividades de índole pública propriamente (como promover a realização de obras públicas), é natural que sofram o influxo mais acentuado de princípios de regras de direito público, ajustados, portanto, ao resguardo de interesses desta índole" (p. 94).

5. Serviço público

A maioria das empresas estatais é prestadora de serviço público. Desempenham, como delegados da União, dos Estados e dos Municípios, atividades próprias destes: instrumentação e suporte de sua atividade administrativa. Não é difícil a demonstração de que essa atividade configura serviço público (sempre que não configure "exploração de atividade econômica").

O conceito de serviço público é conseqüência da postura da sociedade diante de premissas políticas básicas, por nós recentemente (1988) reafirmadas, de modo solene pelo constituinte. E resolve-se em relação à posição e funções atribuídos à iniciativa privada.

Atuando na ordem econômica, por criaturas legais delegadas suas, o Estado age despido de suas prerrogativas de supremacia, sujeito às mesmas injunções a que se submete a iniciativa privada e *sob regime de Direito Privado* (art. 173). Tudo quando exposto está estabelecido, expressamente e com lapidar clareza, no texto da Constituição de 1988, tendo merecido constante e invariável interpretação, seja doutrinária, seja jurisprudencial. As tentativas de rebeldia, quando resistidas pelos interessados, têm merecido censura dos Tribunais.

Basta ler a legislação concernente ao SERPRO, à ECT, à EMBRATEL, à INFRAERO, à TASA, em confronto com o preceituado na Constituição, para firmar-se a convicção de que eles prestam serviço público. Não custa, porém, repassar a doutrina, para robustecer-se tal convicção.

Para Rafael Bielsa, o conceito de *serviço público* diz respeito a "*toda acción o prestación realizada* por la Administración Pública activa, directa o indirectamente, para la satisfación concreta de necesidades colectivas, y asegurada esa acción o prestación por el poder de policia" (*Derecho Administrativo*, 6ª ed., t. I/462 e 463, Buenos Aires). Na lição de Bielsa, para a satisfação do interesse coletivo, o *serviço público* deve ter os seguintes caracteres, derivados de seus objetivos essenciais: generalidade, uniformidade, continuidade e regularidade. O fato de o *serviço público* ser prestado por órgão centralizado ("tales son los del *correo*, los de policia, los de segunda enseñanza" — p. 470) ou descentralizado não implica — para Rafael Bielsa — nenhuma diferença jurídica: "Si el servicio público es de los llamados 'propios', el concesionario es un delegado, pero persona de derecho privado (lo que no es óbice para que excepcionalmente sea persona de derecho público, pero ese carácter no lo tiene como concesionario)".

Cirne Lima determina, com precisão, o conteúdo de *serviço público:* "Serviço público é todo o serviço existencial, relativamente à sociedade, ou pelo menos assim havido num momento dado, que, por isso mesmo, tem de ser prestado aos componentes daquela, direta ou indiretamente, pelo Estado ou outra pessoa administrativa" (*Princípios de Direito Administrativo*, 5ª ed., Ed. RT, p. 82).

Três requisitos devem fazer-se presentes para a caracterização de serviço público: *a*) atividade de interesse coletivo; *b*) presença do Estado e *c*) procedimento de Direito Público. A definição de *serviço público* de Celso Antônio Bandeira de Mello contém esses requisitos essenciais: "É toda atividade de oferecimento de utilidade ou comodidade material fruível diretamente pelos administrados, prestada pelo Estado ou por quem lhe faça as vezes, sob um regime de direito público" (*Prestação de Serviços Públicos e Administração Indireta*, 2ª ed., Ed. RT, p. 1).

A noção de *serviço público*, para Celso Antônio Bandeira de Mello, compõe-se de dois elementos: *a*) *material* — consistente na prestação de utilidade ou comodidade fruível diretamente pelos administrados — e *b*) *formal* — consistente em um específico regime de Direito Público (*Prestação de Serviços Públicos e Administração Indireta*, 2ª ed., Ed. RT, pp. 18 e 19).

Vê-se, pois, que o que se designa por *serviço público* é um tipo de atividade havida — pela ordenação constitucional — como própria do Estado; ao contrário da *exploração de atividade econômica*, havida como própria do setor privado (dos particulares). Serviço público *é função estatal*, para Renato Alessi: "O poder estatal, enquanto preordenado às finalidades de interesse coletivo e enquanto objeto de um *dever jurídico em relação ao cumprimento delas*, constitui uma *função* estatal".

Eros Grau professa um conceito aberto para *serviço público*, que deve ser preenchido com dados da realidade: "É nas circunstâncias histórico-políticas, num determinado momento, que se estará apto para identificar essa atividade como serviço público ou não. Numa sociedade onde a força de trabalho esteja organizada com poder de reivindicação, seguramente o campo do serviço público será mais amplo do que numa sociedade na qual o capital seja capaz de poder de reivindicar e de dominações maiores" (*Curso de Direito Administrativo, Empresas Estatais ou Estado Empresário*, Ed. RT, p. 107).

6. Caráter contingente da noção

A noção de *serviço público* é imprescindível, porque dela depende a fixação dos regimes jurídicos das empresas estatais. Muitas atividades outrora consideradas privadas foram gradativamente sendo entendidas como serviço público. Gabino Fraga observa: "mientras la empresa se guie exclusivamente por el interés de lucro de sus dueños, no existe ni puede existir un servicio público. Pero a medida que ese interés privado va coincidiendo con el interés colectivo y se va extendiendo e intensificando el beneficio al público, el Estado se va interesando en el desarrollo de la actividad privada y principiando por hacer uso de sus facultades y más tarde, en ejercicio de sus atribuciones de tutela de los intereses colectivos, comienza a intervenir regulando aquella actividad, concluyendo por organizarla, mediante una reglamentación adecuada que garantize la regularidad y uniformidad de las prestaciones, en forma de transformar la actividad inicialmente libre en una actividad de servicio público".

Daí a colocação do STF, pelo voto do Min. Themístocles Cavalcanti (RE 63.836-RS, de 7.5.68), como relator: "Quanto a saber se é um serviço público (a referência era ao abastecimento de carne), tem a doutrina se firmado no sentido de fixar o conceito do serviço público em função do momento, das circunstâncias e da política geral da entidade pública. O leite no Brasil já foi elevado à categoria de serviço público e, não raro, a extensão desse conceito se estende a outros serviços como o funerário, de transportes etc." (*RDP* 68/114 e 115).

Em suma, ou a Constituição já predefine o que é serviço público, ou a lei — conforme as circunstâncias assinaladas — o faz, desde que não invada a seara do art. 170 da CF.

Assim, se não há uma definição ecumênica de serviço público, há indicadores na Constituição, revelados pela doutrina e pela jurisprudência, que são as balizas que permitem ao intérprete, em cada caso, saber se está diante de serviço público ou não.

7. *Serviço público não é conceito estático*

Leitão de Abreu, em elegante e literariamente inspirado voto no STF, salientou, com argúcia e graça: "Cada vez se pede ao Estado contemporâneo maiores ou mais amplas prestações, aprofundando-se ou expandindo-se a sua função de planejar e dirigir a vida social. A sua intervenção, direta ou indiretamente, notadamente no campo das relações econômicas, se distende e amplia de instante a instante. Pela impaciência, pela sofreguidão e até pela extravagância com que o poder público procura, não raro, em toda parte, na sua louvável diligência e no seu explicável apressuramento, acudir ao que dele se exige, caberia dizer, em certas circunstâncias, do agir estatal, quando tangido por injunções imperiosas da vida moderna, o que disse, certamente dormitando, certo folhetinista francês de uma de suas personagens, cavalgando o seu corcel, disparou, a galope, ao mesmo tempo, em todas as direções" (*RTJ* 77/762).

O Estado tem a atribuição de realizar os *serviços públicos* ou diretamente por força da *ordem jurídica superior*, ou com o seu consentimento, já que o limite do conceito é dado pela Constituição (ao estabelecer o campo da iniciativa privada).

A idéia de *serviço público* casa-se com a dos *fins do Estado* para realizar o *bem comum*, que significa a satisfação concreta e justa das necessidades coletivas. Sua medida, variável no tempo e no espaço, acompanha o tamanho do Estado, mensurado pelo "intervencionismo", que Fiorini estuda, ao anotar que: "... el intervencionismo administrativo se destaca como actividad donde el Estado concurre ya sea para colaborar, para ayudar, promover, satisfacer necesidades o actividades de los particulares, o en beneficio directo o indirecto de la coletividad ... resulta difícil distinguir con carácter absoluto las distintas clases de manifestaciones intervencionistas... La intervención administrativa se dá ... para ordenar necesidades de la colectividad ..." (*Derecho Administrativo*, 2ª ed., t. 2/9 e 10, Buenos Aires, 1976).

A produção de certas utilidades materiais, pelo Estado, tem tal importância que Marcello Caetano dá ênfase, entre os serviços prestados pela Administração, a outros que "são verdadeiras empresas instituídas para *satisfazer às necessidades coletivas* e que aparecem como um processo ou um meio pelo qual a *Administração visa realizar os seus objetivos diretos*: são os *serviços públicos*" (*Manual de Direito Administrativo*, Forense, 1970, p. 511), em oposição às demais atividades administrativas.

A noção de serviço público é ampliada "na medida em que o Poder Público se torna mais instrumental e faz da funcionalidade — adequação de suas posturas ao bem comum — a sua qualificação maior" (cf. Carlos R. M. Rodrigues, *RDP* 57-58/135), sendo reduzida, caso predomine pensamento contrário.

De tudo resulta que a extensão do conceito — variando no tempo e no espaço — só pode ser precisada diante de um dado Direito Positivo, em momento determinado. Para reconhecer-se um *serviço público*, segundo Jèze (*apud* C. A. Bandeira de Mello, *Prestação* ..., p. 20), basta pesquisar o desígnio contido nas leis. Investigar a vontade legislativa, verificar o que determina a lei. Empregar o vasto instrumental da Hermenêutica Jurídica para apurar os desígnios legislativos e apreender o sentido, conteúdo e alcance da lei, sistematicamente interpretada.

Ruy Cirne Lima lembra a observação de Jèze quanto à "enunciação implícita do dever estatal de organização e execução dos *serviços públicos* no preâmbulo da Constituição americana, em que esta se diz adotada '*in order to ... establish justice, insure domestic tranquillity, provide for the commom defense, promote the General welfare, and secure the blessings of liberty to ourselves and our posterity*'" (*RDP* 59/131). O Mestre sul-rio-grandense entende que desempenhar os serviços públicos é "promover o bem-estar geral". E demonstra que a *definição* do que seja *serviço público* somente pode ser formulada nos quadros da conceituação — expressa ou suposta — formulada pela *Constituição Federal*. É com base nela — e somente nela — que se poderá definir o que é *serviço público*, seja diretamente no seu texto expresso, seja na legislação com ela consentânea (*RDP* 59/132).

8. Serviço federal descentralizado (o exemplo do Correio)

A União tem o poder-dever ou o dever-poder de exercer os serviços de correios, que interessam a toda a comunidade. Antes o fazia por meio do Departamento de Correios e Telégrafos, que era um órgão sem personalidade, simples "repartição" do Ministério — naquele tempo — da Viação e Obras Públicas.

Um dia, convenceu-se o legislador de que o Correio não podia adotar computadores, não podia usar os meios modernos e os recursos tecnológicos, para ser eficiente e atender às exigências da economia e da administração moderna, se continuasse sendo mero órgão da Administração direta. Então, para os serviços de correios criou entidade autônoma, com personalidade jurídica, instituiu uma pessoa (pessoa em Direito é centro de imputação de direitos e deveres) designada *Empresa Brasileira de Correios e Telégrafos* — ECT, e delegou-lhe o poder-dever de desempenhar esses serviços. Portanto, ela recebeu uma delegação de serviço público, que a lei lhe fez, e, ao mesmo tempo, ao invés de se estabelecer uma vasta e minuciosa legislação dizendo como essa empresa ia operar, dispôs-se, na lei, que *essa entidade vai obedecer parcialmente, no juridicamente possível, ao regime de empresa.*

"Deveras, personalidade de direito privado que as reveste não passa de um expediente técnico cujo préstimo adscreve-se, inevitavelmente, a certos limites, já que não poderia ter o condão de embargar a positividade de certos princípios e normas de direito público cujo arredamento comprometeria objetivos celulares do Estado de Direito" (*Curso de Direito Administrativo*, 4ª ed., São Paulo, Malheiros Editores, 1993, p. 90).

O regime consagrado pela lei da ECT é o que a legislação existente prevê, de modo geral, para as empresas privadas (com as derrogações que Celso Antônio sublinha *in Curso* ... cit, p. 96). Assim, essa empresa mista vai poder contratar instrumentos, veículos e meios; vai poder recrutar, agilmente, equipes para certas tarefas, tendo em vista atender, expedita, rápida, lépida e agilmente, às necessidades dessa atividade, que é um serviço público.

Continua sendo serviço público, mas o "modo de operação" é, em muita coisa, semelhante ao das empresas privadas. Portanto, ele ficou ágil, lépido, expedito, rápido, eficiente; e, por isto, necessariamente mais desembaraçado, menos burocratizado do que a Administração central. Já pode acompanhar os preços de mercado, no recrutamento de técnicos, na contratação de serviços de terceiros; já pode decidir com rapidez, para dar pronta resposta às solicitações que lhe são feitas. É um serviço público personalizado, com agilidade de empresa, revestido de roupagem de empresa privada.

II — Pessoa administrativa delegada de serviço público

1. Pessoa administrativa

A empresa estatal é entidade (de origem pública) delegada (por lei) para realização de um serviço público.

"Empresas públicas e sociedades de economia mista são, fundamentalmente e acima de tudo, instrumentos de ação do Estado. O traço essencial caracterizador destas pessoas é o de se constituírem em auxiliares do Poder Público; logo, são entidades votadas, por definição, à busca de interesses transcendentes aos meramente privados" (Celso Antônio, ob. cit., p. 90).

É *pessoa administrativa*, como as qualifica Cirne Lima. Deveras, adota esse Mestre tal designação genérica para englobar todas as entidades que exercem administração pública e, pois, submetem-se ao *regime administrativo* em tudo que diga com a essência de sua função. São pessoas administrativas a União, os Estados, o Distrito Federal e os Municípios, porque exercem administração pública. Mais do que isso, ou além disso, são pessoas políticas (dotadas de poder legislativo). Mas são também *pessoas administrativas* as criaturas legais incumbidas de exercer atividade administrativa: autarquias, fundações públicas e empresas estatais. Tal é a lição amplamente acatada de Cirne Lima.

Na medida em que exercem função administrativa, são pessoas administrativas e submetem-se a igual regime, o administrativo, com todas suas restrições, ônus, encargos, limitações, prerrogativas e poderes instrumentais (necessários à plena eficácia da lei que devem cumprir e fazer cumprir).

Quando, neste trabalho, empregar-se a expressão *pessoa administrativa,* estar-se-á fazendo referência a todas essas pessoas e, implicitamente, invocando e aplicando todos os princípios e normas comuns a elas, porque regentes da atividade infralegal que cumprem.

O inexcedível mestre Cirne Lima, reconhecido por todos os nossos publicistas como genial categorizador do nosso Direito Administrativo, centrando todo esse ramo do Direito na noção-matriz de *relação de administração*, escreveu, lapidarmente:

"Dessa adequação específica entre a pessoa administrativa e a atividade de administração pública, mais saliente quanto às *pessoas administrativas,* de natureza meramente administrativa e existência contingente, decorrem, como corolários, algumas peculiaridades que relevantemente sinalam, em face do direito positivo, a *pessoa administrativa* como tal" (*Princípios de Direito Administrativo, 6ª* ed., Ed. RT, p. 64).

"Além da União, e dos Estados e Municípios — já o vimos — ainda outras *pessoas administrativas* existem, entre as quais serviços públicos importantes são repartidos" (p. 61).

"São todas as *pessoas administrativas* pessoas jurídicas de direito público, prepostas, de modo imediato, à atividade de administração pública" (p. 62).

Essa lição, acatada por Seabra, reproduzida por Bandeira, admirada por Dallari, respeitada por Caio Tácito, é adotada por Leitão de Abreu em reiterados votos no STF (*e.g.*, *RTJ* 77/759).

Por ela se vê que a estatal prestadora de serviço público é administração pública; faz administração pública e, portanto, tem os atributos (positivos e negativos) desta. Daí que seja *pessoa administrativa* — como a União, os Estados, o Distrito Federal, os Municípios, as autarquias e as fundações — enquanto delegado de serviço público.

2. Empresa estatal, serviço público e exploração de atividade econômica

A solução das questões em estudo depende, fundamentalmente, da compreensão da diferença entre empresa estatal prestadora de serviço público e empresa estatal exploradora de atividade econômica, diferença, essa, imposta pelos arts. 173 e 175 da Constituição. Parece, portanto, pressuposto necessário do bom desenvolvimento deste trabalho tentar aprofundar a análise destas categorias, segundo a compreensão que delas tem a nossa melhor doutrina, anotando, inicialmente que: "Empresas públicas e sociedades de economia mista, isto é, as 'empresas estatais' (designativo genérico que serve para referi-las indistintamente), apresentam uma impressionante semelhança na disciplina jurídica que se lhes aplica" (Celso Antônio, ob. cit., p. 89).

Celso Antônio Bandeira de Mello fez distinção bem nítida entre empresa estatal preposta a atividade econômica e empresa estatal prestadora de serviço público (embora só mencione as mistas, resulta claro que seu raciocínio serve, também, para as empresas públicas), o que deixou claro na recente 4ª edição de seu *Curso*, ao escrever: "Inclusive a distinção entre prestadoras de serviço público e exploradoras de atividade econômica vale, igualmente, e com as mesmas conseqüências, para umas e para outras" (p. 89).

Antes, escrevera:

"O importante ... é discernir entre sociedades de economia mista volvidas à satisfação de 'interesses públicos', ou seja, sociedades prestadoras de serviços públicos, e sociedades mistas que se dispõem à satisfação de 'interesses coletivos' — relevantes para a sociedade, mas que não chegaram a ser qualificados como públicos. Estas últimas, por não serem prestadoras de serviços públicos, configuram intervenções do Estado no domínio econômico — área em princípio reservada à livre iniciativa, conforme orientação constitucional (art. 179 e §§)" (p. 101).

"A vista do que se expôs, a sociedade de economia mista prestadora de serviços públicos, conquanto mantenha sem jaça o caráter de pessoa constituída em caráter mercantil e sujeita ao regime de empresa privada, *pode e deve necessariamente desfrutar de certas prerrogativas*, de um lado, e restrições, de outro, tal como sucede com os particulares concessionários de serviço público" (*Prestação de Serviços Públicos e Administração Indireta*, 2ª ed., Ed. RT, pp. 102 e 103).

Recentemente, disse Celso Antônio: "Há, portanto, dois tipos fundamentais de empresas públicas e sociedades de economia mista: exploradoras de atividade econômica e prestadoras de serviço público ou coordenadoras de obras públicas. Seus regimes jurídicos não são, nem podem ser, idênticos ..." (*Curso de Direito Administrativo*, 4ª ed., Malheiros Editores, p. 93).

Idêntica a conclusão do Min. Carlos Velloso, no Seminário realizado em março/87 pela Associação dos Dirigentes de Empresas Públicas (ADEP), sobre o tema "Regime Jurídico das Empresas Estatais": "É preciso, portanto, em conclusão, distinguir as estatais que prestam serviços públicos daquelas que exercem atividades exclusivamente empresariais. A estas últimas não se podem estender essas medidas que são criadas exclusivamente para as entidades públicas" (*RDP* 83/139).

Nesse mesmo Seminário, o Prof. Celso Antônio Bandeira de Mello reitera: "... as sociedades de economia mista e empresas públicas se dividem em dois grupos profundamente distintos: um, as prestadoras de serviços públicos; outro, as exploradoras de atividades econômicas" (*RDP* 83/139).

José Afonso da Silva, comentando os arts. 170 e 173 da CF, assinala que: "... os primeiros podem ser prestados ou explorados pelo Estado sem as limitações previstas no art. 170, que nada tem a ver com eles; efetivamente, não tem cabimento falar em princípio da subsidiariedade estatal em relação à exploração ou prestação de serviços públicos, assim como não comporta mencionar, a respeito deles, a regra de preferência da iniciativa privada; são atividades que podem ser monopolizadas, como o são em alguns casos; serviço postal e Correio Aéreo Nacional (art. 8º, XII), serviços de telecomunicações, energia elétrica, navegação aérea, vias de transportes entre portos marítimos e fronteiras nacionais (art. 8º, XV), seguro contra acidente no trabalho; outros não são monopolizados, mas a Constituição indica o dever de o Estado prestá-los, como os serviços de ensino (art. 176), assistência sanitária, médica e hospitalar (art. 165, XV e XVI). Já a exploração estatal de atividade econômica fica sujeita ao regime do art. 170, §§ 2º e 3º" (*Curso de Direito Constitucional Positivo*, Ed. RT, p. 519).

O Estado assumiu — por intermédio da empresa pública — "encargos vizinhos à atividade das empresas privadas, adotando a sua estrutura e o seu regime jurídico" (cf. Themístocles Brandão Cavalcanti, *RDA* 128/2). Assim, da necessidade de conciliação do *público* (investimento público) com o *privado* (forma de empresa privada) nasceram as empresas estatais (sociedade de economia mista, empresa pública). Themístocles B. Cavalcanti vê com naturalidade "como uma *empresa pública*, de origem pública (porque criada por lei), com um mecanismo de controle público, toma a *forma privada* e funciona como empresa privada" (*RDA* 128/11). É que, como assinala Caio Tácito: "As sociedades de economia mista e as empresas públicas são pessoas jurídicas administrativas, sujeitas a regime de direito privado, na gestão de seus negócios (Constituição, art. 170, § 2º), mas regidas igualmente pelas normas de direito público, que especializam sua organização, em razão dos fins públicos de seus objetivos" (*RDA* 111/8).

Adilson Dallari é claro, tratando das empresas estatais: "Com relação às que prestam serviço público, justifica-se o regime jurídico de direito privado *apenas* quanto à forma de sua organização e funcionamento, mais compatíveis com a natureza comercial ou industrial da atividade assumida pelo Estado; no entanto, quanto a outros aspectos, concernentes à proteção dos bens vinculados à prestação de serviços, à responsabilidade perante terceiros, à sujeição ao procedimento da licitação, à continuidade do serviço público e, especialmente, no que diz respeito ao controle pelos Poderes Executivo e Legislativo, o seu regime jurídico deve ser preponderantemente o administrativo, acompanhado das prerrogativas e sujeições que colocam a Administração Pública em posição de supremacia perante o particular, ao mesmo tempo em que a submetem aos princípios da legalidade e da indisponibilidade do interesse público, com todos os seus corolários" (*RDP* 94/106).

A jurisprudência tem seguido as pegadas da doutrina, como se vê de acórdão (no regime anterior) da 7ª Câmara do 1º TACivSP cujo relator foi o Juiz Régis Fernandes de Oliveira: há, fundamentalmente, dois campos de interesse específico de intervenção estatal. Pode prestar serviços públicos, seja diretamente, seja através de entidades criadas pelo Estado ou por ele permitidas ou concedidas, e também pode interferir no domínio econômico. ... Nada obstante, erigem-se outras pessoas jurídicas, que são criadas pelo Estado, sob roupagem de direito privado, mas destinam-se à prestação de serviços públicos. Aí ressalta a diferença de regime jurídico.

Embora vistam roupa de direito privado, ou seja, haja identidade de regime com as demais empresas privadas, nada impede que o Estado transfira a tais entidades algumas prerrogativas próprias, de vez que irão prestar serviços públicos. Estes, por definição, são próprios do Poder Público e, pois, não há concorrência com particulares. Aqui, nada impede que o Poder Público transfira a tais entidades particulares, mas desmembradas do Estado, algumas vantagens que lhe são próprias" (*Boletim de Jurisprudência da AASP* 1.616, *RDP* 94/102).

3. Delegação de serviço público

a) *Serviço público delegado, não concedido*: Pois bem, a atribuição à empresa estatal desse regime, tornando-a mais ágil e expedita, não poderia ter por efeito (como não tem) descaracterizar essa atividade; era e continua sendo serviço público, embora desempenhado parcialmente sob a *forma* e por processos, meios e instrumentos de Direito Privado. Evidentemente, como a estatal, no desempenho dos seus serviços, não compete com os privados, não está sujeita às regras do art. 173 da CF. E os particulares não competem nem podem competir com ela, porque essa atividade é serviço público e o direito dos particulares (art. 173) é só o de *explorar atividade econômica*, que é o oposto e o contrário ao desempenho de produzir serviço público.

A estatal, perante a pessoa política sua criadora, não é concessionária de serviço público. Não houve ato de concessão; não houve licitação para tanto (nem era exigível); não houve vontade da estatal de contratar com a União, nem cabe indagar sua vontade de funcionar. Cabe-lhe simplesmente o dever de obedecer à lei. A União (ou o Estado), pelo Congresso Nacional (ou pela Assembléia Legislativa), a qualquer instante, pode fazer lei extinguindo-a, o que mostra, a toda evidência, a impossibilidade jurídica, mesmo teórica, da existência de uma "vontade" da estatal que pudesse ser independente ou diversa da vontade do Estado (expressa na lei) e que, portanto, pudesse servir de ponto substancial de apoio para uma relação contratual, inserida no instituto da concessão.

Mesmo sociedade designada mista, será delegada e não concessionária, quando não haja efetivamente, realmente, o fenômeno da associação de capital privado e público. Há, ainda, no Brasil, tanto na esfera federal como estadual e municipal, inúmeras chamadas sociedades mistas meramente simbólicas, com capital 90% ou mais estatal e presença insignificante ou meramente simbólica de privados, ou mesmo só ficta. Não é, para efeitos jurídicos substanciais, verdadeiramente mista tal entidade. É pública, para todos os efeitos, inclusive, e principalmente, para configurar delegação e não concessão de serviço ou obra pública. Assim também pensa Celso Antônio, que escreveu: "Idem, quando da formação do capital das referidas entidades concorrem apenas simbólicos e ínfimos recursos privados, que os diretores designados aportam apenas para ensejar que a entidade tenha a configuração de sociedade mista e não de empresa pública. Com efeito, em hipóteses deste jaez, não faria sentido considerar presente, na relação entre a criatura e o sujeito criador (que pode até mesmo extingui-la, a seu talante), o específico plexo de direitos oponíveis pelo concessionário ao concedente. De outro lado, os poderes da entidade criadora em relação à criatura também não teriam por que se delinear na conformidade dos específicos poderes que se reconhecem a um concedente. Logo, considerar tais situações como configuradoras de uma concessão de serviço público não faz sentido algum e só propicia confusões" (*Curso* ... cit., p. 94).

E arremata: "Já as sociedades de economia mista, em que haja, deveras — e não apenas simbolicamente — capitais particulares em associação com capitais advindos de entidade governamental serão sempre concessionárias de serviço público" (ob. cit., p. 95).

Por todas essas razões, é lícito afirmar que nem sempre o exercício da atividade de serviço público por uma entidade, que não seja o próprio titular, configura concessão. É nítido caso de *delegação* (por lei).

Como conclusão, pensamos poder afirmar que os preconceitos — decorrentes de leituras apressadas — em torno da concessão têm levado parte da doutrina, da legislação e da jurisprudência a indiscernir casos de verdadeira concessão de casos de mera delegação. Concorda com nosso pensamento Eros Grau, que tratou de empresa pública federal exercente de serviço público de telecomunicações aeronáuticas: "Prestadora de serviço público por definição constitucional, a TASA não é concessionária deles, porém delegada para a sua execução. O que exerce, destarte, é delegação e não concessão de serviço público" (*RDP* 52/93).

Abonando a tese de que não são concessionárias as estatais criadas por lei da pessoa política (União, Estados, Municípios) titular da competência para o serviço, Celso Antônio escreveu: "... parece forçado considerá-las como concessionárias, quando forem formadas exclusivamente por recursos oriundos da mesma esfera governamental que as criou, com o fito de secundá-las na prestação de serviço público de sua própria alçada" (*Elementos* ..., 3ª ed., p. 97).

Mais recentemente, reafirmou: "Habitualmente, as prestadoras de serviços públicos são consideradas *concessionárias* de serviço público. Tal suposição, na qual já incorremos no passado, nem sempre é exata" (*Curso* ... cit., p. 94).

E, logo adiante, arremata: "Com efeito, parece forçado considerá-las como concessionárias, quando formadas exclusivamente por recursos oriundos da mesma esfera governamental que as criou com o fito de secundá-la na prestação de serviço público de sua própria alçada" (ob. cit., p. 94).

b) *Diferenças entre concessão e delegação*: Há delegação (o que só cabe por decisão legislativa) quando a pessoa política (União, Estado ou Município) cria uma entidade sob forma de empresa (pública ou mista) e a incumbe de prestar um serviço público. Assim, a empresa estatal é delegada e (na forma da lei) exerce serviço público próprio da entidade política cuja lei a criou.

Há concessão (com inafastável conteúdo contratual, no contexto de um ato-união, segundo Oswaldo Aranha Bandeira de Mello) quando pessoa privada recebe (mediante licitação, art. 175 da CF) o encargo de prestar serviço público, em troca de remuneração. Só há concessão a empresa estatal quando esta seja criatura de pessoa política não titular do serviço. (Aí não há delegação, inclusive porque esta é revogável.) É o caso, p. ex., de empresa estadual de energia elétrica que executa serviço público federal (art. 21, XII, "a", da CF). Neste caso, o Estado federado cria, por lei, entidade que se habilita em licitação, em igualdade de condições com os privados.

c) *Delegação em confronto com concessão*: Adilson Dallari demonstra como ocorre a *concessão*: "Haverá uma concessão de serviço público, nos termos do art. 175 da CF, quando o Poder Público decidir pela prestação de serviços públicos de maneira indireta, conferindo sua execução a uma terceira pessoa, a uma entidade que não é um prolongamento personalizado do próprio concedente, a uma entidade que, exatamente por não estar sob seu controle, pode contratar com o Poder Público. Por outro lado, não haverá concessão de serviço público quando o Estado criar uma entidade para funcionar especificamente como instrumento de sua ação, para desincumbir-se precipuamente de prestar um serviço cuja execução cabe ao próprio Estado criador dessa entidade" (*RDP* 94/103 e 104).

Vê-se, pois, que a estatal presta um serviço público como *delegada* da União (ou do Estado ou do Município), e não por força de concessão de serviço público, eis que criada para funcionar especificamente como instrumento de sua ação. Tal "descentralização" foi simples forma de tornar autônomo o serviço, e, pois, mais ágil e especializado.

Eros Grau (*A Ordem Econômica na Constituição de 1988*, Ed. RT, 1990, p. 160) destaca o conceito de *delegação*, em oposição ao de *concessão*: "Quanto ao discrímen que opõe a delegação à concessão, dir-se-á que esta não expressa senão uma delegação de serviços — delegação ainda, pois — que implica transferência de atividade que deverá ser prestada pelo Poder Público. Por certo que na concessão — como na permissão — há também delegação. Cuida-se aí, todavia, de modalidade especial de delegação de serviço, na medida em que instrumental de descentralização por colaboração. Pessoa privada, no sentido de que estranha ao Estado, recebe a atribuição para o desempenho do serviço, sob contrato com caráter especial. A delegação é pressuposta na concessão, mas na concessão há mais do que delegação".

Desta breve exposição, pode-se concluir que a estatal é delegada de serviço público, por força de lei. Os serviços que desempenha não perdem a natureza e o regime públicos. A delegação não os altera, nem modifica. Continuam sendo públicos. Mantida a substância, mantém-se o regime que a informa.

Celso Antônio — nos seus inexcedíveis *Elementos* — trata incisivamente do tema:

"Com efeito, em hipóteses deste jaez, não faria sentido considerar presente, na relação entre a criatura e seu sujeito criador (que pode até mesmo extinguila, a seu talante), o específico plexo de direitos oponíveis pelo concessionário ao concedente. De outro lado, os poderes da entidade criadora em relação à criatura também não teriam por que se delinear na conformidade dos específicos poderes que se reconhecem a um concedente. Logo, considerar tais situações como configuradoras de uma concessão de serviço público não faz sentido algum e só propicia confusões.

"Diversamente, caberá, sim, falar em concessão de serviço público, quando se ponham em pauta os direitos, deveres e poderes que entram em jogo no referido instituto. Isto ocorre nos casos em que há verdadeiramente concurso de (a) capitais particulares na formação do capital da sociedade, (b) capitais provenientes de órbita governamental diversa da órbita da pessoa a quem assiste a competência constitucional para prestá-lo. Nas duas hipóteses mencionadas estes acionistas têm direito a que se assegurem os termos próprios de uma concessão, como garantia dos interesses que os levaram a aportar recursos integradores do capital da entidade. A segunda situação referida é freqüente nos casos em que a empresa pública ou sociedade mista prestadora do serviço não pertence à mesma órbita jurídica do sujeito a quem assiste a competência constitucional para prestá-lo. No Brasil, o fenômeno é comum. Assim, p. ex., os serviços de energia elétrica são, constitucionalmente, serviços públicos da alçada da União (art. 20, XII, *b*). Sem embargo, sociedades de economia mista, criadas pelos Estados federados, surgiram precisamente para desempenhá-los na qualidade de concessionárias do poder federal.

"Portanto, para retratar o quadro referido, distinguindo entre empresas públicas e sociedades de economia mista prestadoras de serviço público, pode-se dizer o seguinte: dentre as empresas públicas, não serão concessionárias as formadas por capital exclusivamente da União ou por capital dela em conjugação com o de pessoas de sua administração indireta. Pelo contrário, sê-lo-ão, se a empresa pública for formada pela conjugação de recursos oriundos de entidades da esfera federal associados a recursos provenientes de entidades da esfera estadual, distrital ou municipal" (p. 98).

Distingue, porém, esse conceituado Autor a situação da mista em que a participação privada é só potencial (não é real, não é atual) ou simbólica, da mista em que há efetiva e juridicamente significativa participação acionária privada. Disse Celso Antônio: "Idem, quando na formação do capital das referidas entidades concorrem apenas simbólicos e ínfimos recursos privados, que os diretores designados aportam apenas para ensejar que a entidade tenha a configuração de sociedade mista e não de empresa pública" (pp. 97 e 98).

E, após repelir a adequação de situações como as aqui longamente estudadas ao instituto da concessão, afirma: "Já as sociedades de economia mista em que haja deveras — e não apenas simbolicamente — capitais particulares em associação com capitais advindos de entidade governamental serão sempre concessionárias de serviço público" (p. 98).

Abona esse autorizado Mestre nossa asserção no sentido de que a estatal não é concessionária, mas sim delegada de serviço público quando seja criatura da pessoa política titular desse serviço.

Desta qualidade (de delegada) emergem importantes conseqüências jurídicas que serão oportunamente estudadas (obrigação de licitar, imunidade tributária, obrigatoriedade da adoção do regime de taxas, impenhorabilidade de seus bens, submissão ao regime de execução especial do art. 100 da CF, titularidade para cobrar taxas, em seu benefício criados por lei etc.).

III — Conclusões sintéticas

1. Por imperativo constitucional, as empresas estatais devem ser classificadas em (a) prestadoras de serviço público e (b) exploradoras de atividade econômica.

2. Assim, uma empresa estatal submete-se ou ao art. 175 ou ao art. 173 da CF.

3. O regime de cada categoria é diverso, substancial e formalmente. Os valores constitucionalmente protegidos são a livre iniciativa (art. 173), num caso, e serviço público (art. 175), noutro caso.

4. A interpretação da legislação aplicável obedecerá, em cada caso, às indicações estimativas implicadas por essa dicotomia.

5. O art. 173 da CF deve ser interpretado em harmonia estrita com todos os preceitos constitucionais — lembrados por Celso Antônio — que sublinham o cunho híbrido mesmo das exploradoras de atividade econômica.

6. As estatais que desempenham serviço público têm regime protetor do serviço, bens e dinheiros públicos postos a seu cuidado.

7. As prestadoras de serviço público são pessoas administrativas e, como tais,

submetidas a regime de proteção dos interesses públicos que titularizam, o que implica cerceamentos, importantes derrogações à Lei de S/A e prerrogativas pertinentes ao interesse público.

8. As estatais, criaturas da entidade política titular do serviço público que exercem, jamais podem ser tratadas como concessionárias, são delegadas de serviço público, com todas as decorrências da delegação.

9. Sociedades designadas mistas, em que o capital privado seja insignificante ou só simbólico, são verdadeiras empresas públicas e como tais devem ser tratadas.

10. A legislação precisa ser adaptada a esses parâmetros constitucionais; a doutrina precisa penetrar mais fundo nessas implicações, abandonar o apego ao infeliz Dec.-lei 200 e deixar todo conservadorismo agravador das perplexidades, que se refletem numa jurisprudência precária e infirme.

ESTRUTURA, NATUREZA E EXPANSIVIDADE DAS NORMAS CONSTITUCIONAIS

RAUL MACHADO HORTA

Catedrático de Direito Constitucional da Faculdade de Direito da Universidade Federal de Minas Gerais

1. Estrutura, validez e vigência

O termo "estrutura", como já se observou, apesar de seu difundido emprego na linguagem científica, não dispõe de sentido unívoco.[1] A estrutura é uma ordenação reveladora do modo de ser dos elementos que a integram. O conhecimento da estrutura da norma jurídica, de modo geral, e da norma jurídica constitucional, de modo especial, permite fixar as características, as formas e as modalidades com que a norma se apresenta no ordenamento jurídico. A fixação das características da norma jurídica é tema introdutório ao conhecimento da norma constitucional. A norma jurídica distingue-se por duas propriedades fundamentais: a validez e a vigência. A validez, ensina Legaz Lacambra,[2] pertence à essência do Direito, e a vigência é qualidade extraída da experiência. Validez é a exigibilidade da norma. A vigência exprime a obediência dispensada à norma jurídica. Hans Kelsen, substituindo a vigência pela eficácia, torna mais nítida a distinção entre as duas categorias. Validez do Direito, diz Kelsen,[3] significa dizer que as normas jurídicas são vinculantes e todos devem comportar-se de acordo com as prescrições da norma, obedecendo e aplicando as normas jurídicas. Eficácia do Direito envolve outro plano da norma jurídica. É o do comportamento efetivo em face da norma jurídica aplicada e do correlato acatamento que ela impõe.

1. Enrico Spagna Musso, *Diritto Costituzionale*, v. I/22, CEDAM, 1976.

2. *Filosofía del Derecho*, Barcelona, Bosch, 1953, p. 246.

3. *Teoria Generale del Diritto e dello Stato*, Milão, Edizioni di Comunità, 1952, p. 39.

A validez é uma qualidade do Direito e a eficácia decorre do comportamento efetivo em relação à norma jurídica. A coincidência entre a vigência e a obediência às normas caracteriza a efetividade do ordenamento jurídico.

Na perspectiva abrangente da teoria tridimensional do Direito, Miguel Reale[4] demonstrou que não é possível separar vigência e eficácia. Não há problema de vigência que não se refira à eficácia, nem desta que possa abstrair totalmente daquela, ensina o eminente Catedrático de Filosofia do Direito da Faculdade de Direito da Universidade de São Paulo. A vigência, diz Miguel Reale, é problema complexo e profundo, que não se restringe ao seu aspecto técnico-jurídico. A vigência põe e exige a certeza do Direito, enquanto a eficácia projeta a norma no grupo humano a que ela se destina.

2. Natureza da norma constitucional

Podendo dispor de validez, de vigência e de eficácia, as normas jurídicas não se comportam igualmente dentro do ordenamento jurídico. Na exaustiva classificação de García Maynez,[5] as normas jurídicas se diferenciam pelo âmbito material e pessoal de validez, a hierarquia, a forma, as relações de complementação, a vontade das partes e as sanções. Há normas preceptivas e normas proibitivas, normas taxativas e normas dispositivas, normas constitucionais e normas ordinárias, normas primárias e normas secundárias. No domínio da Constituição, interessa particularizar a natureza da norma constitucional, que delimita o campo desta análise. A norma constitucional é a norma primária do ordenamento jurídico, ocupando o lugar mais elevado na pirâmide do sistema jurídico. A norma constitucional é a norma fundamental que ocupa o vértice do ordenamento jurídico. A posição hierarquicamente suprema da norma constitucional desencadeia a sanção da inconstitucionalidade, quando se verificar o conflito entre a norma fundamental e primária e as normas ordinárias e secundárias. Sendo inquestionável a validez da norma constitucional, fonte primária do ordenamento jurídico, questionou-se, doutrinariamente, a eficácia da norma constitucional, com o objetivo de diferenciar a intensidade do comando que brota da Constituição.

Rui Barbosa,[6] que nos legou a imperecível interpretação da Constituição de 1891, fixou conceitos de oportuna aplicação para o esclarecimento conceitual da estrutura da norma constitucional. Dizia Rui que as Constituições não têm o caráter analítico das codificações legislativas. Partindo do pressuposto da brevidade constitucional, ensinava o nosso maior constitucionalista que as Constituições "são largas sínteses, sumas de princípios gerais, onde, por via de regra, só se encontra o *substractum* de cada instituição nas suas normas dominantes, a estrutura de cada uma, reduzida, as mais das vezes, a uma característica, a uma indicação, a um traço". Proclamando que as cláusulas constitucionais são regras imperativas e não meros conselhos, avisos ou lições, Rui, louvando-se na doutrina constitucional norte-americana, distinguia as disposições auto-executáveis ou auto-aplicáveis e as disposições constitucionais não

4. *Filosofia do Direito,* v. I, t. II/510, 520 e 521, São Paulo, Saraiva, 1953.

5. *Introducción al Estudio del Derecho*, México, Editorial Porrúa, 1951, pp. 74 e 75.

6. *Comentários à Constituição Federal Brasileira,* coligidos e ordenados por Homero Pires, v. II/477 e ss., Livraria Acadêmica, 1933.

auto-aplicáveis, que requerem a complementação do legislador, em cada caso. A lição de Rui vinculava-se à distinção da jurisprudência norte-americana sobre as duas categorias das normas constitucionais: as prescrições mandatórias (*mandatory provisions*) e as prescrições diretórias (*directory provisions*).

3. Normas programáticas

A separação entre normas constitucionais auto-aplicáveis e normas não auto-aplicáveis, considerando a eficácia da norma constitucional, é o antecedente da moderna concepção das normas constitucionais programáticas. Analisando a Constituição no seu conjunto, nela distinguiremos as normas de realização imediata — as normas de organização, as normas de competência, as normas declaratórias de direitos e de deveres — e as normas de princípio, diretivas ou programáticas, que, sem embargo de sua obrigatoriedade, reclamam atividade legislativa ulterior, para esgotar o comando normativo. A passagem da Constituição clássica dos séculos XVIII e XIX, cuja matéria praticamente se exauria na organização dos Poderes do Estado e na Declaração dos Direitos e Garantias Individuais, para a Constituição moderna, que ampliou o conteúdo da matéria constitucional, coincide, também, com a expansão das normas programáticas no documento constitucional. Jorge Miranda[7] descreveu a mutação constitucional a que ora aludimos, assinalando que, "nas Constituições liberais do século XIX, as normas substantivas são quase todas normas orgânicas e as normas de fundo circunscrevem-se aos direitos, liberdades e garantias. Dominam, portanto, as normas preceptivas. Nas Constituições Sociais, Socializantes ou Socialistas do século XX, as normas de fundo, bem como as normas de garantia, dilatam-se muitíssimo e passam a prever direitos sociais e a organização econômica. Deparam-se então, com maior ou menor equilíbrio com as normas preceptivas, os problemas postos pelas normas programáticas". A norma programática, na análise de Jorge Miranda, confere "elasticidade ao ordenamento constitucional", permitindo a atualização sucessiva da Constituição, de modo a acomodá-la às tendências da vontade popular, projetada periodicamente na composição do Poder Legislativo, responsável pela concretização da norma programática. Na sua elaboração originária pelo constituinte, a norma programática se apresenta como portadora de princípio constitucional. A Constituição encerra uma pluralidade de princípios, como se vê na classificação de José Joaquim Gomes Canotilho:[8] princípios jurídicos fundamentais, princípios políticos constitucionalmente conformadores, princípios constitucionais impositivos, princípios-garantia, princípios estruturantes, princípios concretos. Os princípios constitucionais, de modo geral, na lição coincidente de Luis Sanchez Agesta[9] e Alessandro Pizzorusso,[10] são fontes do Direito. A eficácia irradiante dos princípios, notadamente dos princípios fundamentais, foi

7. *Manual de Direito Constitucional,* v. I, t. II/535, Coimbra Editora, 1981.

8. *Direito Constitucional*, 3ª ed., Coimbra, Livraria Almedina, 1983, pp. 200 e 203; idem, *Direito Constitucional*, v. II/11 e 12, Coimbra, Livraria Almedina, 1981.

9. *Sistema Político de la Constitución Española de 1978*, 4ª ed., Editorial Revista de Derecho Privado, 1985, p. 100.

10. *Lecciones de Derecho Constitucional*, v. I/103, Madri, Centro de Estudios Constitucionales, 1984.

assinalada por Costantino Mortati,[11] na sua função de supremo critério interpretativo das disposições constitucionais, quando o princípio adquire o relevo de supernorma. Como princípio constitucional, a norma programática configura a *Constituição Compromissória*, a qual, como o termo indica, é a resultante dos compromissos entre correntes políticas plurais, não homogêneas e freqüentemente antagônicas, que atuam no quadro pluralista da Assembléia Constituinte dos regimes democráticos. A natureza da norma programática, sua densidade e obrigatoriedade imediata têm suscitado largo e rico debate doutrinário. Perfilhando a concepção da unidade sistemática da Constituição e o entendimento de que todas as normas constitucionais são dotadas de eficácia vinculativa imediata, Gomes Canotilho repele a identificação da norma programática a mera intenção declaratória, para convertê-las em "simples programas", em "exortações morais", em "apelos ao legislador", sustentando que, sob tal aspecto comprometedor da eficácia vinculante e imediata, "não há normas constitucionais programáticas". Vezio Crisafulli,[12] que ofereceu contribuição fundamental para o estudo das *disposizioni di principio* na Constituição, afirma a incompatibilidade da distinção fundada na existência de normas de eficácia programática ou diretiva e normas de eficácia obrigatória, pois toda norma constitucional é sempre obrigatória, constituindo essa inerente obrigatoriedade da norma uma exigência da Constituição rígida. A separação entre normas constitucionais obrigatórias e normas constitucionais meramente diretórias mutilaria a Constituição, suprimindo dela uma parte essencial. José Afonso da Silva,[13] em valiosa contribuição doutrinária, na qual distingue as três categorias das normas constitucionais — eficácia plena, eficácia contida e eficácia limitada ou reduzida — sob o ângulo de sua aplicabilidade, igualmente reconhece a eficácia plena e a aplicabilidade imediata da maioria das normas constitucionais.

A aplicabilidade imediata da norma programática, que a doutrina contemporânea proclama — afastando-se, neste particular, da orientação jurisprudencial da Corte de Cassação da Itália sobre a ineficácia jurídica da parte dogmática do texto constitucional, no seu entendimento firmado na vigência inicial da Constituição da Itália — é questão diversa da exeqüibilidade por si mesma da norma constitucional. Em penetrante análise, Jorge Miranda[14] incluiu as normas programáticas entre as normas não exeqüíveis por si mesmas, não obstante a sua natureza de norma preceptiva. Feita a identificação no tempo, o constitucionalista português dela extraiu importante diferenciação. As normas não exeqüíveis por si mesmas, diz Jorge Miranda, postulam apenas a intervenção do legislador, enquanto as normas programáticas exigem não só a lei, como decisões políticas, providências administrativas e operações materiais. O ilustre Professor da Faculdade de Direito da Universidade de Lisboa enriqueceu a tipologia das normas constitucionais na tríplice distribuição que formulou, considerando a decisão política que a norma programática exige: norma exeqüível por si mesma, que emerge completa

11. In *Commentario della Costituzione e cura di Giuseppe Branca – Principi Fondamentali*, Bolonha, Zanichelli Editore, 197, p. 2.

12. *La Costituzione e le sue Disposizione di Principio*, Giuffrè Editore, Milão, 1952, pp. 12 e 19.

13. *Aplicabilidade das Normas Constitucionais*, 2ª ed., Ed. RT, 1982, pp. 72 e 77.

14. Ob. cit., pp. 537 e 538.

do comando constitucional, norma não exeqüível preceptiva, quando o comando constitucional exige a norma legislativa, e norma não exeqüível programática, que requer uma terceira instância, a instância política, administrativa e material, capaz de atingir as estruturas econômicas, sociais e culturais subjacentes à Constituição.

4. *Localização das normas programáticas na Constituição Federal de 1988*

São abundantes as normas programáticas na Constituição Federal de 1988, e elas encontram explicação nas razões que Crisafulli[15] apontou como causas determinantes da igual abundância das normas programáticas na Constituição da Itália. E essas causas localizam-se no clima constituinte e na composição heterogênea de suas correntes políticas. O confronto entre tendências conservadoras, que se empenham na preservação da estrutura social e econômica, e as tendências avançadas, que preconizam as transformações das estruturas, acaba conduzindo a solução de compromisso, mediante a adoção da norma programática. A disposição de princípio volta-se para o futuro, para ser objeto, como assinala Crisafulli, da sucessiva atividade do Poder Legislativo. A norma programática projeta a Constituição no futuro. Não imobiliza a norma constitucional no tempo, e o movimento constante de renovação que ela pressupõe converte a Constituição rígida na Constituição prospectiva.

Nem toda norma constitucional dependente de lei é norma programática. O conteúdo da norma dirá se ela é norma-programa ou norma de simples legislação. Analisando a Constituição Federal de 1988, verifica-se que a norma programática não se limita a determinado setor do texto. É certo que determinados capítulos constitucionais atraem com maior intensidade a atuação da norma programática, e essa atração normativa decorre da matéria neles regulada. Os Direitos e Garantias Fundamentais, o Sistema Tributário Nacional, a Ordem Econômica e Financeira, a Ordem Social, constituem centros de normas programáticas, que encontraram nesses títulos temas propícios ao ulterior desenvolvimento em norma legislativa. Não constituem domínios exclusivos das normas programáticas, que se difundem por todo o corpo da Constituição. A *lei complementar* e a *lei* são os instrumentos de concretização legislativa das normas programáticas, mas elas não se exaurem nessas duas modalidades. A norma programática vincula-se a normas constitucionais que estabelecem fundamentos, fixam objetivos, declaram princípios e enunciam diretrizes. Nestes casos, o comando da norma programática é exeqüível por si mesmo, sem necessidade de complementação legislativa ulterior.

Dentro dos pressupostos que acabamos de formular, as normas programáticas, em levantamento não exaustivo, localizam-se nos seguintes títulos e capítulos da Constituição Federal de 1988:

Título I — Dos Princípios Fundamentais: Os fundamentos da República Federativa (art. 1º, I, II, III, IV, V); Os objetivos fundamentais da República Federativa (art. 3º, I, II, III, IV); Os princípios internacionais da República Federativa (art. 4º, I, II, III, IV, V, VI, VII, VIII, IX, X, parágrafo único).

Título II — Dos Direitos e Garantias Fundamentais, *Capítulo I* — Dos Direitos e Deveres Individuais e Coletivos: a enumeração dos direitos invioláveis (art. 5º) e os direitos individuais e coletivos depen-

15. Ob. cit., pp. 27-31.

dentes de lei para sua completa realização (art. 5º, II, VII, VIII, XII, XIII, XV, XVIII, XXIV, XXVI, XXVIII, "a" e "b", XXIX, XXXII, XXXIII, XXXVIII, "a", "b", "c" e "d", XLII, XLIII, XLV, XLVI, LI, LXI); *Capítulo II* — Dos Direitos Sociais: art. 7º, I, IV, X, XI, XIX, XX, XXI, XXIII, XXVII; art. 8º, I; art. 9º, § 1º; *Capítulo IV* — Dos Direitos Políticos: art. 14, § 9º; *Capítulo V* — Dos Partidos Políticos: art. 17, I, II, III, IV.

Título III — Da Organização do Estado, *Capítulo VII* — Da Administração Pública: art. 37, VII, XI; art. 40, § 4º; *Seção IV* — Das Regiões: art. 43, § 1º.

Título IV — Da Organização dos Poderes, *Capítulo III* — Do Poder Judiciário: art. 93; *Capítulo IV* — Das Funções Essenciais à Justiça, *Seção I* — Do Ministério Público: art. 128, II, §§ 4º e 5º; *Seção III* — Da Advocacia e da Defensoria Pública: art. 134, parágrafo único.

Título VI — Da Tributação e do Orçamento, *Capítulo I* — Do Sistema Tributário Nacional, *Seção I* — Dos Princípios Gerais: art. 146, I, II, III, "a", "b", "c"; art. 148, I, II; *Seção III* — Dos Impostos da União: art. 153, § 2º, II; *Seção V* — Dos Impostos dos Municípios: art. 156, § 1º; *Capítulo II* — Finanças Públicas, *Seção I* — Normas Gerais: art. 163; *Seção II* — Dos Orçamentos: art. 165, I, II, III, § 9º.

Título VII — Da Ordem Econômica e Financeira, *Capítulo I* — Dos Princípios Gerais da Atividade Econômica: art. 170, I, II, III, IV, V, VI, VII, VIII, IX, parágrafo único; art. 171, §§ 1º, 2º; art. 172; art. 173, §§ 1º, 2º, 3º, 4º, 5º; art. 174, § 1º; art. 175, parágrafo único, I, II, III, IV; art. 176, §§ 1º, 2º; art. 179; *Capítulo II* — Da Política Urbana: art. 182, §§ 1º, 2º, 3º, 4º, I, II, III; *Capítulo III* — Da Política Agrícola e Fundiária e da Reforma Agrária: art. 184, §§ 1º, 2º, 3º; art. 185, I, II, parágrafo único; art. 186, I, II, III, IV; art. 187, I, II, III, IV, V, VI, VII, VIII, §§ 1º, 2º; art. 190; *Capítulo IV* — Do Sistema Financeiro Nacional: art. 192, I, II, III, "a", "b", IV, V, VI, VII, VIII, §§ 1º, 2º, 3º.

Título VIII — Da Ordem Social, *Capítulo I* — Disposição Geral: art. 193; *Capítulo II* — Da Seguridade Social, *Seção I* — Disposições Gerais: art. 194, parágrafo único, I, II, III, IV, V, VI, VII; art. 195; *Seção II* — Da Saúde: art. 197; art. 198, I, II, III; art. 199, §§ 3º, 4º; art. 200, I, II, III, IV, V, VI, VII, VIII; *Seção III* — Da Previdência Social: art. 201, I, II, III, IV, V; art. 202, I, II, III; *Seção IV* — Da Assistência Social: art. 203, I, II, III, IV, V; art. 204, I, II; *Capítulo III* — Da Educação, da Cultura e do Desporto, *Seção I* — Da Educação: art. 206, I, II, III, IV, V, VI, VII; art. 209, I, II; art. 213, I, II, § 1º; art. 214, I, II, III, IV, V; *Seção II* — Da Cultura: art. 216, §§ 1º, 2º, 3º, 4º; *Capítulo IV* — Da Ciência e Tecnologia: art. 218, § 4º; art. 219; *Capítulo V* — Da Comunicação Social: art. 220, § 1º, § 3º; art. 221, I, II, III, IV; *Capítulo VI* — Do Meio Ambiente: art. 225, III, IV, §§ 4º, 6º; *Capítulo VII* — Da Família, da Criança, do Adolescente e do Idoso: art. 226, § 7º; art. 227, § 1º, I, II, §§ 2º, 3º; arts. 229, 230; *Capítulo VIII* — Dos índios: art. 231, § 3º, § 6º.

Título IX — Das Disposições Constitucionais Gerais: art. 239; art. 243; art. 245.

Este levantamento demonstra a extensão das normas programáticas na Constituição Federal de 1988. São normas numerosas, distribuídas pelos diferentes setores da Constituição, que se dispersam nos artigos, incisos e parágrafos, evidenciando, de um lado, a inexistência de setores exclusivos e revelando, de outro, a localização abundante de normas programáticas nos títulos dos Direitos e Garantias Fundamentais, da Tributação e Orçamento, Ordem Econômica e Financeira e a Ordem Social. As normas programáticas dependem, como é de sua natureza, da atividade sucessiva na via da lei e da lei complementar, sem prejuízo da eficácia imediata das referidas normas. Há normas programáticas de conteúdo técnico, como as que se localizam no capítulo do Sistema Tributário, e há normas programáticas impregnadas de conteúdo ideológico, assim as que se situam no título da Ordem Econômica e Financeira, objetivando alterações no sistema econômico, de modo geral, e no regime da propriedade, de modo particular. Há, ainda, normas programáticas que não se vinculam diretamente à legislação, para desdobramento na lei ou na lei complementar. Em função desta verificação, introduzi no campo das normas programáticas as normas fixadoras de fundamentos, de princípios, de objetivos e de diretrizes da República Federativa, que se localizam no título dedicado aos Princípios Fundamentais, na abertura da Constituição. São normas completas e exeqüíveis por si mesmas, que independem de complementação legislativa. O seu caráter programático reside nos fins e nos objetivos dessas normas. Elas encerram a filosofia política e social da República Federal e condensam princípios constitucionais que se projetam no futuro, estruturando os fundamentos ideológicos da Constituição prospectiva. Enquanto a Constituição durar no tempo, o programa contido nessas normas estruturantes irá conformando, permanentemente, as decisões adotadas nas instâncias políticas do Estado Democrático de Direito.

5. Constituição e normas anteriores

Constitui questão relevante apurar a relação entre a nova Constituição, a Constituição que a precedeu e as normas ordinárias vigentes no ordenamento anterior. São dois problemas distintos, o da relação entre a Constituição nova e a Constituição anterior, e o da Constituição nova e a legislação anterior, configurando questões de Direito Intertemporal. É de pacífico entendimento que a nova Constituição determina a caducidade e a ab-rogação da Constituição anterior, pela impossibilidade da coexistência de duas ordens constitucionais, geralmente caracterizadas por diferenças fundamentais entre uma e outra. A Constituição nova pode ressalvar a vigência parcial de normas constitucionais anteriores até que se complete a integração de normas constitucionais novas no ordenamento jurídico. O Ato das Disposições Constitucionais Transitórias, que é a sede de numerosas normas de acomodação entre o ordenamento jurídico anterior e o decorrente da nova Constituição, contém regras que prolongam no tempo a vigência de normas da Constituição ab-rogada. Prevendo a instalação ulterior do STJ, órgão que a Constituição de 1988 integrou na composição do Poder Judiciário (art. 92, II), o novo texto constitucional prorrogou a competência do STF, determinando o exercício das "atribuições e competências definidas na ordem constitucional precedente" até que se instalasse o STJ (art. 27, § 1º). A Constituição Federal de 1988, na sua parte permanente, deferiu ao STJ a competência para julgar, em recurso especial, as causas decididas em única ou última instância, pelos órgãos judiciários designados no texto, quando a decisão recorrida julgar válida a lei ou ato do governo local contestados em face de lei federal ou der à lei federal interpretação divergente da que lhe haja atribuído outro Tribunal (art. 105, III, "a", "b" e "c"). A competência recursal do STJ, decorrente da contrariedade, desaplicação ou interpretação jurisprudencial divergente da lei federal, decorreu da decisão constituinte que retirou o contencioso da lei federal da competência de recurso extraordinário do STF. Em caráter transitório, a Constituição de 1988 manteve no STF, até a instalação do STJ, a competência assecuratória do primado da lei federal, na via do recurso extraordinário, conforme dispõe o art. 119, III, "a", "b", "c" e "d", da Constituição Federal de 1967. Em outra norma dilatadora de vigência, o art. 34 do Ato das Disposições Constitucionais Transitórias, manteve o Sistema Tributário Nacional estruturado na Constituição de 1967, na Emenda 1/69, e nas Emendas posteriores, até que começasse a vigorar o novo Sistema Tributário da Constituição Federal de 1988, a partir do primeiro dia do quinto mês seguinte ao de sua promulgação, o que ocorreu em março/89.

É complexa a regulação do convívio entre a Constituição nova e a legislação ordinária anterior. Em princípio, a Constituição não cancela as normas jurídicas anteriores, pois isto equivaleria a instaurar o caos e a insegurança total nas relações jurídicas. As antinomias entre o Direito Constitucional novo e o Direito pré-constitucional, para usarmos a terminologia de Gomes Canotilho,[16] resolvem-se na via da revogação, de modo a prevalecer o critério *hierárquico* ou da hierarquia de normas no conflito entre atos normativos de categorias diferentes, isto é, entre norma constitucional e norma ordinária. A revogação da norma anterior pressupõe a incompatibilidade entre ela e a Constituição, de modo que as normas compatíveis subsistirão no ordenamento jurídico. A validez e a vigência das normas compatíveis passam a encontrar fundamento na Constituição nova. A compatibilidade entre normas do ordenamento antigo e a nova Constituição, que estabelece o ordenamento novo, caracteriza o que Kelsen[17] denominou de fenômeno de recepção. O novo ordenamento, segundo Kelsen, adota as normas do antigo ordenamento, atribuindo validade e vigência às normas nele introduzidas pelo processo da recepção. Opera-se uma transferência do fundamento de validez da norma, que abandona a Constituição extinta e passa a vincular-se à Constituição nova.

O fenômeno da antinomia e da recepção não é estranho ao Direito Constitucional brasileiro. A Constituição Federal de 24.2.1891, não obstante a profunda transformação institucional que promoveu, assinalando a passagem das formas monárquica, unitária e parlamentar para o Governo Republicano, Federal e Presidencial, inscreveu no seu texto a regra de que "continuam em vigor, enquanto não revogadas, as leis do antigo regime, no que explícita ou implicitamente não for contrário ao sistema de governo firmado pela Constituição e aos princípios nela consagrados" (art. 83). O Governo Provisório de 1930, que emergiu do processo revolucionário deflagrado naquele ano, e sem embargo da ruptura entre a República Velha e a República Nova, que o movimento político-militar promoveu, deixou consignado no texto que contém a estruturação de seus poderes extraordinários a regra da vigência das Constituições — a Federal e as Estaduais — as demais leis e decretos federais, assim como as posturas e deliberações e outros atos municipais, todos sujeitos às modificações e restrições que resultassem de atos ulteriores do Governo Provisório (Dec. 19.398, de 11.11.30, art. 4º). A Constituição Federal de 16.7.34, que representou o coroamento jurídico da Revolução de 1930, adotou a regra de que "continuam em vigor, enquanto não revogadas, as leis que, explícita ou implicitamente, não contrariarem as disposições desta Constituição" (art. 187). A Carta de 10.11.37, instrumento de

16. Ob. cit., p. 215.
17. Ob. cit., p. 119.

um Golpe de Estado, manteve o princípio da continuidade das leis, reproduzindo, literalmente, a regra enunciada na Constituição de 1934: "Continuam em vigor, enquanto não revogadas, as leis que, explícita ou implicitamente, não contrariarem as disposições desta Constituição" (art. 183).

6. *Vigência parcial da legislação anterior e o princípio geral do regime*

A Constituição Federal de 1988, a exemplo das Constituições de 1946 e 1967, não explicitou o princípio geral da continuidade das leis. Preferiu solução parcial, para contemplar a vigência transitória, em determinados casos, como fez em relação ao sistema tributário, ressalvando a vigência parcial de legislação anterior. Com efeito, dispondo que o sistema tributário nela concebido entrará em vigor a partir do primeiro dia do quinto mês seguinte ao de sua promulgação, a Constituição assegurou a aplicação da legislação anterior, no que não fosse incompatível com o novo sistema tributário e com a legislação dele decorrente (Ato das Disposições Constitucionais Transitórias, art. 34, § 5º).

A ausência de norma constitucional expressa consagrando o princípio de continuidade das leis compatíveis com o novo ordenamento não deve conduzir o intérprete a concluir pela sua negação. O referido princípio, tão necessário à segurança jurídica e à permanência de direitos e de situações constituídas na vigência da legislação anterior, dispensa a norma expressa. É que o princípio da continuidade das leis dispõe do relevo de princípio geral do Direito Constitucional brasileiro e integra o conjunto inominado dos princípios decorrentes do regime adotado pela Constituição, em ressalva acautelada nas Constituições anteriores (CF de 1891, art. 78; CF de 1934, art. 114; CF de 1937, art. 123; CF de 1946, art. 144; CF de 1967, art. 153, § 36), que a Constituição Federal de 1988 manteve (art. 5º, § 2º). A condição para a subsistência da legislação anterior sob a vigência da Constituição nova é a compatibilidade entre a legislação pré-constitucional e as disposições da Constituição posterior.

7. *Desconstitucionalização*

A continuidade das leis não incompatíveis levou a doutrina constitucional francesa a formular a teoria da desconstitucionalização de normas da Constituição, para sua subsistência no plano da lei ordinária, em processo de queda de hierarquia, visando a assegurar a permanência da regra. A. Esmein,[18] descrevendo o processo de desconstitucionalização, assinala que as Constituições freqüentemente incorporam ao seu texto disposições formalmente constitucionais, sem disporem da natureza material de normas dessa natureza. São regras de Direito Penal e de Direito Administrativo, p. ex., diz Esmein, que não guardam nenhuma relação necessária com a forma de Estado e de Governo e foram inseridas na Constituição para adquirir a eficácia e a permanência da norma constitucional. E admissível, por isso, que as disposições assim qualificadas possam sobreviver à Constituição revogada, como leis ordinárias que sempre foram pela sua matéria. Elas se separam da Constituição, continuando em vigor sob a nova Constituição, embora com a perda de sua qualidade de norma constitucional, expondo-se, assim, como as leis ordinárias em geral, a serem modificadas pelo

18. *Éléments de Droit Constitutionnel Français et Comparé*, 2ª ed., v. I/580, Recueil Sirey, 1921.

legislador comum. Este é o processo que a doutrina francesa denominou de desconstitucionalização. A original concepção, que correspondeu a soluções inerentes ao Direito Constitucional francês da IIIª República, presume, de um lado, a separação da norma constitucional, segundo a forma e a matéria, o que não autoriza o Direito Constitucional moderno, e, de outro, a limitação da norma constitucional aos temas exclusivos da forma de governo, da organização dos Poderes e da Declaração de Direitos, em manifesto conflito com o conteúdo expansivo da Constituição moderna, que sabidamente ultrapassou o conteúdo limitado da Constituição clássica.

8. Permanência e mudança da norma constitucional

A norma da Constituição rígida se singulariza por duas características peculiares a esse tipo de Constituição: a duração no tempo e o processo especial de mudança. A permanência é requisito para permitir o desenvolvimento, o acatamento e a consolidação das instituições e das regras da Constituição. A mudança, quando for necessária, é exigência para atender à evolução social e política, requerendo processo especial, que confere à norma constitucional tratamento autônomo e diferenciado da legislação ordinária.

A Constituição de 1988 prevê dois processos de mudança, o processo que poderá decorrer de emenda e o que exigirá revisão da Constituição. No caso de emenda, o texto estabelece as condições que a proposta nesse sentido deverá obedecer (art. 60, I1, II, III, §§ 1º, 2º e 3º) e indica, taxativamente, as matérias constitucionais que a proposta de emenda não poderá abolir, vedando deliberação a respeito, a saber: a forma federativa de Estado, o voto direto, secreto, universal e periódico, a separação dos Poderes, os direitos e garantias individuais. É este o núcleo intangível, excluído da atividade do poder constituinte de revisão, e que só ao poder constituinte originário caberá alcançar na forma drástica da supressão. A Constituição de 1988, ao contrário de todas as Constituições Federais que a precederam, desde a de 1891, retirou da intangibilidade material a forma republicana de governo. A decisão do constituinte favorece as tendências políticas que preconizam a restauração monárquica e revela a indiferença da maioria absoluta da Assembléia Constituinte pela preservação da forma republicana. A Federação continua insuprimível pelo processo de emenda constitucional. A República será suscetível de abolição, desde que preenchidos os requisitos do processo de emenda, para desfazer, se for o caso, a quase centenária identificação entre a República e a Federação. O segundo procedimento de mudança que a Constituição contempla é o da revisão constitucional, prevista no art. 3º do Ato das Disposições Constitucionais Transitórias. Enquanto a emenda à Constituição poderá ser proposta a qualquer tempo, observadas as exigências para sua apresentação, a revisão constitucional deverá aguardar o transcurso de cinco anos, contados da promulgação da Constituição, requerendo aprovação pela maioria absoluta dos membros do Congresso Nacional, em sessão unicameral. O *quorum* da revisão é inferior ao da emenda, que impõe "três-quintos dos votos" dos membros de cada Casa do Congresso. A emenda exige deliberação bicameral (art. 60, § 2º). A revisão pressupõe deliberação unicameral, em sessão do Congresso Nacional, erigido em Câmara de Revisão. A Câmara unicameral é Câmara única e nessa escolha o constituinte afastou-se do modelo da sessão conjunta das duas casas do Congresso, que assegura deliberação bicameral, preferindo, ao contrário, a deliberação unicameral do Congresso

Nacional de Revisão. Neste caso, deliberando o Congresso sobre a revisão da Constituição, o referido órgão adquirirá a projeção de Congresso Constituinte. Outra distinção entre o processo de emenda e o processo da revisão constitucional é que, no caso da emenda, a Constituição dispõe que a proposta será discutida e votada em dois turnos, considerando-se aprovada se obtiver, em ambos, três-quintos dos votos dos respectivos membros (art. 60, § 2º). A Constituição não submete a revisão constitucional aos dois turnos de discussão e de votação. Sob este aspecto, o Congresso da Revisão gozará de facilidade que a própria Assembléia Nacional Constituinte não usufruiu, pois a Emenda Constitucional 26 condicionou a deliberação da Constituinte ao percurso de dois turnos de discussão e votação, observada a votação pela maioria absoluta de seus membros, em cada turno. O breve art. 3º do Ato das Disposições Constitucionais Transitórias não conferiu à norma infraconstitucional a tarefa de disciplinar o processo constituinte do Congresso de Revisão. Outro aspecto do processo de revisão é o de sua amplitude. A Constituição não particularizou a extensão desse processo, para torná-lo parcial ou total. A latitude semântica da palavra revisão — examinar outra vez, voltar a ver, ver de novo — favorece a presunção de que o Congresso de Revisão será o juiz da extensão, total ou parcial, da magna tarefa que lhe confiou a Constituição. A extensão dos poderes do Congresso de Revisão aconselha aproximar a data de seu efetivo exercício à da manifestação da vontade popular. Não seria recomendável o aparecimento dessa atividade no período final de uma legislatura. A instalação do Congresso de Revisão, após as eleições renovadoras da Câmara e do Senado, afastaria impugnações de legitimidade e tornaria o órgão de revisão expressão mais direta da vontade popular. A Constituição não fixou a data da reunião do Congresso de Revisão, como fez em relação ao plebiscito. A previsão é a de sua reunião "após cinco anos", a contar da promulgação. A flexibilidade da norma predispõe a convergência entre o Congresso de Revisão e as eleições renovadoras do Congresso Nacional. No Direito Constitucional brasileiro, a fórmula da revisão encontra dois antecedentes, embora não oferecendo eles perfeita similitude com a solução adotada no Direito transitório da Constituição de 1988. O antecedente mais remoto é o da Constituição do Império, de 25.3.1824, que consagrou a imodificabilidade temporária da Constituição durante quatro anos, para, passado este período, autorizar o início do complexo processo de reforma constitucional (arts. 174-177). O segundo antecedente encontra-se na Constituição Federal de 1934, que previa a revisão da Constituição, distinguindo-a da emenda, para introduzir alterações na estrutura política do Estado, a organização ou a competência dos poderes da soberania (art. 178). No Direito Constitucional estrangeiro basta citar o modelo da Constituição da República Portuguesa, de 2.4.76, que adotou o procedimento da revisão constitucional periódica, de cinco em cinco anos, sujeita, entretanto, a numerosas limitações materiais (arts. 286.I e 290 "a" até "p"). A Constituição Federal não impôs limitações expressas ao exercício da revisão constitucional, nem determinou a aplicação ao Congresso de Revisão das limitações materiais e temporárias oponíveis ao poder constituinte de emenda (art. 60, III, §§ 1º e 4º, I, II, III e IV). Embora não expressamente referida, pode-se extrair do texto que limitação ao Congresso de Revisão advirá da decisão popular no plebiscito sobre a forma de governo (República ou Monarquia Constitucional) e o regime de Governo (Parlamentarismo ou Presidencialismo), com realização prevista para 7.9.93 (Ato das Disposições Constitucionais Transitórias, art. 2º). A precedência do plebiscito vinculará a revisão constitucional à decisão do eleitorado, com eficácia idêntica à do "*referendum* institucional" que, na Itália, submeteu a Assembléia Constituinte à preferência republicana manifestada pela soberania popular.

9. Normas centrais

A Constituição Federal de 1988 contém na sua estrutura um tipo de norma vinculada diretamente à organização da forma federal de Estado, que denomino de normas centrais. Estas normas ultrapassam a organização da Federação, para alcançar a estruturação constitucional do Estado-membro, em fase ulterior, que dependerá do poder constituinte do Estado, titular da organização constitucional do Estado Federado. O volume, maior ou menor, das normas centrais é variável no tempo, e sua maior ou menor intensidade estará relacionada com o tipo de federalismo consagrado na Constituição Federal: federalismo centrípeto e centralizador, federalismo centrífugo e descentralizador, federalismo de equilíbrio e homogêneo.

No Direito Constitucional brasileiro, a Constituição Federal de 1891 consagrou o federalismo centrífugo e descentralizador, prestigiando a autonomia do Estado-membro. As Constituições de 1934 e 1946 inclinaram-se pelo federalismo centrípeto, não obstante elementos descentralizadores na autonomia do Estado e do Município, na repartição de competência tributária e nos ensaios do desenvolvimento regional, estes últimos a partir da Constituição de 1946. A Constituição de 1967 aprofundou a tendência centrípeta, para implantar o modelo centralizador, reduzindo ao mínimo a autonomia do Estado e a autonomia do Município. A Constituição de 1988 distancia-se do federalismo centrífugo de 1891 e do modelo centralizador de 1967. O novo texto constitucional concebeu o federalismo de equilíbrio, que repele as tendências extremas, conferindo aos Estados e aos Municípios instrumentos apropriados ao desenvolvimento da autonomia, especialmente nos domínios da organização dos Poderes, da ampliação da competência legislativa, administrativa e financeira dos Governos Estaduais e Municipais.

As normas centrais da Constituição Federal distribuem-se em quatro grupos: Princípios desta Constituição; Princípios constitucionais; Normas de competência deferidas aos Estados e Normas de pré-ordenação.

E função do constituinte estadual, no momento da elaboração da Constituição do Estado, identificar esses princípios e normas que emanam da Constituição Federal, para exercer adequadamente o poder de organização do Estado. A identificação desses princípios envolve relevante tarefa de intérprete da Constituição, para que a interpretação possa localizar as normas de vigência imediata, separando-as das normas constitucionais federais dirigidas ao constituinte do Estado e cuja incorporação ao Direito Constitucional estadual dependa da ação do poder de organização, no momento do exercício dos poderes constituintes, responsável pela elaboração da Constituição do Estado. A interpretação unitária da Constituição Federal, partindo da presunção antifederativa de que todas as suas regras se aplicam imediata e diretamente aos Estados, é incompatível com a estrutura federal e acabaria convertendo a Constituição Federal em Constituição total. Esse processo unitário de interpretação, que nega os fundamentos federais da Constituição, tornaria desnecessárias a Constituição do Estado-membro e a atividade do poder constituinte que ela pressupõe. O intérprete desatento aos valores e às regras que comandam o funcionamento do sistema federal transformaria a pluralidade constitucional do Estado Federal no ordenamento constitucional unificado do Estado Unitário.

10. Constituição expansiva

A Constituição de 1988 inscreve-se no grupo dominante das Constituições expansivas, distanciando-se da brevidade que caracterizou a Constituição Republicana de 24.2.1891. Causas numerosas, cujo exame escapa ao tema desta exposição, explicam o crescimento, nem sempre razoável, da matéria constitucional, com sacrifício de sua limitação aos domínios clássicos da organização dos Poderes do Estado e da Declaração dos Direitos e Garantias Individuais.

A expansividade da Constituição de 1988, em função dos temas novos e da ampliação conferida a temas permanentes, como no caso dos Direitos e Garantias Fundamentais, pode ser aferida em três planos distintos: o do conteúdo anatômico e estrutural da Constituição, o da comparação constitucional interna e o da comparação constitucional externa.

O conteúdo anatômico estrutural oferece a seguinte visão global da Constituição:

1. O Conteúdo Geral da Constituição

- IX Títulos
- 31 Capítulos
- 50 Seções
- 5 Subseções
- 245 Artigos (Parte Permanente)
- 70 Artigos (Ato das Disposições Constitucionais Transitórias)

2. Conteúdo dos Títulos

- TÍTULO I
  DOS PRINCÍPIOS FUNDAMENTAIS
  (arts. 1º -4º)
- TÍTULO II
  DOS DIREITOS E GARANTIAS FUNDAMENTAIS
  (arts. 5º -6º-7º-8º-9º-10-11-12-13-14-15-16-17)
- TÍTULO III
  DA ORGANIZAÇÃO DO ESTADO
  (arts. 18-43)
- TÍTULO IV
  DA ORGANIZAÇÃO DOS PODERES
  (arts. 44-135)
- TÍTULO V
  DA DEFESA DO ESTADO E DAS INSTITUIÇÕES DEMOCRÁTICAS
  (arts. 136-144)
- TÍTULO VI
  DA TRIBUTAÇÃO E DO ORÇAMENTO
  (arts. 145-169)
- TÍTULO VII
  DA ORDEM ECONÔMICA E FINANCEIRA
  (arts. 170-192)
- TÍTULO VIII
  DA ORDEM SOCIAL
  (arts. 193-232)
- TÍTULO IX
  DAS DISPOSIÇÕES CONSTITUCIONAIS GERAIS
  (arts. 233-245)
- ATO DAS DISPOSIÇÕES CONSTITUCIONAIS TRANSITÓRIAS
  (arts. 1-70)

A comparação constitucional interna relaciona a Constituição Federal de 1988 e as Constituições brasileiras que a precederam, considerando a extensão de cada uma e as mudanças que experimentaram durante sua vigência. A comparação interna, que registra a dilatação da matéria constitucional e a evolução das Constituições brasileiras no tempo, é representada no seguinte quadro descritivo:

3. Comparação Constitucional

3.1 Comparação Constitucional Interna

Constituição Política do Império, de 25.3.1824	179 Artigos Lei 16, de 12.8.1834, que Reformou a Constituição (Ato Adicional)
Constituição da República dos Estados Unidos do Brasil, de 24.2.1891	91 Artigos (Parte Permanente) 8 Artigos (Disposições Transitórias) Emenda Constitucional de 1926
Constituição da República dos Estados Unidos do Brasil, de 16.7.34	187 Artigos (Parte Permanente) 26 Artigos nas Disposições Transitórias 3 Emendas à Constituição, em 18.12.35
Carta de 10.11.37	174 Artigos (Parte Permanente) 13 Artigos (Disposições Transitórias e Finais - Arts. 175-187) 21 Emendas
Constituição dos Estados Unidos do Brasil, de 18.9.46	218 Artigos (Parte Permanente) 36 Artigos (Ato das Disposições ConstitucionaisTransitórias) 21 Emendas 4 Atos Institucionais
Constituição da República Federativa do Brasil, de 24.1.67	(*) 172 Artigos (Parte Permanente) 17 Artigos (Disposições Gerais e Transitórias - Arts. 173-189) 27 Emendas 13 Atos Institucionais (Atos 5, 6-17) (*) As emendas constitucionais elevaram a 182 artigos, na parte permanente, e mais 35 (arts. 181-217) nas disposições gerais e transitórias, totalizando 217 artigos

A comparação constitucional externa relaciona a Constituição Federal de 1988 e as Constituições estrangeiras mais extensas, permitindo avaliar a dimensão e a expansividade da matéria constitucional do texto brasileiro no conjunto das Constituições estrangeiras mais longas, contemporaneamente, como demonstra o quadro abaixo:

3.2 Comparação Constitucional Externa

- *Constituição da República Federativa Socialista da Iugoslávia,* de 21.2.74: *406* Artigos
- *Constituição da índia,* de 26.1.50: 393 Artigos – 8 Anexos - 7 Emendas até 1956 - 2 Ordenações, Introduzindo "Modificações Menores" na Constituição
- *Constituição da República Oriental do Uruguai,* de 24.8.66: 332 Artigos (Parte Permanente) — 21 Letras ("A" até "U") nas Disposições Transitórias e Finais
- *Constituição Política do Peru,* de 12.7.79: 307 Artigos (Parte Permanente) e 18 nas Disposições Gerais e Transitórias
- *Constituição da República Portuguesa,* de 25.4.76: 291 Artigos (Parte Permanente) e 9 Disposições Finais e Transitórias, Sucessivamente, Arts. 292-300

  A Revisão Constitucional de 1982 reduziu o Texto, que, na redação originária, abrangia 312 Artigos

11. Constituição plástica

Sob o ângulo técnico-formal, a Constituição de 1988 introduziu aprimoramentos significativos na apresentação do texto constitucional. Alterou a técnica das Constituições Federais anteriores, para conferir precedência aos Princípios Fundamentais da República Federativa e à enunciação dos Direitos e Garantias Fundamentais. É evidente que essa colocação não envolve o estabelecimento de hierarquia entre as normas constitucionais, de modo a classificá-las em normas superiores e normas secundárias. Todas são normas fundamentais. A precedência serve à interpretação da Constituição, para extrair dessa nova disposição formal a impregnação valorativa dos Princípios Fundamentais e dos Direitos e Garantias Fundamentais, sempre que eles forem confrontados com atos do legislador, do administrador e do julgador. Sob o aspecto material, a Constituição de 1988 conferiu extraordinário desenvolvimento aos Direitos e Deveres Individuais e Coletivos, distribuídos em 77 incisos do art. 5º, e aos direitos dos trabalhadores urbanos, rurais e domésticos, enunciados em 34 incisos e no parágrafo único do art. 1º. Na Organização do Estado, a Constituição estabeleceu regras e competências que abrem novas perspectivas ao federalismo brasileiro. O federalismo político e institucional prolongou-se no federalismo financeiro, no qual a Constituição implantou as novas competências tributárias dos Estados e dos Municípios e nele ampliou as formas de repartição das receitas tributárias, de modo a atribuir novos recursos aos Governos dos Estados e dos Municípios. Na organização dos Poderes, destacam-se a renovada estrutura do Poder Legislativo, do Poder Executivo e do Poder Judiciário, a posição influente do Ministério Público e a presença da Advocacia no elenco das funções essenciais à Justiça. E certo que as inspirações estatizadoras fizeram a Ordem Econômica e a Ordem Social ingressar na minúcia regulatória, desenvolvendo na Constituição temas da legislação ordinária e fixando na rigidez da norma constitucional decisões que deveriam permanecer no domínio flexível do legislador ordinário. O Poder Legislativo, em sua atividade permanente, está mais próximo das fontes da vontade popular, em condições de refletir as tendências mutáveis do eleitorado e da opinião pública. São falhas de concepção, que poderão ser corrigidas no futuro. Elas refletem, de um lado, as imperfeições da Constituição expansiva e ambiciosa e, de outro, a presença de definições ideológicas no quadro de Constituinte heterogênea.

A numerosa matéria que ficou entregue à legislação ordinária, seja na via da lei complementar ou da lei federal, poderá impressionar pela sensação que ela transmite de uma Constituição incompleta e inacabada. Considerando a natureza obrigatória da norma constitucional, o preenchimento de regras constitucionais pela legislação ordinária demonstra, entretanto, que a Constituição dispõe de plasticidade. A plasticidade permitirá a permanente projeção da Constituição na realidade social e econômica, afastando o risco da imobilidade que a rigidez constitucional sempre acarreta. A Constituição plástica estará em condições de acompanhar, através do legislador ordinário, as oscilações da opinião pública e da vontade do corpo eleitoral. A norma constitucional não se distanciará da realidade social e política. A Constituição normativa não conflitará com a Constituição real. A coincidência entre a norma e a realidade assegurará a duração da Constituição no tempo.

A ADMINISTRAÇÃO PÚBLICA E O DEVER DE PROMOÇÃO DE MEDIDAS EM ESTABELECIMENTOS PRISIONAIS PARA DAR EFETIVIDADE AO PRINCÍPIO DA DIGNIDADE DA PESSOA HUMANA (Comentários ao Acórdão do STF no RE 592.581)

MARCELLA QUERINO MANGULLO,
MATEUS CAMILO R. DA SILVEIRA e
RICARDO TEIXEIRA LAGE[1]

1. Introdução: o tema objeto de discussão no RE 592.581. 2. Comentários aos fundamentos jurídicos da decisão no RE 592.581 e à questão jurídica em debate: 2.1 Ausência de discricionariedade da Administração Pública e inexistência de natureza programática das normas violadas – 2.2 Inaplicabilidade da reserva do possível diante do mínimo existencial – 2.3 Inafastabilidade de jurisdição e separação dos Poderes (suposto ativismo judicial). 3. Conclusões.

Palavras-Chave: Presídios, Dignidade humana, Discricionariedade, Ativismo judicial.

Resumo: Em 26 de agosto de 2015 foi publicada decisão do RE 592.581, no qual o Supremo Tribunal Federal analisou a procedência de ação civil pública ajuizada em face do Estado do Rio Grande do Sul com o objetivo de compelir o Poder Executivo daquela unidade da Federação à promoção de medidas emergenciais de reforma em estabelecimento prisional, em razão da verificação de situação ofensiva à integridade física e moral dos presos.

A decisão da Suprema Corte consistiu na reforma do Acórdão do Tribunal de Justiça do Rio Grande do Sul, que havia julgado improce-

1. Advogados, graduados em Direito pela Pontifícia Universidade Católica de São Paulo, na qual são Mestrandos em Direito Administrativo.

dente a demanda, por entender este órgão colegiado que o provimento jurisdicional requerido invadiria seara de competência discricionária da Administração Pública, o que resultaria em violação da Separação dos Poderes, além de outros fundamentos.

Analisando os argumentos expostos no Acórdão recorrido, o Supremo Tribunal Federal estabeleceu que os ditames da dignidade da pessoa humana demandavam que o Poder Judiciário se pronunciasse, ainda que em sede emergencial apenas, e que o administrador providenciasse os reparos na infraestrutura do presídio, a fim de garantir, ao menos, o mínimo existencial aos presos ali alocados.

Considerando esses dois posicionamentos, um do Tribunal *a quo* e, de outro lado, o do Tribunal *ad quem*, propomo-nos a avaliar as decisões proferidas e os argumentos veiculados em face dos princípios informadores do ordenamento jurídico brasileiro.

Abstract: In the decision of case RE 592.581, published in August 26 2016, the Supreme Court analyzed the merit of a public civil action filed against the State of Rio Grande do Sul demanding the Executive Power of that State to promote emergency measures of reform in a prison establishment, due to a scenario of violation of the prisoners' physical and moral integrity.

The decision of the Supreme Court consisted on the reform of the judgement delivered by the Court of Justice of the State of Rio Grande do Sul, that had deemed the action unfounded, because the judicial act required by the petitioner would allegedly invade public administration discretionary power, which would also result in violation of the separation of powers, besides other legal grounds.

After analyzing the arguments exposed by the Court of Justice, the Supreme Court stated that the principle of human dignity demanded a judicial provision for the case, even if only an emergency provision, and enacted that the public administration should provide repairs on the prison establishment in order to insure, at least, the existential minimum for the prisoners.

Considering the opposite legal positions, one stated by the Court of Justice and another by the Supreme Court, we propose an assessment on both decisions and its arguments against the principles that inform the Brazilian legal order.

RE 592.581-RS

Rel. Min. Ricardo Lewandowski

Recte. : Ministério Público do Estado do Rio Grande do Sul

Recdo. : Estado do Rio Grande do Sul

REPERCUSSÃO GERAL. RECURSO DO MPE CONTRA ACÓRDÃO DO TJRS. REFORMA DE SENTENÇA QUE DETERMINAVA A EXECUÇÃO DE OBRAS NA CASA DO ALBERGADO DE URUGUAIANA. ALEGADA OFENSA AO PRINCÍPIO DA SEPARAÇÃO DOS PODERES E DESBORDAMENTO DOS LIMITES DA RESERVA DO POSSÍVEL. INOCORRÊNCIA. DECISÃO QUE CONSIDEROU DIREITOS CONSTITUCIONAIS DE PRESOS MERAS NORMAS PROGRAMÁTICAS. INADMISSIBILIDADE. PRECEITOS QUE TÊM EFICÁCIA PLENA E APLICABILIDADE IMEDIATA. INTERVENÇÃO JUDICIAL QUE SE MOSTRA NECESSÁRIA E ADEQUADA PARA PRESERVAR O VALOR FUNDAMENTAL DA PESSOA HUMANA. OBSERVÂNCIA, ADEMAIS, DO POSTULADO DA INAFASTABILIDADE DA JURISDIÇÃO. RECURSO CONHECIDO E PROVIDO PARA MANTER A SENTENÇA CASSADA PELO TRIBUNAL.

I – É lícito ao Judiciário impor à Administração Pública obrigação de fazer, consistente na promoção de medidas ou na execução de obras emergenciais em estabelecimentos prisionais. II – Supremacia da dignidade da pessoa humana que legitima a intervenção judicial. III – Sentença reformada que, de forma correta, buscava assegurar o respeito à integridade física e moral dos detentos, em observância ao art. 5º, XLIX, da Constituição Federal. IV – Impossibilidade de opor-se à sentença de primeiro grau o argumento da reserva do possível ou princípio da separação dos poderes. V – Recurso conhecido e provido.

ACÓRDÃO

Vistos, relatados e discutidos estes autos, acordam os Ministros do Supremo Tribunal Federal, em Sessão Plenária, sob a Presidência do Senhor Ministro Ricardo Lewandowski, na conformidade da ata de julgamentos e das notas taquigráficas, por unanimidade e nos termos do voto do Relator, apreciando o tema 220 da repercussão geral, dar provimento ao recurso extraordinário para cassar o acórdão recorrido, a fim de que se mantenha a decisão proferida pelo juízo de primeiro grau. Ainda por unanimidade, assentar a seguinte tese: "*É lícito ao Judiciário impor à Administração Pública obrigação de fazer, consistente na promoção de medidas ou na execução de obras emergenciais em estabelecimentos prisionais para dar efetividade ao postulado da dignidade da pessoa humana e assegurar aos detentos o respeito à sua integridade física e moral, nos termos do que preceitua o art. 5º, XLIX, da Constituição Federal, não sendo oponível à decisão o argumento da reserva do possível nem o princípio da separação dos poderes*". Ausente, justificadamente, o Ministro Teori Zavascki.

Brasília, 13 de agosto de 2015.

Ricardo Lewandowski – Presidente e Relator

1. Introdução: o tema objeto de discussão no RE 592.581

Desde a promulgação da Carta Constitucional de 1988 são muitos os debates, judiciais e doutrinários, acerca da possibilidade ou não de o Poder Judiciário compelir o Poder Executivo à promoção de medidas voltadas à garantia dos direitos fundamentais ou, ainda, relacionadas ao que se tem chamado de políticas públicas. É o que se infere, por exemplo, na discussão objeto da ADPF 45 e diversas outras, inclusive em sede de Tribunais inferiores.

A sobrecitada discussão parece ser fruto da colisão ou confluência de algumas ideias aparentemente conflitantes, postas, via de regra, em oposição pelos que defendem a impossibilidade de atuação do Judiciário nesta seara: (i) de um lado a aplicação imediata dos direitos fundamentais[2] e o princípio da inafastabilidade de jurisdição;[3] e (ii) de outro lado, a separação dos Poderes, imbricada à noção de discricionariedade do administrador, e, por vezes, a invocada reserva do possível.

Pois bem. É precisamente no âmbito dessa temática que se insere a controvérsia objeto do RE 592.581. A questão central deste recurso extraordinário está em saber se cabe ao Poder Judiciário impor à Administração Pública a tomada de medidas ou a realização de ações para fazer valer, com relação a presos do sistema carcerário, o princípio da dignidade da pessoa humana e demais direitos constitucionalmente previstos, em especial o direito à sua integridade física e moral.

Segundo consta dos autos, o Ministério Público do Estado do Rio Grande do Sul propôs ação civil pública requerendo a condenação do referido Estado em obrigação de fazer consistente na reforma do Albergue Estadual Uruguaiana, estabelecimento prisional, no qual, segundo o *Parquet*, os detentos vivem em condições precárias, em permanente exposição a risco de morte, o que constitui violação da dignidade da pessoa humana.

2. Conforme dispõe o art. 5º, § 1º, da Constituição da República: "Art. 5º. Todos são iguais perante a lei, sem distinção de qualquer natureza, garantindo-se aos brasileiros e aos estrangeiros residentes no País a inviolabilidade do direito à vida, à liberdade, à igualdade, à segurança e à propriedade, nos termos seguintes: (...) § 1º. As normas definidoras dos direitos e garantias fundamentais têm aplicação imediata".

Por direitos fundamentais, entende-se não só os direitos inscritos no art. 5º da Constituição, como também os direitos sociais indicados nos arts. 6º a 11 da Carta Maior, os direitos de nacionalidade (arts. 12 e 13) e, igualmente, os direitos políticos (arts. 14 a 17), sem exclusão dos outros decorrentes do regime e dos princípios por ela adotados, ou dos tratados internacionais em que a República Federativa do Brasil seja parte.

3. Previsto no art. 5º, inciso XXXV, da Constituição da República: "a lei não excluirá da apreciação do Poder Judiciário lesão ou ameaça a direito".

Após regular instrução do feito, o juiz da 2ª Vara Cível da Comarca de Uruguaiana julgou procedente a ação ajuizada pelo Ministério Público. Contudo, houve reforma da sentença de primeiro grau pelo Tribunal de Justiça do Rio Grande do Sul, que concluiu não ser da alçada do Poder Judiciário determinar ao Executivo a realização de obras em estabelecimento prisional, sob pena de indevida invasão de campo de decisão reservado ao administrador.

A decisão do Tribunal *a quo*, embora tenha reconhecido a existência de situação ofensiva à integridade física e moral dos detentos, declarou que se estaria diante de norma de cunho programático, desprovida de auto executoriedade. Fundamentou-se a decisão, ainda, na ideia da reserva do possível, isto é, na impossibilidade material para efetivação da obrigação requerida, e em discricionariedade do administrador, em face de norma programática, âmbito supostamente blindado de intervenção do Judiciário, sob pena de violação da separação dos Poderes.

Interposto o recurso extraordinário contra o Acórdão citado, o Supremo Tribunal Federal, por unanimidade, nos termos do voto do relator Min. Ricardo Lewandowski, cassou a decisão do Tribunal de Justiça do Estado do Rio Grande do Sul e assentou a seguinte tese de repercussão geral:

"É lícito ao Judiciário impor à Administração Pública obrigação de fazer, consistente na promoção de medidas ou na execução de obras emergenciais em estabelecimentos prisionais para dar efetividade ao postulado da dignidade da pessoa humana e assegurar aos detentos o respeito à sua integridade física e moral, nos termos do que preceitua o art. 5º, XLIX, da Constituição Federal, não sendo oponível à decisão o argumento da reserva do possível nem o princípio da separação dos poderes."

Portanto, a Suprema Corte firmou entendimento a favor da intervenção do Judiciário na concretização da dignidade humana, rejeitando os argumentos de discricionariedade do administrador, reserva do possível e violação da separação dos Poderes.

Os fundamentos jurídicos da decisão e o respectivo acerto ou não serão objeto de considerações neste trabalho.

2. Comentários aos fundamentos jurídicos da decisão no RE 592.581 e à questão jurídica em debate

Passamos, então, aos comentários da decisão objeto deste trabalho.

Importa destacar que não iremos nos vincular exclusivamente à decisão do STF, mas analisaremos a questão sob todos os aspectos jurídicos que nos pareceram relevantes para a compreensão do tema, trazendo em paralelo um cotejo com os fundamentos e razões de decidir lançados no Acórdão analisado.

2.1 Ausência de discricionariedade da Administração Pública e inexistência de natureza programática das normas violadas

O Tribunal de Justiça do Rio Grande do Sul reformou a sentença proferida no caso em estudo para determinar que a imposição de reforma dos presídios pelo Poder Judiciário significaria inválida intervenção de uma função estatal na outra, em expressa afronta à competência discricionária da Administração Pública de implementar políticas públicas, conforme se verifica no trecho do Acórdão abaixo colacionado:

"(...) fundado no princípio da discricionariedade, o Estado tem liberdade de dispor das verbas orçamentárias, de escolher onde devem ser aplicadas e quais obras deve realizar. E o Poder Judiciário, pergunto, cabe intrometer-se nas questões de governo, de programa de governo, de gestão, e impor ao Poder Executivo obrigação de fazer que importe gastos sem previsão orçamentária? Respondo pela negativa."

Entendemos que fez bem o Supremo Tribunal Federal em reverter a supracitada decisão.

Em primeiro lugar, é preciso frisar que não se nega a existência da possibilidade de haver discricionariedade em casos de implementação de políticas públicas pelo Estado. Note-se, nesse sentido, que o STF não deixou de reconhecer margem de liberdade à Administração Pública em alocar verbas orçamentárias no exercício da função pública.

Contudo, conforme ensina Celso Antônio Bandeira de Mello, a discricionariedade não é ampla e irrestrita, devendo sempre atender a finalidade pública contida na norma. Além disso, a discricionariedade supostamente presente na norma em abstrato, nem sempre se verifica no caso concreto. É nesse sentido, aliás, a célebre lição do autor de que a discrição ao nível da norma é condição necessária, mas não suficiente, para que irrompa ou para dimensionar-lhe a extensão. Confira-se:

"Finalmente, a discricionariedade é relativa, no sentido de que, ainda quando a lei haja, em sua dicção, ensanchado certa margem de liberdade para o agente, tal liberdade poderá esmaecer ou até mesmo esvair-se completamente diante da situação em concreto na qual deva aplicar a regra. É dizer: ante as peculiaridades do evento que lhe esteja anteposto, a autoridade poderá ver-se defrontada com um caso no qual suas opções para atendimento do fim legal fiquem contidas em espaço mais angusto do que aquele abstratamente franqueado pela lei (...)."[4]

Analisando o caso em tela, observa-se que mesmo se as leis regentes das políticas públicas relacionadas aos estabelecimentos prisionais outorgassem potestades discricionárias em abstrato ao Poder Público (para implementar essas políticas), ainda assim, a verificação do caso concreto não deixa dúvidas de que essa competência discricionária não subsiste.

Com efeito, a aplicação do princípio da dignidade da pessoa humana, consubstanciado no inciso III do art. 1º da Constituição da República, ao exercício da função pública neste caso deixa evidente que o Estado não tinha outra opção, senão a reforma de caráter emergencial do presídio para garantir a integridade física e moral dos detentos em seu grau mínimo. Nem é preciso dizer que a integridade física e moral é apenas substrato mínimo da dignidade da pessoa humana, e dessa questão nos ocuparemos novamente em ponto específico.

Dado que se trata justamente da aplicação deste princípio jurídico, que orienta todo e qualquer exercício de função pública, é impossível imaginar qualquer margem de liberdade do administrador para deixar de assegurar condição mínima de existência digna aos indivíduos que estão sob sua custódia. Interpretação nesse sentido levaria à subversão do princípio da dignidade humana[5] enquanto fundamento da ordem jurídica.

4. Celso Antônio Bandeira de Mello, *Curso de Direito Administrativo*, 32ª ed., São Paulo, Malheiros Editores, 2015, p. 1.015. Mesmo entendimento pode ser encontrado na sua obra intitulada *Discricionariedade e Controle Jurisdicional* (2ª ed., São Paulo, Malheiros Editores, 2012).

5. Embora o conteúdo jurídico do aludido princípio desafie debate doutrinário que atinge

Não bastasse a evidente violação da dignidade da pessoa humana, princípio que eliminaria, como exposto, qualquer margem de liberdade da Administração Pública no caso concreto, há, ainda, como bem assinalado pelo voto do Min. relator Ricardo Lewandowski uma série de normas jurídicas nacionais e internacionais específicas que conferem direitos básicos aos presos, relacionados à sua integridade física e moral, corolários diretos desse princípio.

De fato, apenas para ilustrar o quadro normativo aplicável à situação objeto do RE 592.581, os arts. 3º, 40 e 85 da Lei federal 7.210/1984 (Lei de Execução Penal) asseguram aos detentos todos os direitos não atingidos pela sentença ou pela lei, impondo às autoridades o dever de respeitar a integridade física e moral dos condenados e presos provisórios. Além disso, já no plano jurídico internacional, podemos citar a Convenção Americana sobre Direitos Humanos,[6] internalizada em nossa ordem jurídica pelo Decreto 678 de 6.11.1992, que em seu art. 5, item 2, prescreve o direito de toda pessoa privada da liberdade ser tratada com respeito devido à dignidade inerente ao ser humano.

Outrossim, a própria Constituição da República protege a integridade física e moral dos presos, em seu art. 5º, inciso XLIX, além, é claro, do direito à dignidade da pessoa humana, previsto no art. 1º, inciso III, e a inviolabilidade do direito à vida, inscrito no *caput* do art. 5º.

Ora, esses direitos consagrados são, da mesma forma que o princípio do qual decorrem, vinculantes da função administrativa. Isto é, não há margem para o administrador determinar no caso concreto se atenderá ou não aos ditames que proclamam a integridade física e moral do preso. Se algum indivíduo, sob sua custódia, está em condição que viola tais direitos, descabe-se falar em margem de liberdade para a Administração Pública restabelecê-lo ao *status quo ante* protegido por todas essas normas jurídicas nacionais e internacionais.

Por tal motivo, desconhece-se o fundamento da afirmação do Tribunal de Justiça do Rio Grande do Sul no sentido de que os direitos fundamentais do preso estariam previstos em normas de cunho programático, vale dizer, normas de eficácia limitada, declaratórias de meros programas a serem implementados pelo Estado, conforme célebre classificação de José Afonso da Silva,[7] do que resultaria suposta discrição

inclusive a concepção que se adota de princípio, é certo que no tocante à dignidade do preso a Constituição da República faz expressa menção aos direitos e garantias de pessoas nessas condições, consistentes na proteção da sua dignidade e integridade física, banindo penas cruéis, o que atinge também o cumprimento de pena comum (art. 5º, XLVII, "e", e XLIX). Tal conteúdo nos afigura suficiente manifestação explícita do princípio da dignidade quanto ao preso, colocando um fim bastante razoável a possíveis dúvidas de seu conteúdo nesse aspecto.

6. Note-se que não se trata de norma jurídica desprovida de aplicação ou exequibilidade em nossa ordem jurídica; muito menos consiste no que a doutrina internacional chama de *soft law*. A Convenção Americana sobre Direitos Humanos, embora não incorporada ao ordenamento jurídico pátrio na forma do art. 5º, § 3º, da Constituição da República, possui, assim como as demais convenções e tratados internacionais que versem sobre direitos humanos, natureza supralegal, conforme se infere do RE 466.343, dentre outros julgados daquela Corte.

7. A rigor a classificação elaborada por José Afonso da Silva diz respeito tão somente à eficácia e aplicabilidade das normas constitucionais, razão pela qual estamos nos referindo às normas previstas na Constituição da República relacionadas ao princípio da dignidade da pessoa

para o administrador em cumpri-las. Por outro lado, isso não significa que a Administração Pública não tenha competência discricionária para definir as ações pelas quais dará concretude a esses direitos.

Ocorre que disso cuida adequadamente a decisão do STF que ora comentamos. Não nos parece que o Tribunal Constitucional brasileiro tenha atuado de forma a promover uma intervenção na função administrativa, invadindo esfera de competência própria da Administração Pública, senão atuado na estrita legalidade para fazer cessar a grave violência sofrida pelos custodiados pela mitigação de sua dignidade.

Situação distinta é a forma de realização, em cada situação concreta, destes direitos. Cabe, em princípio, ao administrador definir as ações pelas quais dará efetividade a esses direitos, que correspondam a solução ótima que atende ao interesse público, dada a legitimidade democrática dos integrantes do Executivo eleitos pelo povo, que detém o poder originário.

Caberia então questionar, como fez o Acórdão recorrido, se o tribunal pode definir como se dá a concretização do princípio no caso apresentado: a determinação de reforma na unidade prisional em questão, imposição específica, é demasiado ousada para restaurar a legalidade?

Parece-nos que, em determinadas circunstâncias, o provimento jurisdicional deixa de ter a eficácia que dele se espera se não determinar com alguma especificidade como deverá proceder o Poder Público na realização do direito que se pretende proteger.

A determinação abstrata de que o Estado dê aos presos, seus custodiados, a garantia de realização dos postulados mínimos associados à dignidade humana sem especificar quais condutas podem atender a tal determinação haverá de macular a decisão, deixando-a vazia de conteúdo prático e, em especial, impassível de verificar a regularidade de sua execução, além de constituir mera repetição dos textos normativos, o que a descaracteriza como provimento de jurisdição.

O equilíbrio entre a determinação ao Poder Público de implementar medidas, ao que nos parece, deve ser permeado pela razoabilidade como princípio jurídico, e ao Poder Judiciário pensamos que é dado impor a realização de medidas mínimas tendentes a restaurar a situação normal de vida dos presos. Esse entendimento não alberga a ideia de que a decisão judicial possa definir a integralidade da política pública carcerária, o que não está a acontecer no caso, mas de apenas restaurar o mínimo assegurado.

Com esses fundamentos, o Supremo Tribunal Federal entendeu por bem formular a tese de repercussão geral que reconhece licitude na prática do Poder Judiciário consistente em determinar a realização de obras emergenciais em presídios para restaurar a dignidade da pessoa humana ali custodiada, não sendo oponível a reserva do possível e a separação dos Poderes, como já transcrevemos no início do estudo.

A decisão constitui um relevante marco no direito brasileiro aplicado. Dessa forma, está pacificado pela decisão que não há discricionariedade do Poder Público quando violada a dignidade humana.

Cumpre-nos, entretanto e para atingir o desiderato assumido, analisar o posicionamento do STF nas questões envolven-

humana, como o já citado inciso XLIX, do art. 5º e o *caput* do mesmo dispositivo, que nos parece serem as normas constitucionais a que se referiu o Tribunal de Justiça do Rio Grande do Sul (José Afonso da Silva, *Aplicabilidade das Normas Constitucionais*, 8ª ed., São Paulo, Malheiros Editores, 2015).

do reserva do possível e separação dos Poderes.

2.2 Inaplicabilidade da reserva do possível diante do mínimo existencial

A expressão "reserva do possível" é utilizada para indicar o fato de que o Estado possui recursos limitados, frente às necessidades que deverão, por ele, ser curadas.

De acordo com Carolina Zancaner Zockun,[8] o conceito de reserva do possível teve a sua origem no Direito Alemão, em razão de uma decisão da Corte Constitucional proferida em 1969, em que ficou determinado que "os direitos às prestações positivas do Estado 'se encontram sob a *reserva do possível, no sentido de estabelecer o que pode o indivíduo, racionalmente falando, exigir da coletividade*'" (grifado pela autora).

Essa ideia ainda é reforçada, por aqueles que a sustentam, com base no princípio da legalidade, ao alegar que o Estado somente poderá concretizar gastos se tais custos estiverem devida e antecipadamente previstos nas leis orçamentárias cabíveis. Não estando previstas em Lei, ao Poder Público seria vedado realizar despesas "extralegais" em razão da legalidade estrita.

Referida argumentação estaria ainda albergada pela própria Constituição da República que proíbe, expressamente, a realização de despesas sem a respectiva dotação orçamentária, nos termos do art. 167, inciso II.[9]

Ocorre que, para fins de atendimento aos deveres do Estado é preciso avaliar a questão da reserva do possível em contraste com a ideia do mínimo existencial, que corresponde, nas palavras da supracitada doutrinadora, "àquele núcleo essencial que deve ser assegurado para que o cidadão viva com um padrão mínimo de dignidade".[10]

Ou seja, a aplicação do conceito de reserva do possível no ordenamento jurídico brasileiro só pode se dar quando não se tratar de respeito ao mínimo existencial. Tal entendimento é claramente baseado nos fundamentos da República, conforme consubstanciado no inciso III do art. 1º da Carta Constitucional. Cumpre destacar que o Supremo Tribunal Federal já teve a oportunidade de se manifestar a respeito desse tema por diversas vezes, sendo possível afirmar a existência de firme jurisprudência daquela Corte a favor da impossibilidade de se opor a reserva do possível ao mínimo vital.[11]

Cabe agora verificar se a conclusão que fundamentou o Acórdão está englobada no conceito de mínimo existencial ou não.

Nessa seara, vem ao caso raciocínio parecido com o que expusemos no tópico anterior, até porque o Acórdão em exame não separa de forma substancialmente distinta a questão da discricionariedade e o problema do mínimo existencial.

Reconhecer que as normas envolvendo dignidade da pessoa humana não têm natureza contida ou limitada importa

8. Carolina Zancaner Zockun, *Da Intervenção do Estado no Domínio Social*, São Paulo, Malheiros Editores, 2009, p. 51.

9. Constituição da República. "Art. 167. São vedados:(...) II – a realização de despesas ou a assunção de obrigações diretas que excedam os créditos orçamentários ou adicionais;".

10. Carolina Zancaner Zockun, *Da Intervenção do Estado no Domínio Social*, cit., p. 54, nota 8.

11. Nesse sentido, vide 2ª T., ARE 745745 AgR, rel. Min. Celso de Mello, j. 2.12.2014; 1ª T., RE 642536 AgR, rel. Min. Luiz Fux, j. 5.2.2013; e SL 109-MS, rela. Min. Ellen Gracie, j. 16.8.2006.

enxergar nelas postulados cuja realização é exigível desde logo, sem maiores delongas. O Tribunal, além de rechaçar essa qualificação doutrinária às normas, decidiu que a dignidade da pessoa humana constitui elemento do mínimo existencial. E não nos parece que poderia ter feito de forma diferente.

O cotejo da supracitada lição de Carolina Zancaner Zockun em que sintetiza o mínimo existencial com o princípio da dignidade humana evoca o imediato entendimento de que o mínimo existencial é sim integrante do referido princípio. Ora, se o que se pretende abarcar no mínimo existencial é a dignidade, como poderia a dignidade da pessoa humana estar fora desse conceito? Nota-se, em verdade, uma relação de recíproco acolhimento entre as duas noções.

Por isso, de forma apenas aparentemente diversa, nos parece que opera no confronto entre mínimo existencial e reserva do possível a mesma problemática de se saber até onde pode ir a discricionariedade administrativa na elaboração de política pública prisional quando sua ausência se acha em autêntica violação à dignidade humana. Transpondo os vértices da discussão, não se pode vislumbrar que a reserva do possível seja oponível à dignidade da pessoa humana, ou que a discricionariedade administrativa possa constituir óbice ou retardamento à concretização do mínimo existencial.

Essa a linha prestigiada na decisão do Supremo Tribunal Federal que, entendemos, é a melhor solução.

Não podemos deixar de observar, ainda, a análise do Ministro relator já nos tópicos finais do Acórdão quanto à situação do financiamento das políticas públicas carcerárias. É que, de modo a desconstruir a alegação de reserva do possível – lançada pelo Estado do Rio Grande do Sul em sua defesa – o Ministro relator se serviu de informações prestadas pelo Departamento Penitenciário Nacional (DEPEN/MJ), gestor do Fundo Penitenciário Nacional (FUNPEN), para argumentar que há substancial receita no referido fundo e uma de suas destinações legais é justamente o implemento de obras e melhorias dos presídios.

Observa o Ministro que o repasse dos referidos recursos se dá através de convênios celebrados ente a União e os Estados membros, e que haveria farta notícia na imprensa brasileira de que os Estados estariam devolvendo recursos repassados para fins de reformas em estabelecimentos prisionais por não os ter utilizado ao longo da vigência dos convênios, como é de rigor na execução de tais instrumentos jurídicos.

Assim, o STF bem construiu a argumentação de que se os Estados estão deixando de utilizar recursos a eles consignados com esse fim e, enquanto situação como tal perdurar, não é possível a oposição da reserva do possível como obstáculo ao mínimo existencial.

Trata-se de um argumento deveras pragmático lançado pelo Tribunal, e cuja utilidade na solução da controvérsia nos parece manifesta. Embora estejamos alinhados à doutrina supramencionada de que a reserva do possível não é oponível ao mínimo existencial, a realidade brasileira mostra frequentemente que a reserva do possível não tem o delineamento que se acredita, mas ao contrário: o Estado por vezes gasta recursos vultosos em programas que não atendem o mínimo existencial, como publicidade de programas de governo, e deixa de realizar conteúdos mínimos associados à dignidade da pessoa humana.

Essa situação, portanto, demonstra que se deve exigir uma verdade material da reserva do possível e dá força a uma tese subsidiária no sentido de que, ainda que se possa usar esse argumento em detrimento do mínimo existencial, para tanto a situação real deverá mostrar que o Estado realiza suas expensas dedicado exclusivamente à garantia do essencial aos cidadãos e ainda assim permanece impossibilitado de concretizá-la razoavelmente.[12]

Em nosso entendimento, com esses fundamentos o STF resolveu de forma suficiente a oposição de reserva do possível em face da realização do mínimo existencial.

2.3 Inafastabilidade de jurisdição e separação dos Poderes (suposto ativismo judicial)

Embora o assunto como um todo possa sugerir confusão entre os temas separados, a decisão analisada aborda especificamente a questão da inafastabilidade da tutela jurisdicional e a suposta intervenção em atribuição de outro Poder.

E nos parece que caminha bem o Supremo Tribunal Federal ao examinar o assunto separadamente, pois é necessário extirpar dúvidas quanto à ingerência em atribuição que não é dada ao Judiciário vez que, se de fato ocorresse, resultaria em indesejável mácula direta do art. 2º da Constituição da República.[13]

Pensamos que, na linha ensinada por Silvio Luís Ferreira da Rocha em trabalho específico sobre o tema,[14] não se pode ter pela expressão "ativismo judicial" (com conotação desabonadora) o regular exercício do Poder Judiciário consistente em conformar direitos e resolver conflitos postos à sua apreciação sem desrespeitar os limites da lide.

Isso porque a moderna feição do Estado brasileiro, desenhada na Carta Constitucional, atribuiu ao Judiciário como exegeta legítimo da lei a função de interpretar a fundo o ordenamento jurídico positivo, dele extraindo o verdadeiro conteúdo e alcance das normas existentes. Esse processo interpretativo importa a integração do conteúdo positivo no contexto jurídico por inteiro, que certamente contém valores em seu interior.

A extração de valores das normas pela linha do pós-positivismo adotado no citado trabalho de Silvio Luís F. da Rocha impõe a chamada ponderação entre princípios e resulta em lhes reconhecer alta carga axiológica. Numa linha positivista que rejeita a ponderação como método, igualmente se propõe que a hermenêutica jurídica mais clássica pode identificar certos conteúdos mínimos presentes em conceitos veiculados pelo ordenamento positivo, seja na forma de princípios ou de regras.

Por ambos os caminhos, não parece difícil compreender que a interpretação de normas, associando-as aos valores que lhes dão origem, não excede o papel do Judiciário.

O certo é que a discussão a esse respeito suscita talvez os mais acalorados

12. Nessa linha de pensamento, quanto à mencionada tese subsidiária, cabe citar o REsp 1.389.952-MT, no qual o STJ, analisando cenário muito similar ao ora debatido (desrespeito à integridade física e moral de detentos), julgou ser procedente ação civil pública objetivando obrigar o Estado a adotar providências administrativas e respectiva previsão orçamentária para reformar cadeia pública ou construir nova unidade, *especialmente quando o réu não comprovar objetivamente a incapacidade econômico-financeira de fazer frente a essa despesa* (STJ, 2ª T., REsp 1.389.952-MT, rel. Min. Herman Benjamin, j. 3.6.2014, *Info* 543).

13. Constituição da República, "Art. 2º. São Poderes da União, independentes e harmônicos entre si, o Legislativo, o Executivo e o Judiciário".

14. Silvio Luís Ferreira da Rocha, "Ativismo judicial", *Revista Trimestral de Direito Público*, n. 58, São Paulo, Malheiros Editores, 2013, pp. 64-69.

debates e, embora antiga, nos parece não resolvida e muito atual. Contudo, o Acórdão analisado não perpassa a questão a fundo, e a nós parece útil a concepção mais simplista ali adotada de que o sistema normativo brasileiro dispõe de suficiente número de normas garantidoras de direitos aos presos de maneira a resolver a questão pela estrita legalidade.

Não é o caso de colocar de lado a frutífera discussão metodológica e suas consequências, mas o problema posto talvez tenha solução mais simples do que aparenta.

O Ministro relator comenta o caso das reformas de prisões nos Estados Unidos da América do Norte, em que o processo se deu pela imposição de decisões pretorianas, justamente para afirmar que o sistema brasileiro não carece de tão profundo processo exegético por dispor explicitamente sobre o assunto.

Nesse quadro, resta ao Judiciário, na questão da dignidade do preso e face à situação concreta verificada, impor a sua realização pura e simples.

Esse caminho nos conduz de volta à inexistência de discricionariedade nas normas que atribuem garantias fundamentais aos presos, como já exposto. E como também pudemos comentar, as medidas adotadas pelo Supremo Tribunal Federal não têm conteúdo específico suficiente para caracterizar uma odiosa elaboração de "política pública do caso concreto", mas o mero restabelecimento de garantia fundamental.

Veja-se que ainda é resguardada ao Administrador a competência discricionária de definir quais serão as medidas definitivas tomadas a fim de atender à decisão judicial que apenas determinou ações concretas emergenciais, que poderão ser realizadas por meio desde a construção de um prédio novo para abrigar os presos até a reforma substancial do local onde estão, sem prejuízo das condutas urgentes que precisam ser tomadas antes disso, atendendo à dignidade humana.

Isso significa dizer que a decisão judicial não tolheu a competência administrativa de definir a política pública, mas apenas determinou que a situação de clara afronta à dignidade da pessoa humana não pode ser aceita em nosso ordenamento, de modo que, emergencialmente (dada a gravidade da questão), se deve tomar as providências fixadas pelo STF para reestabelecer prontamente a ordem, sendo que o Poder Executivo ainda deterá a competência de definir, a partir disso, quais as providências definitivas para solucionar a questão.

Também não se pode falar em violação da Separação dos Poderes sob o fundamento de que o Poder Judiciário teria invadido o chamado "mérito" do ato administrativo, pois no caso em tela, como exposto, sequer havia margem de liberdade para o administrador tomar outra medida senão aquela determinada pela Suprema Corte, ou seja, o chamado mérito não passou de mera legalidade.

Com efeito, conforme se infere da lição de Celso Antônio Bandeira de Mello, mérito do ato é o campo de liberdade suposta na lei e que, efetivamente, venha a remanescer no caso concreto, para que o administrador, segundo critérios de conveniência e oportunidade, se decida entre duas ou mais soluções admissíveis perante ele, tendo em vista o exato atendimento da finalidade legal, dada a impossibilidade de ser objetivamente reconhecida qual delas seria a única adequada.

A nós não resta razão para crer que a imposição de restaurar a dignidade da pessoa humana por meio de medida emergencial e concreta, diante de situação de flagrante desrespeito a ela, suscite opções possíveis ou que não constitua o regular exercício da jurisdição afeto especialmente à legalidade estrita, posto que os direitos reclamados têm conteúdo explícito.

E obviamente que se estamos a falar de exigência judicial de comandos legais, acionar a jurisdição para satisfação de direitos parece ser questão mínima. Colocando de lado a nítida competência do Ministério Público para a questão,[15] a exigência em juízo de direitos é também explicitamente garantida pelo art. 5º, XXXV, da Constituição da República,[16] não havendo mínima razão para se dizer que a dignidade da pessoa humana não constitua direito cuja ameaça autoriza o manejo de ação judicial com esse escopo.

3. Conclusões

1) Após a análise de todos os argumentos desenvolvidos pelo Supremo Tribunal Federal no Acórdão proferido nos autos do RE 592.581-RS, concluímos pelo acerto deste órgão colegiado na reforma da decisão proferida pelo Tribunal *a quo*.

2) A decisão exarada pelo Tribunal de Justiça do Rio Grande Sul reformou a sentença de primeiro grau para determinar que a questão da reforma do presídio Albergue Estadual de Uruguaiana, era insindicável pelo Poder Judiciário, tratando-se de definição de políticas públicas, inseridas sempre e indistintamente no bojo de competência discricionária da Administração Pública.

15. Competência e legitimidade que advém com clareza solar do art. 127 da Constituição da República: "Art. 127. O Ministério Público é instituição permanente, essencial à função jurisdicional do Estado, incumbindo-lhe a defesa da ordem jurídica, do regime democrático e dos interesses sociais e individuais indisponíveis".

16. Constituição da República. "Art. 5º. *(omissis)*: XXXV – a lei não excluirá da apreciação do Poder Judiciário lesão ou ameaça a direito;".

3) O Supremo Tribunal Federal, após analisar temas como a dignidade da pessoa humana, o ativismo judicial e a discricionariedade, houve por bem alterar a decisão do Tribunal *a quo* para impor a reforma emergencial do presídio, de modo a garantir aos presos que, enquanto ali estivessem alojados, teriam, ao menos, o direito à integridade física e moral, conforme constitucionalmente garantido.

4) Sobre o argumento da discricionariedade do administrador público de definir a implementação de políticas públicas, temos que o Acórdão sob análise não nega nem diminui essa competência administrativa.

5) A discricionariedade deve ser aferida não só no plano normativo, mas também deve ser avaliado se tal potestade continua vigorando no caso concreto, como ensina Celso Antônio Bandeira de Mello.

6) Sendo assim, ainda que as normas determinem que o Poder Público em casos de infraestrutura carcerária detém competência discricionária para solucionar as questões aventadas no cotidiano da Administração Pública, no caso *sub judice* o que se verificou foi que, na forma em que o presídio se encontrava, em termos de estrutura, havia plena e clara afronta à dignidade dos presos ali alocados, o que vincularia a conduta do Administrador.

7) Analisou-se, portanto, que o princípio da dignidade da pessoa humana, consubstanciado no inciso III do art. 1º da Constituição da República como fundamento desta, seria elemento suficiente para vincular as condutas do administrador no caso concreto, vale dizer: não é dado a ele agir ou deixar de agir, senão em conformidade com o referido princípio.

8) Não bastasse a clareza dessa linha de argumentação, considerando a óbvia importância da vida digna garantida aos

cidadãos,[17] existem diversas normas em vigor que dão sustentação a essa posição, atribuindo o que se chama de direito público subjetivo. É o caso, por exemplo, da Lei de Execução Penal e, também, da Convenção Americana sobre Direitos Humanos.

9) Ao lado desta questão da discricionariedade, outro argumento combatido com razão na decisão proferida pelo Tribunal Constitucional foi a natureza programática das normas que veiculam os direitos fundamentais discutidos na ação.

10) As normas de cunho programático seriam aquelas de eficácia limitada, declaratórias de meros programas que devem ser implementados pelo Estado, o que implicaria discrição do Administrador Público para aplicá-las.

11) O entendimento dos autores é de que se deve afastar o posicionamento exarado pelo Tribunal de Justiça do Rio Grande do Sul e seguir em direção que verdadeiramente se coaduna com o ordenamento jurídico pátrio. Parece-nos que o administrador está sempre vinculado a agir de acordo com os direitos fundamentais garantidos constitucionalmente, de modo a impor solução única em razão da vinculação, o que não significa reduzir a discricionariedade quando ela sequer remanescia no caso concreto.

12) O Poder Público deve cumprir seus deveres, garantindo-se margem de liberdade para decidir, no caso concreto, qual solução ótima deve ser implementada, de modo a atender a moldura legal previamente determinada, mas sempre atento aos direitos fundamentais que devem ser resguardados em seus atos que, por vezes, fazem desaparecer a margem de liberdade.

17. Conforme conteúdo definido pelos autores na nota de rodapé n. 5.

13) Quanto à questão da reserva do possível alegada pelo Estado do Rio Grande do Sul, não vemos como esse argumento pode subsistir.

14) A reserva do possível significa aquilo que o indivíduo pode, racionalmente, exigir da coletividade, de tal modo que no caso concreto isso significa que o Estado deveria avaliar se a exigência de infraestrutura que atenda à dignidade do preso no Albergue Estadual de Uruguaiana tem como ser atendida do ponto de vista orçamentário, sem que com isso desequilibre os demais serviços que devem ser prestados à sociedade.

15) Ocorre que a ideia da reserva do possível requer ser sempre contrastada com outra que deve lhe servir de limite: a do mínimo existencial, que significa o núcleo essencial que deve ser assegurado para garantir a vida digna das pessoas.

16) Assim, o argumento da reserva do possível só poderia ser aplicado no ordenamento jurídico brasileiro quando não se tratar de respeito ao mínimo existencial.

17) Mais do que isso, o argumento da reserva do possível em detrimento do mínimo existencial só poderá ser utilizado quando comprovado que os recursos foram utilizados justamente para atender a esse mínimo, e ainda assim, não foram suficientes para concretizar tal intento. Isso se deu porque ao promover a análise da questão de repasse de recursos federais para os Estados para melhoramento da infraestrutura carcerária no Brasil verificou-se que em grande parte das vezes esses recursos são devolvidos porque não são integralmente utilizados no prazo dos convênios travados para tanto e, por isso, o mínimo existencial real não chegou a cxistir.

18) Demais destes argumentos exarados pelo STF, foi tratada especificamente da questão suscitada do ativismo judicial,

a dizer, a suposta intervenção pelo Judiciário em atribuição de outro Poder.

19) Posicionamo-nos no sentido de que não se trata de ativismo judicial o exercício regular da atividade jurisdicional pelo Poder Judiciário. Cabe a essa função estatal conformar direitos e resolver conflitos trazidos à sua apreciação, nos limites da lide e em conformidade com a lei, de forma definitiva.

20) O exercício dessa função engloba, não só a simples decisão definitiva, mas todo o processo necessário para chegar nessa decisão, que perpassa pela interpretação das normas e a associação de valores que lhe dão origem.

21) Ademais, agir e decidir nos limites da lei, nesse caso, seria fazê-lo de acordo com as inúmeras normas brasileiras e estrangeiras (plenamente aplicáveis em conformidade com o ordenamento jurídico brasileiro) garantidoras de direitos aos presos, o que não importa processo interpretativo excessivamente aprofundado ou mesmo criativo.

22) Certos estamos de que não houve qualquer invasão na atribuição de outro Poder, considerando-se que há margem de discricionariedade para o administrador público agir no que tange à política pública envolvida. A ele caberá definir, de forma integral e definitiva, quais serão as providências tomadas para o atendimento do direito à vida digna dos presos, sendo certo que o STF determinou apenas que medidas emergenciais fossem tomadas nesse sentido.

23) Por fim, nem há que se falar em incursão do Judiciário no "mérito" do ato administrativo, isto é, na verificação de conveniência e oportunidade que deveria ser feita exclusivamente pelo Administrador Público, porque, como se verificou anteriormente, sequer havia margem de liberdade ao Administrador para tomar qualquer outra medida senão aquela definida pelo STF.

24) Com esse estudo pretendemos contribuir na discussão, que foi elucidada apenas para o caso concreto pelo STF, mas que de certo integrará a pauta dos tribunais brasileiros ainda por muitos anos antes de ser considerada minimamente pacífica. O ponto em que melhor entendemos estar oferecendo contribuição no assunto é sugerir que, quando há um ordenamento jurídico positivo de alta densidade (normas mais concretas e específicas) em determinado assunto, a insegurança ou volatilidade decorrente do processo interpretativo fica reduzida e o direito obtém substancial ganho na almejada certeza. Não nos descuramos que, de outro lado, os princípios são fonte informadora desse direito, mas se apresentam muito úteis quando revelam ter informado antes a produção legislativa do que a interpretação concreta do direito.

Referências bibliográficas

BANDEIRA DE MELLO, Celso Antônio. *Curso de Direito Administrativo*. 32ª ed. São Paulo, Malheiros Editores, 2015.

________. *Discricionariedade e Controle Jurisdicional*. 2ª ed. São Paulo, Malheiros Editores, 2012.

FERREIRA DA ROCHA. Silvio Luís. "Ativismo judicial", in *Revista Trimestral de Direito Público*, n. 58. São Paulo, Malheiros Editores, 2013.

SILVA, José Afonso da. *Aplicabilidade das Normas Constitucionais*. 8ª ed. São Paulo, Malheiros Editores, 2015.

ZOCKUN, Carolina Zancaner. *Da Intervenção do Estado no Domínio Social*. São Paulo, Malheiros Editores, 2009.